普通高等学校精品课程教材
"会计学"特色专业建设项目成果

成本会计理论与模拟实训（下册）

（第二版）

王晓秋 ◎ 编著
严鹏飞 ◎ 主审

前 言

本教材产生的背景

成本会计是一门技术性和实践性都很强的课程。根据我们的追踪调查,本课程的教学突出地存在以下一些问题:

1) 目前我国各类院校成本会计课程的教学模式一般有两种。一种是只进行理论教学的模式;另一种是首先进行理论教学,然后进行模拟实训的模式。①单纯的理论教学模式。这种教学模式使学生缺乏动手能力。学生由于缺乏对成本会计工作的感性认识,往往理论知识掌握得也不够扎实,甚至是"似懂非懂""云里雾里";学生毕业后从事实际成本会计工作时普遍缺乏迅速独立工作的能力,几乎都要从头学起,大大影响了用人单位的满意度。②首先进行理论教学,然后进行模拟实训的教学模式。这种教学模式在进行理论教学时,存在和单纯的理论教学模式同样的一些问题。由于学生在理论教学阶段处于被动、糊涂的学习状态,大大影响了理论教学的效果。有效地克服以上的弊端,改革成本会计课程的教学模式,是写作本教材的一个主要目的。

2)《成本会计》教材中有较多的公式,教师在教学中往往缺乏通俗易懂的解释,重(视)公式,轻(视)原理,这种教学模式会本末倒置,使得原本很直观易懂的知识和技能变得抽象难懂,使得学生难以轻松愉快地学习和得心应手地掌握、运用,导致学生普遍认为成本会计难学,甚至影响了一些学生的学习兴趣。成本会计是一门操作性很强,并不深奥难懂,也很容易激发学生的学习热情,有利于提高学生的自学能力、应用能力和驾驭教材能力的课程。如何使学生更有效地掌握本课程特点,是写作本教材的另一个主要目的。

3) 根据《企业会计准则》,现行《成本会计》教材相关内容需要相应更新,以与《企业会计准则》保持一致。以下举例说明。

比如,以工业企业为例,企业在经济活动中所发生的各种经济资源的耗费(以下简称耗费),一般有以下三种类型:第一种是经济资源的耗费形成生产成本(存货资产)。例如,企业为生产产品需要耗费材料、人工、磨损固定资产等等。这些经济资源的耗费,不会导致企业所有者权益的减少,不是企业经济利益的总流出,因而不是企业的费用。

第二种是期间费用（简称费用），指企业当期发生的必须从当期收入得到补偿的经济利益的总流出。例如，企业销售商品和材料、提供劳务的过程中发生的销售费用；企业为组织和管理企业生产经营所发生的管理费用等。期间费用不由产品或劳务负担，不计入产品或劳务的成本，而直接计入当期损益。第三种是企业发生的计入固定资产等非流动资产价值的耗费。例如，购买机器设备的银行存款等。目前，《成本会计》教材一般仍习惯性地称以上第一种类型的耗费为费用（这是沿用了《企业会计准则》发布之前几十年来的提法）。另外，近几年新出版的许多《成本会计》教材仍然将"本月生产成本"称为"本月生产费用"，将成本计算单中的"月初（月末）在产品成本"称为"月初（月末）在产品费用"等。《企业会计准则》将费用定义为"企业在日常活动中发生的、会导致所有者权益减少的、与向所有者分配利润无关的经济利益的总流出"。由于成本不会引起企业所有者权益减少和经济利益的总流出，因而，成本不是企业的费用。本教材力求避免将"耗费""成本""费用"的概念混为一谈，特别是力求规范"费用"的提法，从而与《企业会计准则》保持一致。

本教材的定位

本教材适用于应用型大学教学以及高职高专、中职中专教学。

本教材的创新点

本着务实求真、讲求实效、大胆创新的指导思想，本教材进行了如下教法模式的改革创新。

1）本教材改革创新点之一是首先进行成本会计模拟实训然后再进行理论教学，将理论教学和实践教学（模拟实训）有机融合，"两位一体"地交叉教学。

本教材根据成本会计课程的特点，遵循"理论联系实际"和"以学生为主体，教师为引导"的原则，本着学生"从做中学"和"教是为了不教"的教学理念，将成本会计课程按照"模拟实训"（本教材的第一模块）和"理论教学"（本教材的第二模块）两个模块组织教学，将理论教学和实践教学融为一体，旨在使本课程的学习由抽象、枯燥变得具体、有趣，由难变易，使学生在本课程的学习中仿佛置身于成本会计实际工作的情境之中。由于实用性、参与性强，课堂教学不再呆板，学生从做中学，启发性和互动性大大增强，改变了传统的教材教法导致的成本会计课程教学中普遍存在的前述不良状况，教师的作用由知识的传授者变为学生学习、掌握知识的辅导者和促进者，收到了实现理论教学和实践教学"双赢"的预期效果。

教学实践证明：由于学生在学习会计基础时已经进行过会计基础模拟实习（我们使用的教材名称为《会计基础理论与模拟实习》），而后又学习了中级会计实务等课程，使得成本会计课程首先进行成本会计模拟实训（在教师的辅导下进行），然后再进行理论教学具备了充分的可行性。

2) 本教材中涉及较多的计算公式,本着"授之以鱼,不如授之以渔"的授业理念,引导学生加强对计算原理的掌握,弱化公式记忆,对各个计算公式的原理进行通俗易懂、提纲挈领的诠释,起到了化难为易、"由厚(多)变薄"的作用。

比如,成本会计中往往需要计算"各式各样"的分配率。因为各种分配率的具体含义不同,因而其公式的具体表现形式也不同,常常有学生产生"头昏脑涨"的感觉。出现这种状况的根本原因在于所采用的学习方法是"公式+举例"的模式,导致"公式多、记忆难"的后果。

各种分配率的基本公式是:

$$\text{耗费分配率} = \frac{\text{待分配耗费总额}}{\text{分配标准总额(量)}}$$

对于初学者来说,这似乎"很专业"。实际上,通过仔细分析,我们不难发现:"各式各样"的分配率所涉及的公式基本上都属于"运用四则运算数学工具解决实际问题"的范畴。尽管"各式各样"的分配率具体表现形式很多,但基本上不外乎两种情况:①单位消耗量的耗费应分配(分摊、承担)多少元。在这种情况下,耗费分配率的单位是"元/千克""元/小时"等等。②实际(如实际消耗量或实际成本等)是定额(如定额消耗量或定额成本等)的"几倍"。在这种情况下,耗费分配率的单位是"倍数"。这个倍数可能大于1也可能小于1(特殊情况下,或说理论上也可能等于1)。所以说,"分配率"的计算及应用,其"本来面貌"(即原理所在)就是用小学数学四则运算的知识来解决实际问题而已。只要明确了"分配率"的直观经济含义,就不需要记、背公式,而完全可以准确进行相关计算。前述问题产生的根源是:原本是应先有"分配率"的直观经济含义,后有"分配率"的计算公式,有些学生将这个关系颠倒了,没有重视理解"分配率"的直观经济含义。学习方法不当,就会把原本简单的问题搞得复杂化了。

因而,致力引导学生摒弃"公式+举例"的死记硬背的学习模式,采取"运用四则运算数学工具解决实际问题"的学习方法,理解各个"分配率"的直观经济含义,厘清公式的思路,注意明确其单位,就能驾驭教材,轻而易举地找到提纲挈领、化难为易、化繁为简、提高学习能力的行之有效的途径。

又如,成本还原,许多同学都感到进行成本还原的难度较大,公式不容易记,两种还原方法容易混淆。其实,成本还原的"本来面貌"(即原理所在)只是初等数学"按比例计算"而已。以本教材第六章[例6-6]的资料为例,简要叙述如下。(第二次成本还原此

处从略)

(1) 半成品成本比率还原法。半成品成本比率还原法就是计算出需要还原的半成品综合成本占本月所产该种半成品总成本的比率,按此比率进行成本还原的一种方法。根据[例6-6]的资料,这种方法的含义及其具体计算过程如下(见表6-26)。

表6-26　　　　　第一次成本还原(还原半成品B的成本)　　　　　单位:元

项　　目	总成本	第一步骤 半成品(A)	直接人工	制造费用
需要还原的对象: 　本月完工产成品中的半成品 B的成本	245 790.00	X_1	X_2	X_3
成本结构的"标准(参照物)": 　第二车间本月完工半成品B 的成本	231 162.40	180 390.00	38 080.00	12 692.40

按成本结构的"标准"构成的比例关系:

$$\frac{245\ 790}{231\ 162.40} = \frac{X_1}{180\ 390} = \frac{X_2}{38\ 080} = \frac{X_3}{12\ 692.40}$$

由 $\frac{245\ 790}{231\ 162.40} = \frac{X_1}{180\ 390}$

解这个一元一次方程,得

$$X_1 = \frac{245\ 790}{231\ 162.40} \times 180\ 390 = 1.063\ 278\ 46 \times 180\ 390 = 191\ 804.80(元)$$

式中,1.063 278 46 称为第二步骤半成品成本还原分配率,其直观经济含义可以理解为:相应项目的还原金额是"标准"的 1.063 278 46 倍。

同理:$X_2 = 1.063\ 278\ 46 \times 38\ 080 = 40\ 489.64(元)$

$X_3 = 245\ 790 - 191\ 804.80 - 40\ 489.64 = 13\ 495.56(元)$(倒挤,避免四舍五入近似计算导致的尾差)

根据以上原理,归纳出如下计算公式:

$$\frac{成本还原}{分配率} = \frac{需要还原的半成本综合成本}{上一步骤本月所产该种半成品的成本合计}$$

(2) 成本项目比重还原法。成本项目比重还原法就是计算上一步骤所产半成品各成本项目占其总成本的比重,并按该比重进行成本还原的一种方法。根据[例6-6]的资料,这种方法的含义及其具体计算过程如下(见表6-29)。

表 6-29　　　　　第一次成本还原(还原半成品 B 的成本)　　　　　单位:元

项　目	总成本	第一步骤 半成品(A)	直接人工	制造费用
第二车间本月完工半成品 B 的成本	231 162.40	180 390.00	38 080.00	12 692.40
半成品 B 各成本项目占总成本的比重(%)	100	78.036 047①	16.473 267②	5.490 686③
本月完工产成品中的半成品 B 的成本	245 790.00	Z_1	Z_2	Z_3

注：① $\dfrac{180\ 390}{231\ 162.40} \times 100\% = 78.036\ 047\%$

② $\dfrac{38\ 080}{231\ 162.40} \times 100\% = 16.473\ 267\%$

③ $\dfrac{12\ 692.40}{231\ 162.40} \times 100\% = 5.490\ 686\%$

在第六章的表 6-29 中,78.036 047%、16.473 267%、5.490 686% 分别表示第一次成本还原相应成本项目的成本还原分配率。其经济含义可以理解为:相应成本项目的还原金额应该是需要还原的半成品成本的百分之几。

$$Z_1 = 245\ 790 \times 78.036\ 047\% = 191\ 804.80(元)$$
$$Z_2 = 245\ 790 \times 16.473\ 267\% = 40\ 489.64(元)$$
$$Z_3 = 245\ 790 \times 5.490\ 686\% = 13\ 495.56(元)$$

与按第六章的表 6-25 还原的结果 X_1、X_2、X_3 分别一致。

根据以上原理,归纳出如下计算公式:

$$\dfrac{成本还原}{分配率} = \dfrac{上一步骤完工半成品各成本项目的金额}{上一步骤完工半成品的成本合计}$$

由此可见,只要弄清了原理,成本还原并不深奥难懂,只是用初等数学解决实际问题而已,根本不需要死记硬背公式。

再如,可比产品品种结构变动影响的成本降低指标(降低额和降低率)的分析计算是成本分析部分突出的难点,如果采用记忆公式的方法则难度较大。如果采用大众化语言讲解,则几乎是"三言两语"就能将这一个难点问题诠释得通俗易懂,而且计算过程也更加简便(具体内容见本教材第九章)。

3) 根据《企业会计准则》,更新《成本会计》教材相关内容,力求与企业会计准则保持一致。

关于本教材的第八章建议视是否开设了商品流通企业会计等具体课程设置情况选择是否进行教或学。

说明

本教材的第一模块"模拟实训"可以向任课教师提供电子文档参考教案。

期盼

由于作者水平有限,又是创新性尝试,不当之处,还有待于在教学实践中不断改进和完善;疏漏乃至不妥之处,期盼各位同行指正,并望各位同学积极提出宝贵的意见和建议,以便修改。

作　者

2020 年 8 月

收 料 单
20××年11月7日

发票号码：……　　　　　　　　　　　　收料仓库：……　　收料单编号：1

材料类别	……	材料来源	外购	供货单位	贵阳市环球工贸公司	计划单位成本	65	计划成本总额	130 000
编号	名称	规格	计量单位	数量		实际成本			
				应收	实收	单价	总买价	运费	其他	合计
……	辅材	……	千克	2 000	2 000	64	128 000	558		128 558

采购员：马慧　　　　　检验员：周英　　　　　记账员：邢蓉　　　　　保管员：曾蓉

二、财会存

收 料 单
20××年11月8日

发票号码：……　　　　　　　　　　　　收料仓库：……　　收料单编号：2

材料类别	……	材料来源	外购	供货单位	攀枝花钢厂	计划单位成本	4 900	计划成本总额	490 000
编号	名称	规格	计量单位	数量		实际成本			
				应收	实收	单价	总买价	运费	其他	合计
……	钢材	……	吨	100	100	4 850	485 000	2 790		487 790

采购员：马慧　　　　　检验员：周英　　　　　记账员：邢蓉　　　　　保管员：曾蓉

二、财会存

收 料 单
20××年11月9日

发票号码：……　　　　　　　　　　　　收料仓库：……　　收料单编号：3

材料类别	……	材料来源	外购	供货单位	武汉钢厂	计划单位成本	3 700	计划成本总额	222 000
编号	名称	规格	计量单位	数量		实际成本			
				应收	实收	单价	总买价	运费	其他	合计
……	生铁	……	吨	60	60	3 650	219 000	2 511		221 511

采购员：马慧　　　　　检验员：周英　　　　　记账员：邢蓉　　　　　保管员：曾蓉

二、财会存

收 料 单
20××年11月9日

发票号码：……　　　　　　　　　　　　　收料仓库：……　　收料单编号：4

材料类别	……	材料来源	外购	供货单位	市建平工具厂	计划单位成本	300	计划成本总额	150 000
编号	名称	规格	计量单位	数量		实际成本			
				应收	实收	单价	总买价	运费	其他	合计
……	刀具	……	件	500	500	306	153 000			153 000

采购员：马慧　　　　检验员：周英　　　　记账员：邢蓉　　　　保管员：曾蓉

二、财会存

收 料 单
20××年11月10日

发票号码：……　　　　　　　　　　　　　收料仓库：……　　收料单编号：5

材料类别	……	材料来源	外购	供货单位	广昌煤矿	计划单位成本	600	计划成本总额	60 000
编号	名称	规格	计量单位	数量		实际成本			
				应收	实收	单价	总买价	运费	其他	合计
……	焦煤	……	吨	100	100	650	65 000	3 348		68 348

采购员：马慧　　　　检验员：周英　　　　记账员：邢蓉　　　　保管员：曾蓉

二、财会存

收 料 单
20××年11月12日

发票号码：……　　　　　　　　　　　　　收料仓库：……　　收料单编号：6

材料类别	……	材料来源	外购	供货单位	攀枝花钢厂	计划单位成本	4 900	计划成本总额	392 000
编号	名称	规格	计量单位	数量		实际成本			
				应收	实收	单价	总买价	运费	其他	合计
……	钢材	……	吨	80	80	4 920	393 600	2 604		396 204

采购员：马慧　　　　检验员：周英　　　　记账员：邢蓉　　　　保管员：曾蓉

二、财会存

收 料 单

20××年11月18日

发票号码：……　　　　　　　　　　　　收料仓库：……　　收料单编号：7

材料类别	……	材料来源	外购	供货单位	长城钢厂	计划单位成本	3 700	计划成本总额	370 000
编号	名称	规格	计量单位	数量		实际成本			
				应收	实收	单价	总买价	运费	其他	合计
……	生铁	……	吨	100	100	3 710	371 000	2 790		373 790

采购员：马慧　　　　检验员：周英　　　　记账员：邢蓉　　　　保管员：曾蓉

二、财会存

收 料 单

20××年11月22日

发票号码：……　　　　　　　　　　　　收料仓库：……　　收料单编号：8

材料类别	……	材料来源	外购	供货单位	市通用机电公司	计划单位成本	400	计划成本总额	40 000
编号	名称	规格	计量单位	数量		实际成本			
				应收	实收	单价	总买价	运费	其他	合计
……	备件	……	件	100	100	420	42 000			42 000

采购员：马慧　　　　检验员：周英　　　　记账员：邢蓉　　　　保管员：曾蓉

二、财会存

收料凭证汇总表

20××年11月　　　　　　　　　　　　　　　　　金额单位:元

材料类别	材料编号	材料名称	……	计量单位	入库数量	实际成本	计划成本	材料成本差异
		生铁						
		钢材						
		辅材						
		备件						
		小计						
		焦煤						
		包装箱						
		刀具						
		小计						
合　计								

材料成本差异率计算表

20××年11月　　　　　　　　　　　　　　金额单位:元

材料类别	材料编号	材料名称	月初结存材料		本月验收入库		本月材料成本差异率
			计划成本	成本差异	计划成本	成本差异	
		生铁					原材料成本差异率:
		钢材					
		辅材					
		备件					
		小计					
		焦煤					燃料成本差异率:
		包装箱					周转材料成本差异率:
		刀具					
		小计					
合　　计							—

------------------------✂------------------------✂------------------------

【相关知识链接】 各个品种的原材料使用同一个成本差异率,不够精确,只是因为实际工作中,企业的原材料往往品种繁多,"材料成本差异"科目按"原材料""周转材料"等进行明细核算,可以简化核算。在原材料品种不多的企业,"材料成本差异"科目可以按原材料的类别或品种进行明细核算,以提高核算结果的准确性。本模拟实训如果"材料成本差异"科目按各个材料的品种进行明细核算,以上材料成本差异率计算表,只要将"月初结存材料"栏下的横线拉通就可以使用。

请同学们注意: 本教材下册所有【相关知识链接】和以＊标注的内容均不是有关原始凭证的组成部分,请裁剪时注意不要与上面或下面的原始凭证连接在一起整理装订,可以在阅读后另外保存或丢弃。

------------------------✂------------------------✂------------------------

领　料　单

领料单位:铸锻车间　　　　20××年11月1日　……仓库　　领料单　1　号

用途	生产刨床和铣床共用			产品批量	……		订单号	……	
材料类别	材料编号	材料名称	型号规格	计量单位	数量		单价	金额
					请领	实发		
……	……	焦煤		吨	50	50	600	30 000
备注:								

核算:邢蓉　　　主管:吴惠　　　发料:朱英　　　领料:徐琼

领 料 单

领料单位：铸锻车间　　　　20××年11月2日　　……仓库　　领料单 2 号

用途	生产刨床			产品批量	……		订单号	……	
材料类别	材料编号	材料名称	型号规格	计量单位	数量		单价	金额	
					请领	实发			
……	……	钢材	……	吨	10	10	4 900	49 000	
备注：									

核算：邢蓉　　　　主管：吴惠　　　　发料：曾蓉　　　　领料：徐琼

二、财会存

领 料 单

领料单位：铸锻车间　　　　20××年11月2日　　……仓库　　领料单 3 号

用途	生产铣床			产品批量	……		订单号	……	
材料类别	材料编号	材料名称	型号规格	计量单位	数量		单价	金额	
					请领	实发			
……	……	钢材	……	吨	20	20	4 900	98 000	
备注：									

核算：邢蓉　　　　主管：吴惠　　　　发料：曾蓉　　　　领料：徐琼

二、财会存

领 料 单

领料单位：铸锻车间　　　　20××年11月2日　　……仓库　　领料单 4 号

用途	生产刨床和铣床共用			产品批量	……		订单号	……	
材料类别	材料编号	材料名称	型号规格	计量单位	数量		单价	金额	
					请领	实发			
……	……	生铁	……	吨	20	20	3 700	74 000	
备注：									

核算：邢蓉　　　　主管：吴惠　　　　发料：曾蓉　　　　领料：徐琼

二、财会存

领 料 单

领料单位：铸锻车间　　　　20××年11月7日　　……仓库　　领料单 __5__ 号

用途	生产刨床			产品批量	……			订单号	……	
材料类别	材料编号	材料名称	型号规格	计量单位	数量		单价	金额		二、财会存
					请领	实发				
……	……	钢材	……	吨	10	10	4 900	49 000		
备注：										

核算：邢蓉　　　　主管：吴惠　　　　发料：曾蓉　　　　领料：徐琼

领 料 单

领料单位：铸锻车间　　　　20××年11月7日　　……仓库　　领料单 __6__ 号

用途	生产铣床			产品批量	……			订单号	……	
材料类别	材料编号	材料名称	型号规格	计量单位	数量		单价	金额		二、财会存
					请领	实发				
……	……	钢材	……	吨	20	20	4 900	98 000		
备注：										

核算：邢蓉　　　　主管：吴惠　　　　发料：曾蓉　　　　领料：徐琼

领 料 单

领料单位：铸锻车间　　　　20××年11月7日　　……仓库　　领料单 __7__ 号

用途	生产刨床和铣床共用			产品批量	……			订单号	……	
材料类别	材料编号	材料名称	型号规格	计量单位	数量		单价	金额		二、财会存
					请领	实发				
……	……	生铁	……	吨	20	20	3 700	74 000		
备注：										

核算：邢蓉　　　　主管：吴惠　　　　发料：曾蓉　　　　领料：徐琼

领 料 单

领料单位：铸锻车间　　　20××年11月9日　　……仓库　　领料单_8_号

用途		一般耗用		产品批量		……		订单号	……
材料类别	材料编号	材料名称	型号规格	计量单位	数量		单价	金额	
					请领	实发			
……	……	辅助材料	……	千克	500	500	65	32 500	
备注：									

核算：邢蓉　　　主管：吴惠　　　发料：曾蓉　　　领料：徐琼

二、财会存

领 料 单

领料单位：机加车间　　　20××年11月9日　　……仓库　　领料单_9_号

用途		一般耗用		产品批量		……		订单号	……
材料类别	材料编号	材料名称	型号规格	计量单位	数量		单价	金额	
					请领	实发			
……	……	辅助材料	……	千克	400	400	65	26 000	
备注：									

核算：邢蓉　　　主管：吴惠　　　发料：曾蓉　　　领料：徐琼

二、财会存

领 料 单

领料单位：装配车间　　　20××年11月9日　　……仓库　　领料单_10_号

用途		一般耗用		产品批量		……		订单号	……
材料类别	材料编号	材料名称	型号规格	计量单位	数量		单价	金额	
					请领	实发			
……	……	辅助材料	……	千克	300	300	65	19 500	
备注：									

核算：邢蓉　　　主管：吴惠　　　发料：曾蓉　　　领料：徐琼

二、财会存

领 料 单

领料单位：机修车间　　　　　20××年11月9日　　　……仓库　　领料单 11 号

用途		一般耗用		产品批量	……	订单号		……	
材料类别	材料编号	材料名称	型号规格	计量单位	数量		单价	金额	
					请领	实发			
……	……	辅助材料	……	千克	200	200	65	13 000	
备注：									

核算：邢蓉　　　　　主管：吴惠　　　　　发料：曾蓉　　　　　领料：徐琼

二、财会存

领 料 单

领料单位：供水车间　　　　　20××年11月9日　　　……仓库　　领料单 12 号

用途		一般耗用		产品批量	……	订单号		……	
材料类别	材料编号	材料名称	型号规格	计量单位	数量		单价	金额	
					请领	实发			
……	……	辅助材料	……	千克	200	200	65	13 000	
备注：									

核算：邢蓉　　　　　主管：吴惠　　　　　发料：曾蓉　　　　　领料：徐琼

二、财会存

领 料 单

领料单位：铸锻车间　　　　　20××年11月11日　　　……仓库　　领料单 13 号

用途		生产刨床		产品批量	……	订单号		……	
材料类别	材料编号	材料名称	型号规格	计量单位	数量		单价	金额	
					请领	实发			
……	……	钢材	……	吨	10	10	4 900	49 000	
备注：									

核算：邢蓉　　　　　主管：吴惠　　　　　发料：曾蓉　　　　　领料：徐琼

二、财会存

领 料 单

领料单位：铸锻车间　　　　20××年11月11日　　……仓库　　领料单 14 号

用途	生产铣床			产品批量	……		订单号	……	
材料类别	材料编号	材料名称	型号规格	计量单位	数量		单价	金额	
					请领	实发			
……	……	钢材	……	吨	20	20	4 900	98 000	
备注：									

核算：邢蓉　　　　主管：吴惠　　　　发料：曾蓉　　　　领料：徐琼

二、财会存

领 料 单

领料单位：铸锻车间　　　　20××年11月11日　　……仓库　　领料单 15 号

用途	生产刨床和铣床			产品批量	……		订单号	……	
材料类别	材料编号	材料名称	型号规格	计量单位	数量		单价	金额	
					请领	实发			
……	……	生铁	……	吨	20	20	3 700	74 000	
备注：									

核算：邢蓉　　　　主管：吴惠　　　　发料：曾蓉　　　　领料：徐琼

二、财会存

领 料 单

领料单位：机加车间　　　　20××年11月14日　　……仓库　　领料单 16 号

用途	一般耗用			产品批量	……		订单号	……	
材料类别	材料编号	材料名称	型号规格	计量单位	数量		单价	金额	
					请领	实发			
……	……	刀具	……	件	200	200	300	60 000	
备注：									

核算：邢蓉　　　　主管：吴惠　　　　发料：曾蓉　　　　领料：徐琼

二、财会存

领 料 单

领料单位:装配车间　　　　20××年11月14日　　　……仓库　　　领料单 17 号

用途	一般耗用			产品批量	……			订单号	……	
材料类别	材料编号	材料名称	型号规格	计量单位	数量		单价	金额		
					请领	实发				
……	……	刀具	……	件	160	160	300	48 000		
备注:										

核算:邢蓉　　　　主管:吴惠　　　　发料:曾蓉　　　　领料:徐琼

领 料 单

领料单位:铸锻车间　　　　20××年11月16日　　　……仓库　　　领料单 18 号

用途	生产刨床和铣床共用			产品批量	……			订单号	……	
材料类别	材料编号	材料名称	型号规格	计量单位	数量		单价	金额		
					请领	实发				
……	……	焦煤	……	吨	60	60	600	36 000		
备注:										

核算:邢蓉　　　　主管:吴惠　　　　发料:曾蓉　　　　领料:徐琼

领 料 单

领料单位:铸锻车间　　　　20××年11月16日　　　……仓库　　　领料单 19 号

用途	生产刨床			产品批量	……			订单号	……	
材料类别	材料编号	材料名称	型号规格	计量单位	数量		单价	金额		
					请领	实发				
……	……	钢材	……	吨	10	10	4 900	49 000		
备注:										

核算:邢蓉　　　　主管:吴惠　　　　发料:曾蓉　　　　领料:徐琼

领 料 单

领料单位:铸锻车间　　　　20××年11月16日　　……仓库　　领料单 20 号

用途	生产铣床			产品批量		……		订单号	……
材料类别	材料编号	材料名称	型号规格	计量单位	数量		单价	金额	
					请领	实发			
……	……	钢材	……	吨	20	20	4 900	98 000	
备注:									

核算:邢蓉　　　　主管:吴惠　　　　发料:曾蓉　　　　领料:徐琼

二、财会存

领 料 单

领料单位:铸锻车间　　　　20××年11月16日　　……仓库　　领料单 21 号

用途	生产刨床和铣床			产品批量		……		订单号	……
材料类别	材料编号	材料名称	型号规格	计量单位	数量		单价	金额	
					请领	实发			
……	……	生铁	……	吨	20	20	3 700	74 000	
备注:									

核算:邢蓉　　　　主管:吴惠　　　　发料:曾蓉　　　　领料:徐琼

二、财会存

领 料 单

领料单位:铸锻车间　　　　20××年11月21日　　……仓库　　领料单 22 号

用途	修理设备用备件			产品批量		……		订单号	……
材料类别	材料编号	材料名称	型号规格	计量单位	数量		单价	金额	
					请领	实发			
……	……	备件	……	件	10	10	400	4 000	
备注:									

核算:邢蓉　　　　主管:吴惠　　　　发料:曾蓉　　　　领料:徐琼

二、财会存

领 料 单

领料单位：机加车间   20××年11月21日   ……仓库   领料单 23 号

用途	修理设备用备件			产品批量	……		订单号	……	
材料类别	材料编号	材料名称	型号规格	计量单位	数量		单价	金额	
					请领	实发			
……	……	备件	……	件	40	40	400	16 000	
备注：									

核算：邢蓉   主管：吴惠   发料：曾蓉   领料：徐琼

领 料 单

领料单位：装配车间   20××年11月11日   ……仓库   领料单 24 号

用途	修理设备用备件			产品批量	……		订单号	……	
材料类别	材料编号	材料名称	型号规格	计量单位	数量		单价	金额	
					请领	实发			
……	……	备件	……	件	20	20	400	8 000	
备注：									

核算：邢蓉   主管：吴惠   发料：曾蓉   领料：徐琼

领 料 单

领料单位：铸锻车间   20××年11月21日   ……仓库   领料单 25 号

用途	生产刨床			产品批量	……		订单号	……	
材料类别	材料编号	材料名称	型号规格	计量单位	数量		单价	金额	
					请领	实发			
……	……	钢材	……	吨	10	10	4 900	49 000	
备注：									

核算：邢蓉   主管：吴惠   发料：曾蓉   领料：徐琼

领 料 单

领料单位:铸锻车间　　　　　20××年11月21日　　　……仓库　　　领料单 26 号

用途	生产铣床			产品批量	……		订单号	……	
材料类别	材料编号	材料名称	型号规格	计量单位	数量		单价	金额	
					请领	实发			
……	……	钢材	……	吨	20	20	4 900	98 000	
备注:									

核算:邢蓉　　　　　　主管:吴惠　　　　　　发料:曾蓉　　　　　　领料:徐琼

领 料 单

领料单位:铸锻车间　　　　　20××年11月21日　　　……仓库　　　领料单 27 号

用途	生产刨床和铣床共用			产品批量	……		订单号	……
材料类别	材料编号	材料名称	型号规格	计量单位	数量		单价	金额
					请领	实发		
……	……	生铁	……	吨	20	20	3 700	74 000
备注:								

核算:邢蓉　　　　　　主管:吴惠　　　　　　发料:曾蓉　　　　　　领料:徐琼

领 料 单

领料单位:铸锻车间　　　　　20××年11月28日　　　……仓库　　　领料单 28 号

用途	生产刨床			产品批量	……		订单号	……
材料类别	材料编号	材料名称	型号规格	计量单位	数量		单价	金额
					请领	实发		
……	……	钢材	……	吨	10	10	4 900	49 000
备注:								

核算:邢蓉　　　　　　主管:吴惠　　　　　　发料:曾蓉　　　　　　领料:徐琼

领 料 单

领料单位:铸锻车间　　　　20××年11月28日　　……仓库　　领料单 29 号

用途		生产铣床		产品批量		……		订单号	……
材料类别	材料编号	材料名称	型号规格	计量单位	数量		单价	金额
					请领	实发		
……	……	钢材	……	吨	20	20	4 900	98 000
备注:									

核算:邢蓉　　　　主管:吴惠　　　　发料:曾蓉　　　　领料:徐琼

二、财会存

领 料 单

领料单位:铸锻车间　　　　20××年11月28日　　……仓库　　领料单 30 号

用途		生产刨床和铣床		产品批量		……		订单号	……
材料类别	材料编号	材料名称	型号规格	计量单位	数量		单价	金额
					请领	实发		
……	……	生铁	……	吨	20	20	3 700	74 000
备注:									

核算:邢蓉　　　　主管:吴惠　　　　发料:曾蓉　　　　领料:徐琼

二、财会存

领 料 单

领料单位:销售部门　　　　20××年11月29日　　……仓库　　领料单 31 号

用途		包装销售的刨床和铣床		产品批量		……		订单号	……
材料类别	材料编号	材料名称	型号规格	计量单位	数量		单价	金额
					请领	实发		
……	……	包装箱	……	个	48	48	450	21 600
备注:随同产品出售不单独计价									

核算:邢蓉　　　　主管:吴惠　　　　发料:曾蓉　　　　领料:徐琼

二、财会存

领　料　单

领料单位：诚信安装公司　　　20××年11月30日　　……仓库　　领料单 32 号

用途		安装磨床		产品批量	……		订单号	……	
材料类别	材料编号	材料名称	型号规格	计量单位	数量		单价	金额	
					请领	实发			
……	……	钢材	……	吨	0.6	0.6	4 900	2 940	
备注：									

核算：邢蓉　　　　主管：吴惠　　　　发料：曾蓉　　　　领料：徐琼

二、财会存

领　料　单　（注）

领料单位：铸锻车间　　　20××年11月30日　　……仓库　　领料单 33 号

用途		生产刨床		产品批量	……		订单号	……	
材料类别	材料编号	材料名称	型号规格	计量单位	数量		单价	金额	
					请领	实发			
……	……	钢材	……	吨	－2	－2	4 900	－9 800	
备注：已领未用钢材假退料									

核算：邢蓉　　　　主管：吴惠　　　　发料：曾蓉　　　　领料：徐琼

（注）本领料单应为红字领料单，为印刷方便，在"数量"和"金额"栏以"－"号标注，以示区别。

二、财会存

领　料　单　（注）

领料单位：铸锻车间　　　20××年11月30日　　……仓库　　领料单 34 号

用途		生产铣床		产品批量	……		订单号	……	
材料类别	材料编号	材料名称	型号规格	计量单位	数量		单价	金额	
					请领	实发			
……	……	钢材	……	吨	－4	－4	4 900	－19 600	
备注：已领未用钢材假退料									

核算：邢蓉　　　　主管：吴惠　　　　发料：曾蓉　　　　领料：徐琼

（注）本领料单应为红字领料单，为印刷方便，在"数量"和"金额"栏以"－"号标注，以示区别。

二、财会存

【相关知识链接】假退料亦称假退库,指月末将已领用但并未实际使用而下月需要继续使用的材料同时填制本月红字领料单(或本月退料单)和下月初蓝字领料单(内容相同),表示该批材料本月已退了库并又作为下月的领料出库,而材料实物不需移动,以正确计算各个月份的生产耗费的一种会计处理程序。

共同耗用的生铁计划成本分配表

20××年11月30日

分配对象	铁铸件重量资料			分配率*（元/吨）	分配金额（元）
	每台重量(吨)	本月投产	总重量(吨)		
刨床					
铣床					
小计	—		—		

制表：

共同耗用的焦煤计划成本分配表

20××年11月30日

分配对象	铁铸件重量资料			分配率*（元/吨）	分配金额（元）
	每台重量(吨)	本月投产	总重量(吨)		
刨床					
铣床					
小计	—		—		

制表：

＊此处的分配率指生产刨床(铣床)的每吨铁铸件分配的原材料(生铁)或燃料(焦炭)的计划成本;分配金额等于分配率与所生产刨床(铣床)的铁铸件总重量的乘积。铁铸件重量的计算和本月投产量见第一模块第二章第一节和第二节有关资料。

材料耗费计划成本分配表

20××年11月30日

琼海机床厂

应借科目		原材料					燃料	周转材料		合计
		钢材	辅助材料	备件	生铁	合计	焦煤	包装物	刀具	
基本生产成本—铸锻车间	刨床									
	铣床									
	小计									
制造费用	铸锻车间									
	机加车间									
	装配车间									
	小计									
辅助生产成本（一般耗用）	机修车间									
	供水车间									
	小计									
销售费用	磨床									
在建工程	安装									
合　计										

四川增值税专用发票

（教学模拟实习用）

发票联
No 06138536
开票日期：20××年11月26日

购货单位	名　　称：成都琼海机床厂 纳税人识别号：712345678905 地　址、电　话：…… 开户行及账号：农行成都市青羊支行71445566

货物或劳务名称	规格型号	单位	数量	单价	金额	税率	税额
电		度	301 500	0.80	¥241 200.00	13%	¥31 356.00
合　　计							

价税合计（大写）	贰拾柒万贰仟伍佰伍拾陆圆整	（小写）¥272 556.00

销货单位	名　　称：成都市供电局 纳税人识别号：717783228833 地　址、电　话：…… 开户行及账号：工行成都市二分理处7225680	备注

收款人：……　　复核：……　　开票人：……　　销货单位：（章）

第三联：发票联　购货方记账凭证

【相关知识链接】

从理论上讲,外购动力在付款时,应按外购动力的用途,直接借记相关成本、费用科目,贷记"银行存款"科目。但在实际工作中,由于外购动力费用一般不是在每月月末支付,而是在每月下旬的某日支付。所以,一般先通过"应付账款"科目核算,即先作为暂付款处理,借记"应付账款"科目,贷记"银行存款"科目;月末按照外购动力的用途分配费用时再借记相关成本、费用科目,贷记"应付账款"科目,冲销原来记入"应付账款"科目借方的暂付款。

本模拟实训假设该厂每月月末支付外购动力费用的日期基本固定,且每月付款日到月末的应付动力费用相差不多。因此,外购动力在付款时,按外购动力的用途,直接借记相关成本、费用科目,贷记"银行存款"科目。

各部门耗电数量

20××年11月

部门、用途	实耗度数(度)	部门、用途	实耗度数(度)
铸锻车间——刨床生产	20 000	机修车间	30 000
——铣床生产	30 000	供水车间	30 000
——一般耗用	6 000	磨床安装	2 000
机加车间——刨床生产	60 000	专设销售机构	2 000
——铣床生产	80 000	企业管理部门	5 000
——一般耗用	6 000		
装配车间——刨床生产	10 000		
——铣床生产	15 000		
——一般耗用	5 000	合 计	301 000

成都琼海机床厂电费分配表

20××年11月26日

使用部门	用　途	耗用量(度)	分配率	分配金额(元)
铸锻车间	生产刨床			
	生产铣床			
	一般耗用			
机加车间	生产刨床			
	生产铣床			
	一般耗用			
装配车间	生产刨床			
	生产铣床			
	一般耗用			
机修车间	管理及生产			
供水车间	管理及生产			
某安装公司	磨床安装			
专设销售机构	管理耗用			
企业管理部门	管理耗用			
合　计				

﹡电费分配率表示各车间、部门动力和照明用电每度电应分配(负担)的电力成本费用,其单位为:元/度。

生产工时资料统计表

20××年11月　　　　　　　　　　　　　　　　　　单位:小时

项目	铸锻车间	机加车间	装配车间	合　计
刨床	9 000	24 000	12 000	45 000
铣床	11 000	36 000	28 000	75 000
合计	20 000	60 000	40 000	120 000

- - - - - - - - - - - - - - - ✂ - - - - - - - - - - - - - - - ✂ - - - - - - - - - - - - - - -

琼海机床厂工资结算汇总表(简表)

20××年11月　　　　　　　　　　　　　　　　　　金额单位:元

人员类别	基本工资	津贴、奖金	应付工资	代扣款 社会保险费(12%)	代扣款 住房公积金(10%)	实发工资
铸锻车间:						
生产工人	200 000	60 000	260 000	31 200	26 000	202 800
管理人员	20 000	7 000	27 000	3 240	2 700	21 060
机加车间:						
生产工人	750 000	120 000	870 000	104 400	87 000	678 600
管理人员	25 000	8 000	33 000	3 960	3 300	25 740
装配车间:						
生产工人	432 000	140 000	572 000	68 640	57 200	446 160
管理人员	28 000	7 500	35 500	4 260	3 550	27 690
机修车间	100 000	3 000	103 000	12 360	10 300	80 340
供水车间	50 000	1 200	51 200	6 144	5 120	39 936
厂部管理部门	180 000	52 000	232 000	27 840	23 200	180 960
专设销售机构	40 000	16 000	56 000	6 720	5 600	43 680
合　计	1 825 000	414 700	2 239 700	268 764	223 970	1 746 966

审批:王涛　　　　　　　　　会计主管:刘莹　　　　　　　　　制表:马慧

应付职工薪酬耗费分配表（1）

20××年11月

制表单位：元
金额单位：元

应借科目		分配计入			直接计入	工资耗费合计
	产品	生产工时（小时）	分配率	分配金额		
基本生产成本——铸锻车间	刨床					
	铣床					
	小计					
制造费用——铸锻车间						
基本生产成本——机加车间	刨床					
	铣床					
	小计					
制造费用——机加车间						
基本生产成本——装配车间	刨床					
	铣床					
	小计					
制造费用——装配车间						
辅助生产成本——机修车间						
辅助生产成本——供水车间						
管理费用						
销售费用						
合　　计						

制表：

应付职工薪酬耗费分配表(2)(注)

20××年11月

金额单位:元

应借科目		工资耗费合计	职工福利(10%)	社会保险费(35%)	住房公积金(10%)	工会经费(2%)	职工教育经费(1.5%)	计提合计	职工薪酬合计
基本生产成本——铸锻车间	刨床								
	铣床								
	小计								
制造费用——铸锻车间									
基本生产成本——机加车间	刨床								
	铣床								
	小计								
制造费用——机加车间									
基本生产成本——装配车间	刨床								
	铣床								
	小计								
制造费用——装配车间									
辅助生产成本——机修车间									
辅助生产成本——供水车间									
管理费用									
销售费用									
合 计									

(注)在实际工作中,"社会保险费"栏目应按"医疗保险费""养老保险费""失业保险费""工伤保险费""生育保险费"等分项列示,此处作了简化。

制表:

固定资产折旧费分配表

20××年11月　　　　　　　　　　金额单位：元

车间、部门	应借科目	月初固定资产原值	月折旧率	月折旧额
铸锻车间				
房屋建筑物				
机器设备				
小　　计				
机加车间				
房屋建筑物				
机器设备				
小　　计				
装配车间				
房屋建筑物				
机器设备				
小　　计				
辅助生产车间　机修车间				
房屋建筑物				
机器设备				
小　　计				
供水车间				
房屋建筑物				
机器设备				
小　　计				
专设销售机构：				
房屋建筑物				
设备				
小　　计				
厂部管理部门				
房屋建筑物				
设备				
小　　计				
总　　计				

预付账款明细账

明细科目：某保险公司
单位：元

20××年		摘要	借方	贷方	借或贷	余额
月	日					
9	30	以银行存款预付第四季度财产保险费（3个基本生产车间各2 100元，辅助生产的机修车间1 800元，供水车间900元，厂部管理部门2 700元。分3个月平均摊销）	13 200		借	13 200
10	31	摊销预付财产保险费		4 400	借	8 800

其他应付款明细账

明细科目：N租赁公司
单位：元

20××年		摘要	借方	贷方	借或贷	余额
月	日					
10	31	预提第四季度经营租入设备租金		7 000	贷	7 000

预付财产保险费分配表

20××年11月　　　　　　　　　　　单位:元

应借科目	成本、费用项目	金　额

预提设备租赁费分配表

20××年11月　　　　　　　　　　　单位:元

应借科目	费用项目	金　额

成都琼海机床厂利息计算表(简表)

20××年11月　　　　　　　　　　　金额单位:元

……			……		
借款期限	付息期	月利率(‰)	应计利息	借款用途	利息归属
1年	每季末	6.31	2 629.17	生产经营	费用化
3年	每季末	6.65	5 541.67	××在建工程	资本化
合计	—	—	8 170.84	—	—

预提利息分配表

20××年11月　　　　　　　　　　　单位:元

应借科目	费用项目	金　额

成都琼海机床厂报销各种支出归类汇总表

20××年11月30日　　　　　　　　　　　　单位：元

报账部门	支出用途	报账金额	备注
铸锻车间	办公费	200	
机加车间	办公费	300	
装配车间	办公费	300	为简化，假定11月30日集中报销，
机修车间	办公费	336	均未取得增值税专用发票（下同）
供水车间	办公费	400	以库存现金支付
销售部门	办公费	2 000	
公司行政管理部门	办公费	3 000	以银行存款支付
	业务招待费	5 000	
合　计		11 536	—

成都琼海机床厂辅助生产车间提供的劳务量统计表

20××年11月

受益对象		供水车间（吨）	机修车间（小时）
本月劳务供应量		32 480	10 672
辅助生产车间耗用	供水车间耗用	—	2 000
	机修车间耗用	4 000	—
铸锻车间		6 000	2 000
机加车间		8 000	2 500
装配车间		4 000	2 500
磨床安装		1 000	—
专设销售机构		2 000	72
厂部管理部门		7 480	1 600
合　计		32 480	10 672

（该公司供水车间每月末库存水数量基本相等）

辅助生产成本明细账

辅助生产车间：供水车间

20××年		摘要	机物料消耗	职工薪酬	折旧费	办公费	财产保险费	水电费	维修费	合计	转出	余额
月	日											

辅助生产成本明细账

辅助生产车间：机修车间

20××年		摘要	机物料消耗	职工薪酬	折旧费	办公费	财产保险费	水电费	维修费	合计	转出	余额
月	日											

辅助生产成本分配表

(一次交互分配法)

20××年11月

金额单位:元

项目		供水车间			机修车间			合计
		数量	分配率	金额	数量	分配率	金额	
待分配辅助生产成本								
交互分配	辅助生产成本——供水车间							
	辅助生产成本——机修车间							
计算出的对外分配金额								
对外分配	铸锻车间							
	机加车间							
	装配车间							
	磨床安装工程							
	专设销售机构							
	行政管理部门							
合计								

制造费用明细账

车间名称：铸锻车间 单位：元

月	日	摘要	职工薪酬	机物料消耗	折旧费	办公费	水电费	财产保险费	租赁费	维修费	余额

制造费用明细账

车间名称：机加车间 单位：元

月	日	摘要	职工薪酬	机物料消耗	折旧费	办公费	水电费	财产保险费	租赁费	维修费	余额

制造费用明细账

车间名称：装配车间　　　　　　　　　　　　　　　　　　　　　　　　　　　单位：元

月	日	摘要	职工薪酬	机物料消耗	折旧费	办公费	水电费	财产保险费	租赁费	维修费	余额

生产工时统计表

20××年11月　　　　　　　　　　　　　　单位:小时

项目	铸锻车间	机加车间	装配车间	合　计
刨床	9 000	24 000	12 000	45 000
铣床	11 000	36 000	28 000	75 000
合计	20 000	60 000	40 000	120 000

制造费用分配表

生产车间:铸锻车间　　　　20××年11月　　　　金额单位:元

应借科目		分配标准 (生产工时)	分配率 (元/小时)	分配金额
总账科目	明细科目			
基本生产成本	刨床			
	铣床			
	合　计			

制造费用分配表

生产车间:机加车间　　　　20××年11月　　　　金额单位:元

应借科目		分配标准 (生产工时)	分配率 (元/小时)	分配金额
总账科目	明细科目			
基本生产成本	刨床			
	铣床			
	合　计			

制造费用分配表

生产车间:装配车间　　　　20××年11月　　　　金额单位:元

应借科目		分配标准 (生产工时)	分配率 (元/小时)	分配金额
总账科目	明细科目			
基本生产成本	刨床			
	铣床			
	合　计			

销售费用明细账

月	日	摘要	职工薪酬	包装费	折旧费	水电费	财产保险费	办公费	修理费	合计

管理费用明细账

月	日	摘要	职工薪酬	折旧费	水电费	财产保险费	租赁费	税金	办公费	业务招待费	修理费	合计

财务费用明细账

月	日	摘要	利息支出	汇兑损益	手续费	现金折扣	合计

月初在产品成本

单位:元

项 目	铸造车间		机加车间		装配车间	
	刨床	铣床	刨床	铣床	刨床	铣床
直接材料	352 473.00	811 767.00				
燃料及动力	4 397.00	28 268.60	6 400.00	42 478.40	3 960.00	36 588.60
半成品			321 971.00		313 751.00	
直接人工	7 080.00	104 223.40	8 600.00	262 994.49	7 600.00	145 468.80
制造费用	12 028.14	94 572.96	13 313.55	207 366.80	8 833.95	84 389.78
合　计	375 978.14	1 038 831.96	350 284.55	512 839.69	334 144.95	266 447.18

产　量　资　料

产品:刨床　　　　　　　　20××年11月　　　　　　　　单位:台

摘　要	铸锻车间	机加车间	装配车间
月初在产品数量	10	8	7
本月投产或上步转来	15	16	18
本月完工产品数量	16	18	20
月末在产品数量	9	6	5
在产品完工程度(%)	30	50	60
投料方式	生产开始时一次投料		

基本生产成本明细账*

车间名称：铸锻车间 完工产量： 完工率： 单位：元
产品名称：刨床 在产品数量：

月	日	摘要	成本项目				成本合计
			直接材料	燃料及动力	直接人工	制造费用	

*即产品成本计算单，下同。

基本生产成本明细账

车间名称：机加车间　　　　　　　　　　完工产量：　　　　　　　　　　　　　　　　
产品名称：刨床　　　　　　　　　　　　在产品数量：　　　完工率：　　　　单位：元

月	日	摘要	成本项目				成本合计
			半成品	燃料与动力	直接人工	制造费用	

基本生产成本明细账

车间名称：装配车间
产品名称：刨床

完工产量：
在产品数量：
完工率：
单位：元

月	日	摘要	成本项目				成本合计
			半成品	燃料与动力	直接人工	制造费用	

产品成本还原计算表（成本还原率还原法）

产品名称：刨床　　　　　20××年11月30日　　　　　金额单位：元

项目	第二步骤 半成品 B	还原分配率	第一步骤 半成品 A	直接材料	燃料与动力	直接人工	制造费用	合计
还原前产成品成本								
第二步骤完工半成品成本								
第一次成本还原								
第一步骤完工半成品成本								
第二次成本还原								
还原后产成品成本								
产成品单位成本								

产　量　资　料

20××年11月　　　　　　　　　　　　　　　单位：台

产品：铣床

摘　要	铸锻车间	机加车间	装配车间
月初在产品数量	14	12	8
本月投产或上步转来数量	20	24	26
本月完工产品数量	24	26	28
月末在产品数量	10	10	6
在产品完工程度（%）	40	45	50
投料方式	生产开始时一次投料		

基本生产成本明细账

车间名称：铸锻车间
产品名称：铣床
完工产量：
在产品数量：
单位：元

月	日	摘要	成本项目				成本合计
			直接材料	燃料与动力	直接人工	制造费用	

基本生产成本明细账

车间名称：机加车间
产品名称：铣床
完工产量：
在产品数量：
单位：元

月	日	摘要	成本项目					成本合计
			直接材料	燃料与动力	直接人工	制造费用	

基本生产成本明细账

车间名称：装配车间 完工产量：
产品名称：铣床 在产品数量：

单位：元

月	日	摘要	成本项目				成本合计
			直接材料	燃料与动力	直接人工	制造费用	

完工产品成本汇总计算单

20××年11月30日

产品名称：铣床　　　　　　　　　　　　　　　　　　　完工产量：
　　　　　　　　　　　　　　　　　　　　　　　　　　单位：元

摘　要	直接材料	燃料与动力	直接人工	制造费用	成本合计
铸锻车间转入					
机加车间转入					
装配车间转入					
总成本					
单位成本					

注：以下提供实训中所需的记账凭证（含备用）。在实际工作中，一笔交易或事项需要填制多张记账凭证时，需采用分数编号法编号。为避免分数编号的问题，有一些记账凭证行数设计得比较多。学生使用时请注意，实际工作中记账凭证中记账凭证的行数通常是一致的。

记 账 凭 证

　　年　月　日　　　　　　　　　　　　　　　　　　　顺序号第　　号

附件　　张

摘　要	总账科目	明细科目	√	借方									贷方								
				千	百	十	万	千	百	十	元	角	分	千	百	十	万	千	百	十	元	角	分
合　计																					

会计主管：　　　　　记账：　　　　　稽核：　　　　　出纳：　　　　　制单：

记 账 凭 证

顺序号___第___号

___年___月___日 附件___张

摘要	总账科目	明细科目	√	借方									贷方								
				千	百	十	万	千	百	十	元	角	分	千	百	十	万	千	百	十	元	角	分
合　计																								

会计主管：　　　记账：　　　稽核：　　　出纳：　　　制单：

记 账 凭 证

顺序号第_____号

附件_____张

年 月 日	摘要	总账科目	明细科目	√	借方 千百十万千百十元角分	贷方 千百十万千百十元角分
合计						

会计主管：　　　　　记账：　　　　　稽核：　　　　　出纳：　　　　　制单：

记 账 凭 证

顺序号第_____号

____年__月__日

附件____张

摘要	总账科目	明细科目	√	借方 千百十万千百十元角分	贷方 千百十万千百十元角分
	合　计				

会计主管：　　　　记账：　　　　稽核：　　　　出纳：　　　　制单：

记账凭证

顺序号第＿＿＿号

年 月 日

附件　　张

摘要	总账科目	明细科目	√	借方									贷方								
				千	百	十	万	千	百	十	元	角	分	千	百	十	万	千	百	十	元	角	分
合　计																							

会计主管：　　　　记账：　　　　稽核：　　　　出纳：　　　　制单：

记 账 凭 证

顺序号第_____号

_____年___月___日

附件_____张

摘 要	总账科目	明细科目	√	借方									贷方								
				千	百	十	万	千	百	十	元	角	分	千	百	十	万	千	百	十	元	角	分
合 计																							

会计主管：　　　　　记账：　　　　　稽核：　　　　　出纳：　　　　　制单：

记 账 凭 证

顺序号第_____号

____年__月__日 附件_____张

摘要	总账科目	明细科目	√	借方 千 百 十 万 千 百 十 元 角 分	贷方 千 百 十 万 千 百 十 元 角 分
	合 计				

会计主管：　　　　　记账：　　　　　稽核：　　　　　出纳：　　　　　制单：

记 账 凭 证

年 月 日　　　　　　　　　　　　　　　　　　　　　顺序号第　　号

附件　　张

摘 要	总账科目	明细科目	√	借方 千百十万千百十元角分	贷方 千百十万千百十元角分
合　计					

会计主管:　　　　　记账:　　　　　稽核:　　　　　出纳:　　　　　制单:

记 账 凭 证

顺序号第_____号

年 月 日	摘 要	总账科目	明细科目	√	借方 千百十万千百十元角分	贷方 千百十万千百十元角分
		合 计				

附件　　张

会计主管：　　　　记账：　　　　稽核：　　　　出纳：　　　　制单：

记 账 凭 证

顺序号第____号

____年____月____日   附件____张

摘要	总账科目	明细科目	√	借方									贷方								
				千	百	十	万	千	百	十	元	角	分	千	百	十	万	千	百	十	元	角	分
合计																							

会计主管：　　　记账：　　　稽核：　　　出纳：　　　制单：

记 账 凭 证

顺序号第_____号

　　　年　月　日

摘要	总账科目	明细科目	√	借方									贷方								
				千	百	十	万	千	百	十	元	角	分	千	百	十	万	千	百	十	元	角	分
合　计																							

附件　　　张

会计主管：　　　　　记账：　　　　　稽核：　　　　　出纳：　　　　　制单：

记 账 凭 证

顺序号第___号 附件___张

年 月 日	摘要	总账科目	明细科目	√	借方 千百十万千百十元角分	贷方 千百十万千百十元角分
		合　计				

会计主管： 记账： 稽核： 出纳： 制单：

记 账 凭 证

顺序号第_____号
_____年_____月_____日

附件_____张

摘要	总账科目	明细科目	√	借方									贷方								
				千	百	十	万	千	百	十	元	角	分	千	百	十	万	千	百	十	元	角	分
合 计																							

会计主管：　　　记账：　　　稽核：　　　出纳：　　　制单：

记 账 凭 证

顺序号第____号

年 月 日

附件____张

摘要	总账科目	明细科目	√	借方									贷方								
				千	百	十	万	千	百	十	元	角	分	千	百	十	万	千	百	十	元	角	分
合 计																								

会计主管：　　　　　记账：　　　　　稽核：　　　　　出纳：　　　　　制单：

记 账 凭 证

年 月 日　　　　　　　　　　　　　　　顺序号第___号

附件___张

总账科目	明细科目	√	借方 千百十万千百十元角分	贷方 千百十万千百十元角分
合　计				

会计主管：　　　　记账：　　　　稽核：　　　　出纳：　　　　制单：

记 账 凭 证

顺序号第 ___ 号

____年 月 日

附件 ___ 张

摘要	总账科目	明细科目	√	借方									贷方								
				千	百	十	万	千	百	十	元	角	分	千	百	十	万	千	百	十	元	角	分
合 计																					

会计主管: 记账: 稽核: 出纳: 制单:

记 账 凭 证

顺序号第 ___ 号

____年 月 日

附件 ___ 张

摘要	总账科目	明细科目	√	借方									贷方								
				千	百	十	万	千	百	十	元	角	分	千	百	十	万	千	百	十	元	角	分
合 计																					

会计主管: 记账: 稽核: 出纳: 制单:

记 账 凭 证

顺序号第____号

年 月 日 附件____张

摘要	总账科目	明细科目	√	借方									贷方								
				千	百	十	万	千	百	十	元	角	分	千	百	十	万	千	百	十	元	角	分
合 计																							

会计主管： 记账： 稽核： 出纳： 制单：

记 账 凭 证

顺序号第____号

年 月 日 附件____张

摘要	总账科目	明细科目	√	借方									贷方								
				千	百	十	万	千	百	十	元	角	分	千	百	十	万	千	百	十	元	角	分
合 计																							

会计主管： 记账： 稽核： 出纳： 制单：

记 账 凭 证

顺序号第___号

年 月 日

摘要	总账科目	明细科目	√	借方 千百十万千百十元角分	贷方 千百十万千百十元角分	附件 张
	合 计					

会计主管:　　　记账:　　　稽核:　　　出纳:　　　制单:

记 账 凭 证

顺序号第___号

年 月 日

摘要	总账科目	明细科目	√	借方 千百十万千百十元角分	贷方 千百十万千百十元角分	附件 张
	合 计					

会计主管:　　　记账:　　　稽核:　　　出纳:　　　制单:

记 账 凭 证

顺序号第＿＿＿号

年 月 日

附件＿＿＿张

摘要	总账科目	明细科目	√	借方									贷方								
				千	百	十	万	千	百	十	元	角	分	千	百	十	万	千	百	十	元	角	分
合计																							

会计主管： 记账： 稽核： 出纳： 制单：

记 账 凭 证

顺序号第＿＿＿号

年 月 日

附件＿＿＿张

摘要	总账科目	明细科目	√	借方									贷方								
				千	百	十	万	千	百	十	元	角	分	千	百	十	万	千	百	十	元	角	分
合计																							

会计主管： 记账： 稽核： 出纳： 制单：

注：以下是本教材上册第六章产品成本计算的基本方法的课后实务题1中产品成本计算品种法需要的相关表格。

银行存款付款凭证汇总表

年　　月　　　　　　　　　　　　　　　　　　单位：元

应借科目			金额
总账科目	明细科目	成本或费用项目	
合　　计			

材料耗费分配表

年　　月　　　　　　　　　　　　　　　　　　单位：元

应借科目		成本或费用项目	金额
基本生产成本			
		小计	
制造费用			
		小计	
辅助生产成本			
合　　计			

固定资产折旧费分配表

年　月　　　　　　　　　　　　　　　单位:元

应借科目	车间	2月份固定资产折旧额	2月份增加的固定资产折旧额	2月份减少的固定资产折旧额	本月固定资产折旧额
合　计					

应付职工薪酬耗费分配表

年　月　　　　　　　　　　　　　　金额单位:元

| 应借科目 | 分配计入 | | | 直接计入 | 工资耗费合计 |
	产品	生产工时（小时）	分配率（元/小时）	分配金额		
基本生产成本						
	小计					
制造费用						
辅助生产成本——供水车间						
辅助生产成本——供电车间						
合　计						

辅助生产成本明细账

辅助生产车间：供水车间

20××年		摘要						合计	转出	余额
月	日									

辅助生产成本明细账

辅助生产车间：供电车间

20××年		摘要								合计	转出	余额
月	日											

辅助生产成本分配表

（计划成本分配法）

年　月　　　　　　　　　　　　　　　　金额单位：元

项目			供电车间	供水车间	合计
待分配成本					
供应数量（度、吨）					
计划单位成本					
辅助车间	供电车间	耗用数量（吨）			
		负担金额			
	供水车间	耗用数量（度）			
		负担金额			
基本生产车间	动力耗用	耗用数量（度）			
		负担金额			
	一般耗用	耗用数量（度、吨）			
		负担金额			
行政管理部门		耗用数量（度、吨）			
		负担金额			
按计划成本分配合计					
辅助生产实际成本					
辅助生产成本差异					

动力耗费分配表*

生产车间：　　　　　　　　　年　月　　　　　　　　金额单位：元

应借科目		分配标准	分配率	分配金额
总账科目	明细科目	（生产工时）	（元/小时）	
基本生产成本				
	合　计			

*即水电耗费分配表

制造费用明细账

车间名称：

月	日	摘要										余额

制造费用分配表

生产车间：　　　　　　　　　　　年　月　　　　　　　　　　金额单位:元

应借科目		分配标准 （生产工时）	分配率 （元/小时）	分配金额
总账科目	明细科目			
基本生产成本				
	合　计			

产品成本明细账

产品品种：甲　　　　　　　　　　　　　　　　　　　　金额单位:元

月	日	摘　要		直接 材料	燃料 及动力	直接 人工	制造 费用	合计
2	28	在产品成本	定额			（工时　　）		
			实际					
3	31	本月成本	定额			（工时　　）		
			实际					
3	31	生产成本累计	定额			（工时　　）		
			实际					
3	31	分配率						
3	31	完工产品成本(180件)	定额			（工时　　）		
			实际					
3	31	在产品成本	定额			（工时　　）		
			实际					

产品成本明细账

产品品种:乙　　　　　　　　　　　　　　　　　　　　　　　　　单位:元

月	日	摘要	直接材料	燃料及动力	直接人工	制造费用	合计
2	28	在产品成本					
3	31	本月成本					
3	31	完工产品成本（100件）					
3	31	在产品成本					

产成品成本汇总表

年　　月　　　　　　　　　　　　　　　　　　　　　　　　　单位:元

产品名称＼成本项目	甲产品(180件)		乙产品(100件)		总成本合计
	总成本	单位成本	总成本	单位成本	
直接材料					
燃料及动力					
直接人工					
制造费用					
合　计					

普通高等学校精品课程教材
"会计学"特色专业建设项目成果

成本会计理论与模拟实训（上册）

（第二版）

王晓秋 ◎ 编著
严鹏飞 ◎ 主审

图书在版编目(CIP)数据

成本会计理论与模拟实训:全2册/王晓秋编著
.—2版.—上海:立信会计出版社,2020.7
普通高等学校精品课程教材
ISBN 978-7-5429-6570-7

Ⅰ.①成… Ⅱ.①王… Ⅲ.①成本会计-高等学校-教材 Ⅳ.①F234.2

中国版本图书馆 CIP 数据核字(2020)第 143770 号

策划编辑　张巧玲
责任编辑　孙　勇
封面设计　南房间

成本会计理论与模拟实训(全2册)(第二版)

Chengben Kuaiji Lilun yu Moni Shixun

出版发行	立信会计出版社		
地　　址	上海市中山西路 2230 号	邮政编码	200235
电　　话	(021)64411389	传　　真	(021)64411325
网　　址	www.lixinaph.com	电子邮箱	lixinaph2019@126.com
网上书店	http://lixin.jd.com		http://lxkjcbs.tmall.com
经　　销	各地新华书店		
印　　刷	上海万卷印刷股份有限公司		
开　　本	787 毫米×1092 毫米	1/16	
印　　张	27.25		
字　　数	460 千字		
版　　次	2020 年 7 月第 2 版		
印　　次	2020 年 7 月第 1 次		
印　　数	1—2 100		
书　　号	ISBN 978-7-5429-6570-7/F		
定　　价	60.00 元		

如有印订差错,请与本社联系调换

前　言

本教材产生的背景

成本会计是一门技术性和实践性都很强的课程。根据我们的追踪调查,本课程的教学突出地存在以下一些问题:

1) 目前我国各类院校成本会计课程的教学模式一般有两种。一种是只进行理论教学的模式;另一种是首先进行理论教学,然后进行模拟实训的模式。①单纯的理论教学模式。这种教学模式使学生缺乏动手能力。学生由于既缺乏对成本会计工作的感性认识,往往理论知识掌握得也不够扎实,甚至是"似懂非懂""云里雾里";学生毕业后从事实际成本会计工作时普遍缺乏迅速独立工作的能力,几乎都要从头学起,大大影响了用人单位的满意度。②首先进行理论教学,然后进行模拟实训的教学模式。这种教学模式在进行理论教学时,存在和单纯的理论教学模式同样的一些问题。由于学生在理论教学阶段处于被动、糊涂的学习状态,大大影响了理论教学的效果。有效地克服以上的弊端,改革成本会计课程的教学模式,是写作本教材的一个主要目的。

2)《成本会计》教材中有较多的公式,教师在教学中往往缺乏通俗易懂的解释,重(视)公式,轻(视)原理,这种教学模式会本末倒置,使得原本很直观易懂的知识和技能变得抽象难懂,使得学生难以轻松愉快地学习和得心应手地掌握、运用,导致学生普遍认为成本会计难学,甚至影响了一些学生的学习兴趣。成本会计是一门操作性很强,并不深奥难懂,也很容易激发学生的学习热情,有利于提高学生的自学能力、应用能力和驾驭教材能力的课程。如何使学生更有效地掌握本课程特点,是写作本教材的另一个主要目的。

3) 根据《企业会计准则》,现行《成本会计》教材相关内容需要相应更新,以与《企业会计准则》保持一致。以下举例说明。

比如,以工业企业为例,企业在经济活动中所发生的各种经济资源的耗费(以下简称耗费),一般有以下三种类型。第一种是经济资源的耗费形成生产成本(存货资产)。例如,企业为生产产品需要耗费材料、人工、磨损固定资产等等。这些经济资源的耗费,不会导致企业所有者权益的减少,不是企业经济利益的总流出,因而不是企业的费用。

第二种是期间费用（简称费用），指企业当期发生的必须从当期收入得到补偿的经济利益的总流出。例如，企业销售商品和材料、提供劳务的过程中发生的销售费用；企业为组织和管理企业生产经营所发生的管理费用等。期间费用不由产品或劳务负担，不计入产品或劳务的成本，而直接计入当期损益。第三种是企业发生的计入固定资产等非流动资产价值的耗费。例如，购买机器设备的银行存款等。目前，《成本会计》教材一般仍习惯性地称以上第一种类型的耗费为费用（这是沿用了《企业会计准则》发布之前几十年来的提法）。另外，近几年新出版的许多《成本会计》教材仍然将"本月生产成本"称为"本月生产费用"，将成本计算单中的"月初（月末）在产品成本"称为"月初（月末）在产品费用"等。《企业会计准则》将费用定义为"企业在日常活动中发生的、会导致所有者权益减少的、与向所有者分配利润无关的经济利益的总流出"。由于成本不会引起企业所有者权益减少和经济利益的总流出，因而，成本不是企业的费用。本教材力求避免将"耗费""成本""费用"的概念混为一谈，特别是力求规范"费用"的提法，从而与《企业会计准则》保持一致。

本教材的定位

本教材适用于应用型大学教学以及高职高专、中职中专教学。

本教材的创新点

本着务实求真、讲求实效、大胆创新的指导思想，本教材进行了如下教法模式的改革创新。

1) 本教材改革创新点之一是首先进行成本会计模拟实训然后再进行理论教学，将理论教学和实践教学（模拟实训）有机融合，"两位一体"地交叉教学。

本教材根据成本会计课程的特点，遵循"理论联系实际"和"以学生为主体，教师为引导"的原则，本着学生"从做中学"和"教是为了不教"的教学理念，将成本会计课程按照"模拟实训"（本教材的第一模块）和"理论教学"（本教材的第二模块）两个模块组织教学，将理论教学和实践教学融为一体，旨在使本课程的学习由抽象、枯燥变得具体、有趣，由难变易，使学生在本课程的学习中仿佛置身于成本会计实际工作的情境之中。由于实用性、参与性强，课堂教学不再呆板，学生从做中学，启发性和互动性大大增强，改变了传统的教材教法导致的成本会计课程教学中普遍存在的前述不良状况，教师的作用由知识的传授者变为学生学习、掌握知识的辅导者和促进者，以期收到实现理论教学和实践教学"双赢"的预期效果。

教学实践证明：由于学生在学习会计基础时已经进行过会计基础模拟实习（我们使用的教材名称为《会计基础理论与模拟实习》），而后又学习了中级会计实务等课程，使得成本会计课程首先进行成本会计模拟实训（在教师的辅导下进行），然后再进行理论教学具备了充分的可行性。

2) 本教材中涉及较多的计算公式,本着"授之以鱼,不如授之以渔"的授业理念,引导学生加强对计算原理的掌握,弱化公式记忆,对各个计算公式的原理进行通俗易懂、提纲挈领的诠释,以期起到化难为易、"由厚(多)变薄"的作用。

比如,成本会计中往往需要计算"各式各样"的分配率。因为各种分配率的具体含义不同,因而其公式的具体表现形式也不同,常常有学生产生"头昏脑涨"的感觉。出现这种状况的根本原因在于所采用的学习方法是"公式+举例"的模式,导致"公式多、记忆难"的后果。

各种分配率的基本公式是:

$$\frac{耗费}{分配率} = \frac{待分配耗费总额}{分配标准总额(量)}$$

对于初学者来说,这似乎"很专业"。实际上,通过仔细分析,我们不难发现:"各式各样"的分配率所涉及的公式基本上都属于"运用四则运算数学工具解决实际问题"的范畴。尽管"各式各样"的分配率具体表现形式很多,但基本上不外乎两种情况:①单位消耗量的耗费应分配(分摊、承担)多少元。在这种情况下,耗费分配率的单位是"元/千克""元/小时"等等。②实际(如实际消耗量或实际成本等)是定额(如定额消耗量或定额成本等)的"几倍"。在这种情况下,耗费分配率的单位是"倍数"。这个倍数可能大于1也可能小于1(特殊情况下,或说理论上也可能等于1)。所以说,"分配率"的计算及应用,其"本来面貌"(即原理所在)就是用小学数学四则运算的知识来解决实际问题而已。只要明确了"分配率"的直观经济含义,就不需要记、背公式,而完全可以准确进行相关计算。前述问题产生的根源是:原本是应先有"分配率"的直观经济含义,后有"分配率"的计算公式,有些学生将这个关系颠倒了,没有重视理解"分配率"的直观经济含义。学习方法不当,就会把原本简单的问题搞复杂化。

因而,致力引导学生摒弃"公式+举例"的死记硬背的学习模式,采取"运用四则运算数学工具解决实际问题"的学习方法,理解各个"分配率"的直观经济含义,厘清公式的思路,注意明确其单位,就能驾驭教材,轻而易举地找到提纲挈领、化难为易、化繁为简、提高学习能力的行之有效的途径。

又如,成本还原,许多同学都感到进行成本还原的难度较大,公式不容易记,两种还原方法容易混淆。其实,成本还原的"本来面貌"(即原理所在)只是初等数学"按比例计算"而已。以本教材第六章[例6-6]的资料为例,简要叙述如下。(第二次成本还原此处从略)

(1) 半成品成本比率还原法。半成品成本比率还原法就是计算出需要还原的半成品综合成本占本月所产该种半成品总成本的比率,按此比率进行成本还原的一种方法。根据[例 6-6]的资料,这种方法的含义及其具体计算过程如下(见表6-26)。

表 6-26　　　　　第一次成本还原(还原半成品 B 的成本)　　　　　单位:元

项目	总成本	第一步骤半成品(A)	直接人工	制造费用
需要还原的对象: 本月完工产成品中的半成品 B 的成本	245 790.00	X_1	X_2	X_3
成本结构的"标准(参照物)": 第二车间本月完工半成品 B 的成本	231 162.40	180 390.00	38 080.00	12 692.40

按成本结构的"标准"构成的比例关系:

$$\frac{245\ 790}{231\ 162.40} = \frac{X_1}{180\ 390} = \frac{X_2}{38\ 080} = \frac{X_3}{12\ 692.40}$$

由 $\frac{245\ 790}{231\ 162.40} = \frac{X_1}{180\ 390}$

解这个一元一次方程,得

$$X_1 = \frac{245\ 790}{231\ 162.40} \times 180\ 390 = 1.063\ 278\ 46 \times 180\ 390 = 191\ 804.80(元)$$

式中,1.063 278 46 称为第二步骤半成品成本还原分配率,其直观经济含义可以理解为:相应项目的还原金额是"标准"的 1.063 278 46 倍。

同理: $X_2 = 1.063\ 278\ 46 \times 38\ 080 = 40\ 489.64(元)$

$X_3 = 245\ 790 - 191\ 804.80 - 40\ 489.64 = 13\ 495.56(元)$(倒挤,避免四舍五入近似计算导致的尾差)

根据以上原理,归纳出如下计算公式:

$$\frac{成本还原}{分配率} = \frac{需要还原的半成本综合成本}{上一步骤本月所产该种半成品的成本合计}$$

(2) 成本项目比重还原法。成本项目比重还原法就是计算上一步骤所产半成品各成本项目占其总成本的比重,并按该比重进行成本还原的一种方法。根据[例 6-6]的资料,这种方法的含义及其具体计算过程如下(见表 6-29)。

表 6-29　　　　　　第一次成本还原(还原半成品 B 的成本)　　　　　单位:元

项　　目	总成本	第一步骤 半成品(A)	直接人工	制造费用
第二车间本月完工半成品 B 的成本	231 162.40	180 390.00	38 080.00	12 692.40
半成品 B 各成本项目占总成本的比重(%)	100	78.036 047①	16.473 267②	5.490 686③
本月完工产成品中的半成品 B 的成本	245 790.00	Z_1	Z_2	Z_3

注：① $\dfrac{180\ 390}{231\ 162.40} \times 100\% = 78.036\ 047\%$

② $\dfrac{38\ 080}{231\ 162.40} \times 100\% = 16.473\ 267\%$

③ $\dfrac{12\ 692.40}{231\ 162.40} \times 100\% = 5.490\ 686\%$

在第六章的表 6-29 中,78.036 047%、16.473 267%、5.490 686%分别表示第一次成本还原相应成本项目的成本还原分配率。其经济含义可以理解为:相应成本项目的还原金额应该是需要还原的半成品成本的百分之几。

$$Z_1 = 245\ 790 \times 78.036\ 047\% = 191\ 804.80(元)$$

$$Z_2 = 245\ 790 \times 16.473\ 267\% = 40\ 489.64(元)$$

$$Z_3 = 245\ 790 \times 5.490\ 686\% = 13\ 495.56(元)$$

与按第六章的表 6-25 还原的结果 X_1、X_2、X_3 分别一致。

根据以上原理,归纳出如下计算公式:

$$\dfrac{\text{成本还原}}{\text{分配率}} = \dfrac{\text{上一步骤完工半成品各成本项目的金额}}{\text{上一步骤完工半成品的成本合计}}$$

由此可见,只要弄清了原理,成本还原并不深奥难懂,只是用初等数学解决实际问题而已,根本不需要死记硬背公式。

再如,可比产品品种结构变动影响的成本降低指标(降低额和降低率)的分析计算是成本分析部分突出的难点,如果采用记忆公式的方法则难度较大。如果采用大众化语言讲解,则几乎是"三言两语"就能将这一个难点问题诠释得通俗易懂,而且计算过程也更加简便(具体内容见本教材第九章)。

3) 根据《企业会计准则》,更新《成本会计》教材相关内容,力求与企业会计准则保持一致。

关于本教材的第八章建议视是否开设了商品流通企业会计等具体课程设置情况选择是否进行教或学。

第二模块中凡"见表××"中的表除非特别说明,皆指第二模块中的表。

说明

本教材的第一模块"模拟实训"可以向任课教师提供电子文档参考教案。

期盼

由于作者水平有限,又是创新性尝试,不当之处,还有待于在教学实践中不断改进和完善;疏漏乃至不妥之处,期盼各位同行指正,并望各位同学积极提出宝贵的意见和建议,以便修改。

作 者

2020 年 8 月

目 录

第一模块　成本会计模拟实训 ·· 1

第一章　概述 ·· 1
第一节　本模拟实训的目的、要求、实施方法 ·· 1
第二节　实训会计主体概况 ··· 2

第二章　成本核算相关资料 ··· 3
第一节　期初资料 ··· 3
第二节　企业发生的与成本核算有关的原始资料 ··· 6

第三章　成本、费用在各种产品及期间费用之间的归集和分配 ························ 7
第一节　各项经济内容耗费的分配 ··· 7
第二节　辅助生产成本的归集和分配 ··· 13
第三节　制造费用的归集和分配 ··· 15
第四节　期间费用的归集和结转 ··· 15

第四章　生产成本在完工产品和在产品之间的分配 ······································ 17
第一节　刨床采用逐步综合结转方式计算成本并进行成本还原 ······················ 17
第二节　铣床采用平行结转方式计算成本 ·· 19

第二模块　理论教学 ··· 23

第一章　总论 ·· 23
第一节　成本会计的对象、职能和任务 ·· 23
第二节　成本会计工作的组织 ·· 26

第二章　工业企业成本核算的要求和一般程序 ·· 29
第一节　工业企业成本核算的要求 ·· 29
第二节　工业企业耗费要素和产品生产成本项目 ··· 33
第三节　工业企业成本核算的一般程序 ··· 36

第四节　工业企业成本核算的账簿设置及账务处理程序 ················ 37

第三章　成本费用在各种产品及期间费用之间的归集和分配 ················ 42
　　第一节　各项要素耗费及跨期摊提耗费的分配 ······················ 42
　　第二节　辅助生产成本的归集和分配 ······························ 70
　　第三节　制造费用的归集和分配 ·································· 81
　　第四节　生产损失的归集和分配 ·································· 87
　　第五节　期间费用的归集和结转 ·································· 94

第四章　生产成本在完工产品与在产品之间的分配 ························ 100
　　第一节　生产成本在完工产品与在产品之间分配的几种情况 ··········· 100
　　第二节　在产品的核算 ·· 101
　　第三节　生产成本在完工产品与在产品之间分配的方法 ··············· 102
　　第四节　完工产品成本的结转 ···································· 114

第五章　产品成本计算方法概述 ·· 116
　　第一节　生产特点和管理要求对产品成本计算的影响 ················· 116
　　第二节　产品成本计算的基本方法 ································ 118
　　第三节　产品成本计算的辅助方法 ································ 119

第六章　产品成本计算的基本方法 ······································ 120
　　第一节　产品成本计算的品种法 ·································· 120
　　第二节　产品成本计算的分批法 ·································· 124
　　第三节　产品成本计算的分步法 ·································· 135

第七章　产品成本计算的辅助方法 ······································ 168
　　第一节　产品成本计算的分类法 ·································· 168
　　第二节　联产品、副产品、等级品的成本计算 ······················ 174
　　第三节　产品成本计算的定额法 ·································· 183
　　第四节　各种成本计算方法的实际应用 ···························· 203

*第八章　商品流通企业的成本核算 ···································· 206
　　第一节　商品流通企业成本费用简述 ······························ 206
　　第二节　商品流通企业商品采购成本的核算 ························ 207
　　第三节　商品流通企业商品销售成本的核算 ························ 209

第九章　工业企业成本报表和成本分析 ·································· 223
　　第一节　成本报表概述 ·· 223

第二节 成本报表的编制和一般分析方法……………………………………… 225

第三节 商品产品生产成本报表的编制和分析…………………………………… 231

第四节 主要产品单位成本表的编制和分析……………………………………… 247

第五节 制造费用和各项期间费用明细表的编制和分析………………………… 257

第六节 成本效益分析……………………………………………………………… 260

参考文献………………………………………………………………………………… 267

第一模块　成本会计模拟实训

进行本模块教材教法改革的目的是：先通过模拟实训环节，让学生对成本核算的基本程序和方法(不是全部程序和方法)进行一次比较系统的案例学习，使学生获得对成本会计实务操作的感性认识和关于成本会计入门的相关理论知识，从而在后续系统的理论教学阶段思路清晰，在学习过程中处于主动地位。由于学生已经学习了会计基础理论与模拟实习和中级会计实务等课程，具备了在本课程一开始就能在教师的引导下顺利进行模拟实训的能力。

第一章　概　　述

第一节　本模拟实训的目的、要求、实施方法

一、模拟实训的目的

成本会计是一门技术性和实践性都很强的课程。本模拟实训的目的是：使学生在教师的引导下，通过与实际工作基本零距离的模拟实训，初步掌握制造业成本核算的基本程序和实务操作方法，获得对成本会计工作的感性认识和成本会计入门的相关理论知识，为下一步系统学习成本会计的基本理论和各种成本计算方法奠定基础。

二、模拟实训的要求

(1) 按照会计基础课程学习的《会计基础工作规范》操作，保证本模拟实训操作的规范性。

(2) 注意熟悉本章第二节实训企业的概况。

(3) 在模拟实训过程中，始终注意"能力"的培养、提高。

(4) 统一使用本教材下册实训要用的有关会计凭证、账页、表格。

三、模拟实训实施方法

为使学生系统、全面地熟悉、掌握成本核算的基本程序和方法，在实训中得到全面的实践训练，本模拟实训采用"混岗操作"的方式，每位学生独立完成成本核算的全部主要工作，尽量做到与实际工作"零距离"。

为了方便学生实训操作，本教材下册提供了实训要用的有关凭证、账页、表格。学生实训中可根据需要，将其裁剪下来或复印放大后使用。

第二节　实训会计主体概况

一、实训会计主体（以下简称企业）简介

成都琼海机床厂地处成都市区，是一个生产刨床和铣床的中型国有工业企业，为增值税一般纳税人，其购销货物适用的增值税税率均为13％。经主管税务机关核定，该企业增值税的纳税期限为1个月，企业所得税税率为25％（该企业按月计算预缴所得税）。

该厂设有铸锻车间、机加车间、装配车间三个基本生产车间和机修车间、供水车间两个辅助生产车间。

二、企业内部各级成本会计机构之间的组织分工

企业内部各级成本会计机构之间采取集中工作方式。所谓集中工作方式，是指企业的成本会计工作，主要由厂部成本会计机构集中进行，车间等其他部门的成本会计机构或人员只负责原始记录和原始凭证的填制并进行初步的审核、整理和汇总，为厂部成本会计机构的进一步工作提供基础资料。

三、生产工艺基本流程

该企业铸锻车间将材料加工成毛坯，经检验合格后直接移交给机加车间，机加车间在此基础上加工成主机及有关零部件，经检验合格后直接移交给装配车间，装配车间将其组装成产成品，经检验合格后交产成品仓库待售。

投料方式：铸锻车间在生产开始时一次性投入产品生产所需的直接材料（实际工作中，生产刨床和铣床所耗用的材料、生产工艺远比本资料复杂，本模拟实训主要是为了学习、掌握成本计算的基本方法，故作了简化）。

四、成本计算方法

该企业材料按计划成本核算，"材料成本差异"科目按"原材料""燃料"（本企业增设"燃料"会计科目，对燃料耗费单独进行核算）"周转材料"等进行明细核算。产成品按实

际成本核算。周转材料及低值易耗品摊销采用一次转销法。辅助生产成本的分配采用一次交互分配法。

假设该企业刨床采用逐步综合结转方式计算成本，并按成本还原率还原法进行成本还原；铣床采用平行结转方式计算成本（该假设是为了使学生对这两个重点和难点内容都能得到模拟实训）。成本核算过程中涉及的各项成本、费用的分配以及成本核算的其他有关方法，在模拟实习过程中会分别作说明。

为了减少二级科目，方便填写记账凭证，该企业将"生产成本"总账科目分设为"基本生产成本"和"辅助生产成本"两个总账科目。

为了简化核算工作，该厂根据企业的实际情况，将辅助生产车间发生的制造费用，直接记入"辅助生产成本"总账科目和所属明细科目的借方，而不通过"制造费用"科目核算。

为了加强对能源的管理，该企业专门设置了"燃料"会计科目和"燃料及动力"成本项目，以便单独进行反映、控制和考核。

第二章 成本核算相关资料

第一节 期初资料

一、材料计划单价

生铁：3 700元/吨；钢材：4 900元/吨；某辅助材料：65元/千克；修理用备件：400元/件；焦煤：600元/吨；包装箱：450元/个；刀具：300元/件。

二、共用材料分配与折旧方法

该厂生产刨床和铣床的铁铸件所共同耗用的焦煤、生铁，均按照铁铸件的重量比例分配成本。每台刨床铁铸件的重量为2.7吨，每台铣床铁铸件的重量为3.2吨；该厂固定资产采用直线法计提折旧。机器设备的月折旧率为0.816%，房屋建筑物的月折旧率为0.408%。

三、20××年11月1日与成本核算有关的明细分类科目期初余额

1. 材料有关明细分类科目余额

材料有关明细分类科目余额见表2-1。

表 2-1

材料有关明细分类科目余额表

科 目 名 称	单位	数量	计划单价(元)	计划成本总额(元)
原材料——生铁	吨	80	3 700	296 000
原材料——钢材	吨	140	4 900	686 000
原材料——某辅助材料	千克	1 000	65	65 000
原材料——修理用备件	件	90	400	36 000
燃料——焦煤	吨	70	600	42 000
周转材料——包装箱	个	100	450	45 000
周转材料——低值易耗品——刀具	件	200	300	60 000

2. 材料成本差异明细科目余额（单位：元）

材料成本差异——原材料　　　　　　　　　　　　　　9 364

　　　　　　——燃料　　　　　　　　　　　　　　　504

　　　　　　——周转材料　　　　　　　　　　　　1 140

3. 固定资产原价有关资料

铸锻车间：房屋建筑物 1 000 000 元；机器设备 3 000 000 元。

机加车间：房屋建筑物 2 000 000 元；机器设备 8 000 000 元。

装配车间：房屋建筑物 1 800 000 元；机器设备 6 000 000 元。

机修车间：房屋建筑物 1 000 000 元；机器设备 1 000 000 元。

供水车间：房屋建筑物 1 000 000 元；机器设备 2 000 000 元。

专设销售机构：房屋建筑物 900 000 元；设备 80 000 元。

厂部管理部门：房屋建筑物 2 000 000 元；设备 800 000 元。

4. 月初在产品成本

月初在产品成本见表 2-2。

表 2-2

月初在产品成本表

单位：元

	铸锻车间		机加车间		装配车间	
	刨床	铣床	刨床	铣床	刨床	铣床
直接材料	352 473.00	811 767.00				
燃料及动力	4 397.00	28 268.60	6 400.00	42 478.40	3 960.00	36 588.60
半成品			321 971.00		313 751.00	

(续表)

	铸锻车间		机加车间		装配车间	
	刨床	铣床	刨床	铣床	刨床	铣床
直接人工	7 080.00	104 223.40	8 600.00	262 994.49	7 600.00	145 468.80
制造费用	12 028.14	94 572.96	13 313.55	207 366.80	8 833.95	84 389.78
合　计	375 978.14	1 038 831.96	350 284.55	512 839.69	334 144.95	266 447.18

5. 跨期摊提有关科目期初余额资料

(1) 跨期摊销预付账款。预付账款明细账见表2-3。

表 2-3

预付账款明细账

明细科目:某保险公司　　　　　　　　　　　　　　　　　单位:元

20××年		摘　　要	借方	贷方	借或贷	余额
月	日					
9	30	以银行存款预付第四季度财产保险费(3个基本生产车间各2 100元,辅助生产的机修车间1 500元,供水车间1 800元,销售部门900元,厂部管理部门2 700元。分3个月平均摊销)	13 200		借	13 200
10	31	摊销预付财产保险费		4 400	借	8 800

(2) 跨期预提其他应付款。其他应付款明细账见表2-4。

表 2-4

其他应付款明细账

明细科目:N租赁公司　　　　　　　　　　　　　　　　　单位:元

20××年		摘　　要	借方	贷方	借或贷	余额
月	日					
10	31	预提第四季度经营租入设备租金		7 000		7 000

注:租赁合同主要内容:10月1日,向N租赁公司租入生产用设备一台(装配车间使用),租入办公用设备一台(厂部使用),租期均为3个月,租金分别为15 000元、6 000元,在本年年末一次性支付(分3个月平均摊销)。

第二节　企业发生的与成本核算有关的原始资料

一、20××年11月产品产量资料

20××年11月产品产量资料见表2-5、表2-6。

表2-5

产品产量资料

产品：刨床　　　　　　　　　　20××年11月　　　　　　　　　　数量单位：台

摘　要	铸锻车间	机加车间	装配车间
月初在产品数量	10	8	7
本月投产或上步转来	15	16	18
本月完工产品数量	16	18	20
月末在产品数量	9	6	5
在产品完工程度（%）	30	50	60
投料方式	生产开始时一次投料		

表2-6

产品产量资料

产品：铣床　　　　　　　　　　20××年11月　　　　　　　　　　数量单位：台

摘　要	铸锻车间	机加车间	装配车间
月初在产品数量	14	12	8
本月投产或上步转来	20	24	26
本月完工产品数量	24	26	28
月末在产品数量	10	10	6
在产品完工程度（%）	40	45	50
投料方式	生产开始时一次投料		

二、20××年11月产品生产工时统计资料

20××年11月产品生产工时统计资料见表2-7。

表2-7

产品生产工时统计表

单位：小时

项目	铸锻车间	机加车间	装配车间	合　计
刨床	9 000	24 000	12 000	45 000
铣床	11 000	36 000	28 000	75 000
合计	20 000	60 000	40 000	120 000

三、本月与成本核算有关的交易事项

本月与成本核算有关的交易事项见本教材下册。

这里要说明的是,凡是放在本教材下册的原始凭证,都是操作中要使用的。对于相关交易事项,实际工作中一般只有原始凭证,没有"习题资料",许多同学在理论教学中习惯了"习题资料",容易导致理论与实际工作的脱节。与学生在大学一年级学习的会计基础理论与模拟实习课程相比,本模拟实训已经具备克服这一缺陷的条件了。

第三章 成本、费用在各种产品及期间费用之间的归集和分配

所谓成本、费用的归集,是指对生产过程中所发生的,将由有关资产类或成本类、费用类等科目负担的各种成本、费用在相关科目中各自进行的记录、汇总。比如,"制造费用"科目,将企业生产车间(部门)为生产产品和提供劳务而发生的各项间接费用(注),按不同的生产车间(部门)和费用项目(如:生产车间发生的机物料消耗,生产车间管理人员的职工薪酬、生产车间计提的固定资产折旧、生产车间支付的办公费、水电费等)分别进行记录、汇总。

注:以上关于"制造费用"科目(以及有些企业设置的"待摊费用"等科目)的叙述中所涉及的"费用",与会计要素中的"费用"是完全不同的概念,前者是特定会计科目名称的组成部分,不能脱离相应的会计科目独立使用;后者则是指一个独立的会计要素。"制造费用"是一个成本类会计科目名称("待摊费用"是一个资产类会计科目名称);"制造费用"明细账中的费用项目是对制造费用的成本构成进行分门别类设置的明细项目。

所谓成本、费用的分配,是指将各种成本、费用按"谁受益谁承担、受益越多承担越多"的原则,运用一定的标准和方法正确地分派给各相关成本类、资产类或费用类科目。比如,将本车间当期的制造费用分配计入本车间有关的成本计算对象;又如,月末,将"生产成本——基本生产成本——某产品"明细科目归集的某产品的全部生产成本,在本期完工产品与期末在产品之间进行分配,分别计算出本期完工产品成本和期末在产品成本;再如,月末,对企业应付未付的利息进行账务处理;等等。

第一节 各项经济内容耗费的分配

各类企业在经济活动中必然会发生各种经济资源的耗费(以下简称耗费)。对于工业企业,其各种经济资源的耗费一般有以下三种类型。

第一种是企业为生产产品、提供劳务而发生的各种经济资源的耗费——生产成本。例如,企业为生产产品需要耗费材料、人工,磨损固定资产,等等。这些资产的耗费,在

企业内部表现为由一种资产转变为另一种资产,是企业内部资产的相互转变,不会导致企业所有者权益的减少,不是企业经济利益的总流出,因而不是企业的费用(应付生产工人薪酬引起负债增加,但是,同时也增加了成本,负债转变为另一种资产不会引起企业经济利益的总流出)。

第二种是期间费用(简称费用),指企业当期发生的必须从当期收入得到补偿的经济利益的总流出。例如,企业销售商品和材料、提供劳务的过程中发生的销售费用;企业为组织和管理企业生产经营所发生的管理费用;等等。期间费用不由产品或劳务负担,不计入产品或劳务的成本,而直接计入当期损益。

以上两种类型的耗费(即:成本、费用)统称为生产经营耗费,都是成本会计课程讨论的范畴。

第三种是企业发生的计入固定资产等非流动资产价值的耗费。例如,购买机器设备花费的银行存款。我们称这种耗费为非生产经营耗费。

目前,《成本会计》教材一般仍习惯性地将上述"耗费"都称为费用(实际上,这是沿用了《企业会计准则》发布之前的提法)。比如,将"生产耗费"或"生产成本"称为"生产费用";许多《成本会计》教材仍然将成本计算单中的"月初(末)在产品成本"称为"月初(末)在产品费用"等。《企业会计准则》将费用定义为"企业在日常活动中发生的、会导致所有者权益减少的、与向所有者分配利润无关的经济利益的总流出",成本不会引起企业所有者权益减少,经济利益的总流出,因而,成本不是企业的费用。本教材的有关提法的改变,是为了避免将"耗费""成本"与"费用"的概念混为一谈,而与《企业会计准则》保持一致。

"各项经济内容的耗费的分配"指企业耗费的经济资源按经济内容分类并按一定的标准和方法正确地分派给各相关成本类、资产类或费用类科目,简称为要素耗费的分配(在现行《成本会计》教材中,通常的提法是"要素费用的分配",由于"要素费用的分配"是沿袭《企业会计准则》发布之前长期以来的提法,如上所述,企业各种经济资源的耗费一般有以上三种类型,"要素费用的分配"中的"费用"与《企业会计准则》会计要素中的"费用"显然存在概念上的不一致,所以,本教材采用"要素耗费的分配"的提法)。

工业企业的耗费要素一般包括:

(1) 外购材料,指企业为生产经营而耗用的一切从外部购进的原料及主要材料、半成品、辅助材料、修理用备件、包装物和低值易耗品等。

(2) 外购燃料,指企业为生产经营而耗用的一切从外部购进的各种燃料,包括固体、液体和气体燃料。从理论上说,外购燃料应该包括在外购材料中,但由于燃料是重要能源,在消耗量较大的企业一般需要单独考核,因而单独列为一个要素进行计划和核算。

(3) 外购动力,指企业为生产经营而耗用的从外部购进的各种动力。

(4) 职工薪酬,指企业应计入产品成本和期间费用等的职工薪酬,包括工资、职工福利、社会保险费、住房公积金、工会经费、职工教育经费等。

(5) 折旧费,指企业按照规定计提的固定资产折旧费。

(6) 利息支出,指企业的借款利息支出减去利息收入后的净额。

(7) 其他支出,指不属于以上各要素但应计入产品成本或期间费用的耗费支出,如邮电费、差旅费、租赁费、外部加工费等。在这些要素中,物质消耗与非物质消耗很难严格划分。在需要划分时,可以按照国家统计部门的规定进行划分。

注:"耗费要素"和"要素耗费"的区别:

"耗费要素"指工业企业在经济活动中耗费的经济资源的经济内容(耗费了哪些经济资源),如外购材料、职工薪酬、固定资产折旧、利息支出等。

"要素耗费"指企业在经济活动中耗费的那些经济资源的数额,在计算其分配时使用。

一、材料耗费的分配

企业生产经营过程中耗用的各种材料,包括原材料(如原料及主要材料、辅助材料、外购半成品、修理用备件、包装材料、燃料等)和周转材料(包装物、低值易耗品),无论是外购的还是自制的,都应根据审核后的领、退料凭证,按照材料的具体用途进行分配。

如上所述,燃料也属于原材料,燃料耗费分配的程序和方法与上述原材料耗费分配的程序和方法相同。如果燃料耗费额在产品成本中所占比重较大,为了加强对能源耗费的分析和核算,可与动力耗费一起,专门设立"燃料及动力"成本项目,并可以增设"燃料"会计科目,对燃料耗费单独进行核算。

成都琼海机床厂材料按计划成本核算,其材料耗费的分配过程如下所述。

(一) 月末,先计算本月各种材料的成本差异率

1. 将本月收料单按材料类别、编号、名称等集中归类进行整理,并据以编制收料凭证汇总表(将集中归类进行整理的收料单附在收料凭证汇总表的后面)

注:本模拟实训中有关的原始凭证、空白表参考格式见本教材下册,后文同,不再说明。

2. 根据收料凭证汇总表及第二章第一节有关期初资料编制本月材料成本差异率计算表

说明:各个品种的原材料使用同一个成本差异率,不够精确。只是因为在实际工作中,企业的原材料往往品种繁多,"材料成本差异"科目按"原材料""周转材料"等进行明细核算,可以简化核算。在原材料品种不多的企业,"材料成本差异"科目可以按原材料的类别或品种进行明细核算,以提高核算结果的准确性。本模拟实训如果"材料成本差异"科目按各个材料的品种进行明细核算,本教材下册提供的空白材料成本差异率计算

表,只要将"月初结存材料"栏下的各条横线拉通就可以使用。

(二)月末,进行材料耗费的分配

将本月领(退)料单按材料类别、编号、名称、领(退)料单位、领料用途等集中归类进行整理,以便据以编制材料耗费分配表(或发料凭证汇总表,参见下册空白材料耗费分配表后的【相关知识链接】)。需要注意的是:如果一种材料为多种产品共同耗用,不能直接计入某种产品成本,必须按照一定标准分配计入有关的各种产品的成本。此种情况下,需要先编制共同耗用的该材料计划成本分配表,并作为编制材料耗费分配表(或发料凭证汇总表)的依据。

1. 先按计划成本分配材料耗费

(1) 编制共同耗用的生铁计划成本分配表和共同耗用的焦煤计划成本分配表。

提示:成本会计课程中常常要用到"分配率"这个概念,并相应介绍了有关计算方法或公式,同学们在学习中千万不要死记硬背公式,这实际上就是"小学数学的除法的应用"而已!把它们看成小学除法是学习中化难为易的有效学习方法。

(2) 编制材料耗费计划成本分配表。

【相关知识链接】

材料发出的总分类核算一般是根据"发料凭证汇总表"进行的。"发料凭证汇总表"是材料核算人员根据领退料单汇总编制的,用于进行材料发出的总分类核算;"材料耗费分配表"是成本核算人员根据领(退)料单汇总编制的,用于登记有关的成本费用明细账,进行材料耗费的明细核算。"发料凭证汇总表"和"材料耗费分配表"有着密切的联系,其格式、使用方法由各企业自行设计,有多种做法。在实际工作中,常常由材料核算人员按照成本、费用核算的要求,根据领(退)料单的具体用途归类、汇总编制"发料凭证汇总表",除了进行材料发出的总分类核算外,同时,将"发料凭证汇总表"或其中的一联交给成本核算人员,以便据以进行材料耗费的明细核算(代替"材料耗费分配表")。本模拟实训中,假设该厂采用编制"材料耗费分配表"的方法进行材料耗费分配的核算。

材料耗费分配表的格式由企业根据具体情况设计(模拟实训中使用的各种空白耗费分配表见下册)。

注:该企业增设"燃料"会计科目,对燃料耗费单独进行核算。

2. 根据材料耗费计划成本分配表进行材料耗费分配的账务处理,并据以登记有关总账和明细账

说明:

(1) 因为成本会计的核算没有涵盖销售费用、管理费用和财务费用所包括的全部交易事项的内容,所以本模拟实训所登记的"销售费用""管理费用"和"财务费用"明细账不是其全部内容,因而,本模拟实训不作结转期间费用的账务处理;同样的原因,省略

登记"在建工程"明细账。

(2) 因为成本会计核算的账务处理远远没有涵盖企业经济活动的全部交易或事项，尤其是有些交易或事项，需要填制多张记账凭证，并采用分数编号法给记账凭证编号等问题更不便处理，所以，本模拟实训中账务处理采用的记账凭证均不编号（同时需要说明的是：为避免分数编号的问题，本教材下册提供的有些记账凭证行数设计得比较多。请学生注意，实际工作中记账凭证的行数通常是一致的）。

(3) 总账是由企业财会部门统一安排的有关会计人员负责登记的，本模拟实训中亦从略。

3. 根据编制的材料耗费计划成本分配表和前面计算的本月各类材料成本差异率，进行结转本月发出材料成本差异的账务处理，并据以登记有关总账和明细账。

提示：本资料进行账务处理时，如果由于四舍五入近似计算可能产生的尾差使得借贷方发生额合计略有不同，则将借方某一个成本费用科目（一般是借方发生的最后一个科目）的发生额倒挤，使得发生额平衡。

二、外购动力耗费的分配

(1) 根据下册相关原始凭证（收到供电局开具的增值税专用发票、企业填制的转账支票、"各车间、部门、耗电数量及用途统计表"等），编制成都琼海机床厂电费分配表。

说明："各车间、部门、耗电数量及用途统计表"耗用量合计数（301 000度）小于供电局开具的增值税专用发票上记载的收费度数（301 500度），是由产生的正常损耗所致。

(2) 根据"外购电电费分配表"进行电费分配的账务处理，并据以登记有关总账和明细账。

三、应付职工薪酬耗费的分配

月末，根据本教材下册提供的本月"工资结算汇总表"和第二章第二节表2-7"产品生产工时统计表"的资料进行应付职工薪酬耗费的分配（为了排版方便，本模拟实训将其拆分成两张表）。

四、固定资产折旧的分配

(1) 根据固定资产明细账和第二章第一节固定资产月折旧率资料，编制"固定资产折旧费分配表"。

(2) 根据"固定资产折旧费分配表"，进行固定资产折旧费分配的账务处理，并据以登记有关总账和明细账。

五、跨期摊提耗费的分配

跨期摊提耗费是指一次性支出、分期摊销计入有关各期成本费用的耗费(简称待摊耗费),或尚未支出但应计入有关各期成本费用的应付未付的耗费(简称预提耗费)。

待摊耗费的特点是支付在前,受益、摊销在后。其经济业务事项可以通过"预付账款"和"其他应收款"等科目核算(有些企业也设置"待摊费用"科目核算)。

预提耗费的特点是受益、预提在前,支付在后。其经济业务事项可以通过"其他应付款""应付利息"等科目核算。

需要说明的是,《企业会计准则》已经不再使用"待摊费用"和"预提费用"科目,但是有些企业根据会计科目的设置原则和自身的生产经营特点,自行增设了"待摊费用"和"预提费用"科目。

(一)跨期摊销耗费的分配

(1)根据"预付账款——某保险公司"明细账(见第二章第一节),编制20××年11月"预付财产保险费摊销分配表"。

(2)根据"预付财产保险费摊销分配表",进行预付财产保险费分配的账务处理,并据以登记有关总账和明细账。

(二)跨期预提耗费的分配

(1)根据租赁合同(见第二章第一节),编制20××年11月"预提设备租赁费分配表"。

(2)根据"预提设备租赁费分配表",进行预提设备租赁费的账务处理,并据以登记有关总账和明细账。

注:该企业没增设"待摊费用"和"预提费用"科目。

六、利息、其他支出的分配

(一)预提利息的核算

(1)预提利息的计算。成都琼海机床厂利息计算见表3-1。

表 3-1

利息计算表(简表)

20××年11月

借款期限(年)	付息期	月利率(%)	应计利息(元)	借款用途	利息归属
……			……		
1	每季末	6.31	2 629.17	生产经营	费用化
3	每季末	6.65	5 541.67	××在建工程	资本化
合计	—	—	8 170.84	—	—

(2) 根据表 3-1 利息计算表编制 20××年 11 月"预提利息分配表"。

(3) 根据"预提利息分配表",进行预提利息的账务处理,并据以登记有关总账和明细账。

(二) 其他支出的核算

企业各种要素耗费中的其他支出,是指除了前面所述各项耗费以外的支出,包括邮电费、劳动保护费、办公费、水电费、排污费、差旅费、业务招待费、技术转让费、财产保险费等。这些耗费都没有专门设立成本或费用项目,应该在费用发生时,按照发生费用的车间、部门和用途进行归类,分别借记"制造费用""管理费用""销售费用""预付账款"等科目,贷记"银行存款"或"库存现金"科目。

根据 20××年 11 月 30 日报销的各种支出归类汇总表,进行相关账务处理,并据以登记有关总账和明细账。

第二节 辅助生产成本的归集和分配

工业企业的辅助生产,是指为基本生产车间、企业行政管理部门等单位服务而进行的产品生产和劳务供应。其中,有的只提供劳务,如供电、供水、供气、供风、运输等辅助生产;有的则生产多种产品,如从事工具、模具、修理用备件的制造等辅助生产。辅助生产提供的产品和劳务,有时也对外销售,但这不是辅助生产的主要任务。

辅助生产成本的核算,通过"生产成本——辅助生产成本"科目(许多企业往往直接设置"辅助生产成本"一级科目,本教材以"辅助生产成本"作为一级科目)进行。辅助生产产品和劳务的成本计算方法,与基本生产一样,应该按照生产特点和管理要求确定(本教材"理论教学"模块将系统、详细地阐述)。"辅助生产成本"科目一般应按车间以及产品和劳务的种类设置明细账,账内按照成本项目设立专栏或专行,进行明细核算。辅助生产发生的各项耗费,应记入该科目的借方进行归集。其中,专门设置成本项目的直接计入成本,应单独地直接记入该科目和所属有关明细账的借方;专门设置成本项目的间接计入成本,应单独地分配记入该科目和所属有关明细账的借方。辅助生产发生的制造费用,一般应先记入"制造费用"总账科目和所属辅助生产制造费用明细账的借方进行归集,然后再从其贷方直接转入或分配转入"辅助生产成本"总账科目和所属明细账的借方。如果辅助生产不对外销售产品或提供劳务,而且辅助生产车间规模很小,发生的制造费用较少,为了简化核算工作,其制造费用也可以直接记入"辅助生产成本"总账科目和所属明细账的借方,而不通过"制造费用"科目核算。这样,在计算辅助生产成本时,可以将产品的成本项目与制造费用的费用项目结合起来,设置简化的项目,在"辅助生产成本"明细账中按照这种简化的项目归集、计算成本(本模拟实训采用这种方法)。

本章的第一节已经进行了辅助生产成本的归集。以下进行辅助生产成本分配的模拟实训。

辅助生产成本的分配，应通过"辅助生产成本分配表"进行。分配辅助生产成本的方法有多种，主要有：直接分配法、交互分配法、代数分配法和按计划成本分配法等。本模拟实训采用交互分配法。

交互分配法又称一次交互分配法，它是将每个辅助生产车间归集的辅助生产成本先在其他辅助生产单位之间根据相互提供的劳务数量和计算的分配率（劳务的单位成本），"对内"进行一次交互分配，然后计算出交互分配后各自待分配的辅助生产成本（即交互分配前归集的待分配辅助生产成本加上交互分配转入的成本减去交互分配转出的成本），再在辅助生产单位以外的各受益对象间进行分配的一种方法。所以，其特点是先交互分配（"对内"分配），再"对外"分配。

（1）根据辅助生产车间提供的本月"劳务量统计表"（见表3-2）和辅助生产成本明细账归集的本月辅助生产成本，编制辅助生产成本分配表。

表 3-2

劳务量统计表

20××年11月

受益对象		供水车间（单位：吨）	机修车间（单位：小时）
本月劳务供应量		32 480	10 672
辅助生产车间耗用	供水车间耗用	—	2 000
	机修车间耗用	4 000	—
铸锻车间		6 000	2 000
机加车间		8 000	2 500
装配车间		4 000	2 500
磨床安装		1 000	—
专设销售机构		2 000	72
厂部管理部门		7 480	1 600
合　　计		32 480	10 672

注：该公司供水车间每月月末库存水数量基本相等。

（2）根据编制的"辅助生产成本分配表"，进行相关账务处理，并据以登记有关总账和明细账。

第三节 制造费用的归集和分配

一、制造费用的归集

通过要素耗费的分配和辅助生产成本的归集和分配,已经完成了制造费用的归集。本节论述制造费用的分配。

二、制造费用的分配

各车间(分厂,下同)的制造费用的分配对象为本车间本期所生产的各种产品或所提供的劳务。如果本车间在本期生产中产生废品,则废品也应负担制造费用。基本生产车间的制造费用是产品生产成本的组成部分。在只生产一种产品的车间,制造费用可以直接计入该产品的成本。在生产多种产品的车间,如果各生产班组按产品品种分工,则各班组本身发生的制造费用也是直接计入耗费,应直接计入各种产品的成本,而各班组共同发生的制造费用是间接计入耗费,应当采用适当的分配方法计入各种产品的成本;如果各生产班组按生产工艺分工,则全部制造费用都是间接计入耗费,应当采用适当的分配方法分别计入该车间各种产品的成本。所谓"适当的分配方法",是指既合理又比较简便的分配方法,将制造费用分配计入该车间各种产品的生产成本,即记入"基本生产成本"科目及其"制造费用"明细科目。

分配制造费用的方法很多,通常采用的有生产工时比例法、机器工时比例法、生产工人工资比例法和按年度计划分配率分配法等。企业应根据实际情况,选择合理的分配方法。分配方法一经确定,不能随意变动,以保证产品成本的客观性和可比性。

制造费用的分配,应根据选择的分配方法和分配计算的结果,编制制造费用分配表,据以进行制造费用分配的总分类核算和明细分类核算。

本模拟实训采用生产工时比例法分配制造费用。

(1) 根据各基本生产车间制造费用明细账归集的本月制造费用金额和本月生产工时资料统计表,分别编制各基本生产车间制造费用分配表。

(2) 根据编制的制造费用分配表,进行相关账务处理,并据以登记有关总账和明细账。

第四节 期间费用的归集和结转

期间费用是指本期发生的、不计入产品成本而直接计入当期损益的各项费用,包括销售费用、管理费用、财务费用。

一、销售费用的归集和结转

销售费用是指企业销售商品和材料、提供劳务的过程中发生的各种费用,包括保险费、包装费、展览费和广告费、商品维修费、预计产品质量保证损失、运输费、装卸费等以及为销售本企业商品而专设的销售机构(含销售网点、售后服务网点等)的职工薪酬、业务费、折旧费等经营费用。

销售费用的归集和结转是通过"销售费用"总账和所属明细账进行的。"销售费用"应按费用项目设置明细账,进行明细核算,用以反映和考核各项费用的支出情况。发生上述各项销售费用时,借记"销售费用"科目,贷记"库存现金""银行存款""应付账款""应付职工薪酬""累计折旧"等科目。企业发生的与专设销售机构相关的固定资产修理费用等后续支出,也在"销售费用"科目核算。月末,将归集在"销售费用"总账和明细账借方余额的销售费用,转入"本年利润"账户,结转后"销售费用"总账和所属明细账无余额。

通过要素耗费的分配和辅助生产成本的归集和分配,已经完成了本模拟实训资料中销售费用的归集。

由于成本会计的核算没有涵盖所有期间费用(销售费用、管理费用、财务费用)的账务处理,所以,本模拟实训只根据有关资料登记期间费用(销售费用、管理费用、财务费用)明细账,不进行期间费用(销售费用、管理费用、财务费用)结转的账务处理。

二、管理费用的归集和结转

管理费用是指企业为组织和管理企业生产经营所发生的管理费用,包括企业在筹建期间内发生的开办费、董事会和行政管理部门在企业的经营管理中发生的或者应由企业统一负担的公司经费(包括行政管理部门职工薪酬、物料消耗、低值易耗品摊销、办公费和差旅费等)、工会经费、董事会费(包括董事会成员津贴、会议费和差旅费等)、聘请中介机构费、咨询费(含顾问费)、诉讼费、业务招待费、房产税、车船税、城镇土地使用税、印花税、技术转让费、矿产资源补偿费、研究费用、排污费等。

管理费用的归集和结转是通过"管理费用"总账和所属明细账进行的。"管理费用"应按费用项目设置明细账,进行明细核算,用以反映和考核各项费用的支出情况。发生上述各项管理费用时,借记"管理费用"科目,贷记"库存现金""银行存款""应付账款""应付职工薪酬""累计折旧""应交税费""研发支出"等科目。企业生产车间(部门)和行政管理部门等发生的固定资产修理费用等后续支出,也在"管理费用"科目核算。月末,将归集在"管理费用"总账和明细账借方余额的管理费用,转入"本年利润"科目,结转后"管理费用"总账和所属明细账无余额。

通过要素耗费的分配和辅助生产成本的归集和分配,已经完成了本模拟实训资料中管理费用的归集。

三、财务费用的归集和结转

财务费用是指企业为筹集生产经营所需资金等而发生的筹资费用，包括利息支出（减利息收入）、汇兑损益以及相关的手续费、企业发生的现金折扣或收到的现金折扣等。

财务费用的归集和结转是通过"财务费用"总账和所属明细账进行的。"财务费用"应按费用项目设置明细账，进行明细核算，用以反映和考核各项费用的支出情况。发生上述各项财务费用时，借记"财务费用"科目，贷记"银行存款""未确认融资费用"等科目。发生的应冲减财务费用的利息收入、汇兑损益、现金折扣，借记"银行存款""应付账款"等科目，贷记"财务费用"科目。月末，将归集在"财务费用"总账和明细账借方余额的财务费用，转入"本年利润"科目，结转后"财务费用"总账和所属明细账无余额。

通过要素耗费的分配，已经完成了本模拟实训资料中财务费用的归集。

【思考题】
1. 简述耗费、成本、费用 3 个概念的区别。
2. 什么叫要素耗费的分配？
3. 辅助生产成本的分配和制造费用的分配有没有先后之分？为什么？

第四章　生产成本在完工产品和在产品之间的分配

第一节　刨床采用逐步综合结转方式计算成本并进行成本还原

在逐步结转分步法下，各步骤完工转出的半成品成本，应该从各该步骤的产品成本明细账中转出；各步骤领用的半成品的成本，构成各该步骤的一项成本，称为半成品成本，应该记入各该步骤的产品成本明细账中。本模拟实训资料的半成品完工后，不通过半成品库收发，而为下一步骤直接领用，半成品成本就在各步骤的产品成本明细账之间直接结转。每月月末，各项生产成本（包括所耗的上一步骤半成品的成本）在各步骤产品成本明细账中归集以后，如果月末既有完工半成品，又有尚在加工中的在产品，则应将各步骤的生产成本采用适当的分配方法在其完工半成品与尚在加工中的在产品之间进行分配,以便计算完工半成品成本。这样,通过半成品成本的逐步结转,在最后一个步骤的产品成本明细账中,即可计算出产成品的成本。

逐步结转分步法,按照半成品成本在下一步骤成本明细账中的反映方式,又可分为综合结转和分项结转两种方法。本模拟实训要求刨床采用按实际成本逐步综合结转的方法。

至目前为止,各个基本生产车间生产的两种产品的成本明细账已经登记在"生产成本累计"行,且全部数据应核对无误。操作要求如下:

(1) 先将刨床的产量资料相关数据"对号入座"地填列到各车间基本生产明细账(即产品成本计算单)的表头(铣床的填列方法完全不同,暂时"不管")。刨床产量资料见表4-1。

表 4-1

产 量 资 料

产品:刨床　　　　　　　　　20××年11月　　　　　　　　数量单位:台

摘　要	铸锻车间	机加车间	装配车间
月初在产品数量	10	8	7
本月投产或上步转来	15	16	18
本月完工产品数量	16	18	20
月末在产品数量	9	6	5
在产品完工程度(%)	30	50	60
投料方式	生产开始时一次投料		

(2) 依据基本生产成本明细账(即产品成本计算单)分别计算并填列生产刨床的3个基本生产车间的基本生产成本明细账各成本项目的约当产量(注意投料方式是生产开始时一次投料)。

(3) 分别计算并登记各步骤(本资料为各车间,下同)完工半成品或产成品单位成本。

(4) 分别计算各步骤完工半成品或产成品成本。

(5) 计算、登记刨床各步骤月末在产品成本。

(6) 按成本还原率还原法进行成本还原。

(7) 编制结转完工产品验收入库的会计分录。

采用逐步综合结转方式计算成本时,进行成本还原是学习中的重点、难点所在。如果学习方法不当则学习难度较大,成本还原的相关知识和技能很容易被混淆而且也容易被遗忘。在学习中注意理解,避免死记硬背理论教学部分介绍的公式,是解决问题的关键所在。需要清晰、牢固地掌握以下三点(尤其是后两点):①成本还原的基本步骤是:从最后一个步骤(即"倒数第一个步骤",本模拟实训资料的"步骤"就是车间)起,将完工产成品中的半成品成本依次向前一个步骤逐次还原。②从倒数第二个步骤起,本步骤本月完工的半成品(总)成本及各个成本项目的金额,构成了成本按比例还原的"比照标准"(或说是"参照物"),必须比照这个"比照标准"按比例计算还原。③需要还原的半成品成本(需要还原的对象)是本月完工产成品中的半成品成本。注意不要混淆后两点。

【相关知识链接】

逐步结转(不论是综合结转,还是分项结转)分步法的优点是:能够提供各个生产步骤的半成品成本资料;由于半成品的成本随着实物的转移而结转,因而能为半成品和在产品的实物管理和资金管理提供数据。

逐步结转分步法的缺点是:各生产步骤的半成品成本要逐步结转,在加速成本计算工作方面有所不足;在逐步综合结转半成品成本的情况下,往往要进行成本还原;在分项结转半成品成本的情况下,不需要进行成本还原,但各步骤成本的结转工作又比较麻烦,因而核算工作量比较大。

第二节 铣床采用平行结转方式计算成本

采用平行结转方式核算成本,各生产步骤只计算、记录在本步骤发生的半成品成本,"各人自扫门前雪"。虽然各生产步骤完成的半成品实物已经转入后续的生产步骤,但是只要还没有成为验收入库的产成品,在各生产步骤发生的半成品成本,就一直保留在各步骤的在产品成本明细账中,直到产成品完工验收入库时,才将各步骤发生的成本中应计入产成品成本的份额从各步骤产品成本明细账中转出,从各自的"基本生产成本"科目的贷方转入"库存商品"科目的借方。由此可见,与逐步结转分步法不同,在平行结转分步法下,在产品指的是广义的在产品。

采用平行结转方式核算成本,各步骤分别同时计算本步骤发生的在产品成本,产成品完工时,通过编制"完工产品成本汇总计算单"平行汇总产成品成本,不必逐步结转上步骤转入的半成品成本。能够直接按成本项目提供在本生产步骤发生的成本资料,不必进行成本还原,因而能够简化和加速成本计算工作。但是,平行结转分步法不能提供各步骤半成品成本的资料。

采用平行结转分步法核算成本,具体核算程序可在教师的引导下进行如下操作。

第一,将铣床本月产量资料的相关数据经过分析计算后填列于各车间铣床基本生产成本明细账(即产品成本计算单)的表头相应项目。铣床产量资料见表 4-2。

表 4-2

产 量 资 料

产品：铣床　　　　　　　　　　20××年11月　　　　　　　　　数量单位：台

摘　　　要	铸锻车间	机加车间	装配车间
月初在产品数量	14	12	8
本月投产或上步转来	20	24	26
本月完工产品数量	24	26	28
月末在产品数量	10	10	6
在产品完工程度(%)	40	45	50
投料方式	生产开始时一次投料		

【难点】需要注意的是，由于铣床采用平行结转方式核算成本，所以铣床的各基本生产成本明细账表头的填列方法与刨床的各基本生产成本明细账表头的填列方法完全不同。

(1) 关于"完工产量"。如前所述，在平行结转分步法下，在产品是广义的在产品。各生产步骤表头的完工产量均是指在最后一个生产步骤(装配车间)已经完工入库的产成品铣床的产量。因此，铣床的各基本生产成本明细账表头的完工产量均为28台。

(2) 关于"在产品数量"。①本模拟实训资料铸锻车间的(月末)在产品数量由3个部分组成：一是铸锻车间本身存有的10台在产品实物(还有24台实物已经转移到机加车间去了)。二是机加车间本身也存有的10台在产品实物，该10台在产品是铸锻车间加工过的，其在铸锻车间发生的成本仍然保留在铸锻车间的基本生产成本明细账中。如前所述，在平行结转分步法下，在产品是广义的在产品，因此，机加车间存有的这10台在产品实物也是铸锻车间的在产品(机加车间还有26台实物已经转移到装配车间去了，只不过机加车间存有的这10台在产品已经完成了在铸锻车间的全部加工过程而已)。三是铸锻车间的在产品数量还应该包括装配车间月末在产品数量6台(根据同样的道理)。所以，铸锻车间铣床基本生产成本明细账表头的在产品数量应该是26台。②机加车间铣床基本生产成本明细账表头的在产品数量应该是16台(10+6)。③装配车间铣床基本生产成本明细账表头的在产品数量则只是6台。

第二，分别计算并填列生产铣床的3个基本生产车间基本生产成本明细账各成本项目的约当产量(注意投料方式是生产开始时一次投料)。

【难点】需要注意的是：

(1) 铸锻车间铣床各成本项目的约当产量(说明：为表达简便，本教材常常将完工产品产量与月末在产品约当产量之和简称为"约当产量",此处的约当产量就是这个含义)的计算:①直接材料的约当产量。因为生产铣床的投料方式是生产开始时一次投料,所以,每一台在产品和每一台完工产品的直接材料成本是相等的。因此,铸锻车间铣床直接材料的约当产量为 54 台(10+10+6+28)。②燃料及动力、直接人工、制造费用的约当产量。铸锻车间本身存有的 10 台在产品实物的约当产量应按在本车间的完工程度折算;而转移到机加车间的 10 台在产品、装配车间的 6 台在产品和本月完工的 28 台产成品每一台在铸锻车间发生的燃料及动力、直接人工、制造费用的成本都是相同的。所以其约当产量为 48 台(10×40%+10+6+28)。

(2) 机加车间、装配车间铣床各成本项目的约当产量学生可按类似的分析思路计算。

第三,分别计算并登记各步骤(本资料为各车间,下同)产成品单位成本。

第四,分别计算各步骤完工转出的产成品成本。

第五,编制本月完工产品成本汇总计算表。

第六,依据基本生产成本明细账计算、登记铣床各步骤月末在产品成本。

第七,编制结转完工产品验收入库的会计分录。

对于初学者来说,以平行结转方式计算成本的学习难度相对较大一些,也容易遗忘、混淆。只要在学习过程中理解掌握如下要点,就能化难为易、理清思路、准确掌握相关知识点:①以平行结转方式计算成本时,各步骤只记录本步骤"自己"发生的成本,虽然耗用了前面各步骤生产的半成品,这些半成品中"别人"发生的成本,本步骤"不要管"。②以平行结转方式计算成本时,某步骤完工半成品实物虽然已经转移到了后面的各步骤,但是对整个企业而言,只要产品尚未完工,在某步骤发生的成本仍然记录在该步骤生产成本上,即保留在其产品成本明细账(或称产品成本计算单)上,也就是说,除了最后一个步骤外,某步骤的半成品成本除了分布在本步骤外,还分布在后续的所有步骤中,后续的所有步骤中的半成品也是本步骤的半成品,只不过这些半成品在本步骤的完工程度都是 100%。③对整个企业而言,完工的产成品验收入库后,这些完工产成品成本中属于各步骤的成本"份额"都分别从各步骤的"基本生产成本"科目的贷方汇总转入完工产品成本(一并转入"库存商品"科目的借方)。

工业企业成本核算账务处理基本程序见图 4-1。

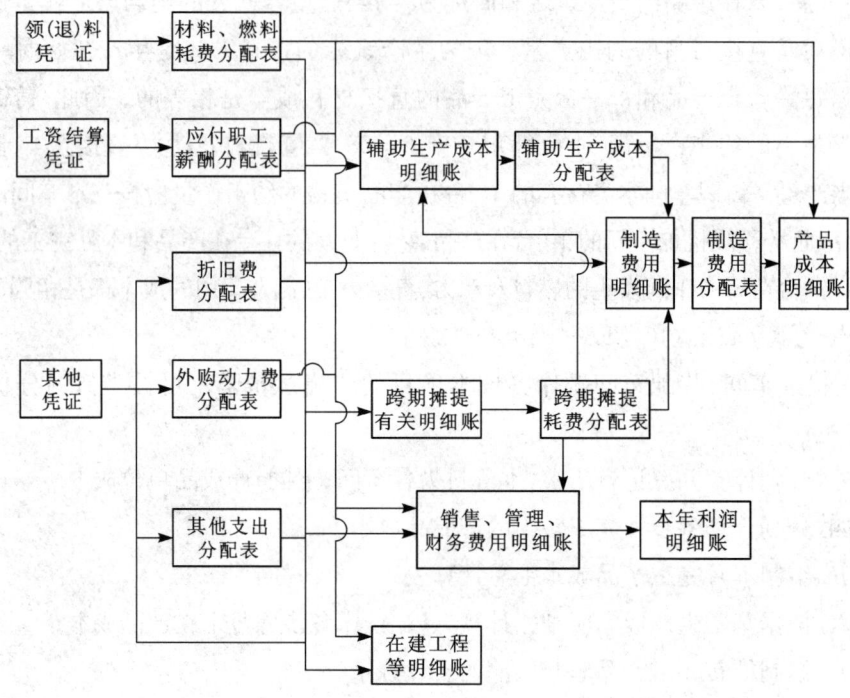

图 4-1 工业企业成本核算账务处理基本程序

【思考题】

1. 简述工业企业成本核算账务处理基本程序图的基本内容。
2. 本模拟实训资料中,刨床与铣床月末在产品约当产量的计算方法有什么不同?

第二模块 理论教学

第一章 总 论

第一节 成本会计的对象、职能和任务

一、成本会计的对象和职能

(一) 成本会计的对象

成本会计是以成本为对象的一种专业会计。要了解成本会计的对象和职能，必须先了解成本的含义及其所包括的内容。

企业产品的生产过程同时也是生产耗费的过程。工业企业要生产产品，就要发生各种生产耗费。生产耗费包括生产资料中的劳动手段（如机器设备）和劳动对象（如原材料）的耗费，以及劳动力（如人工）等方面的耗费。企业为生产一定种类、一定数量的产品所支出的各种用货币金额表现的生产耗费的总和，就是这些产品的成本。

工业企业产品的价值由三个部分组成：已耗费的生产资料转移的价值（C）；劳动者为自己的劳动所创造的价值（V）；劳动者为社会创造的价值（M）。产品成本是前两个部分之和（C+V）。因此，从理论上说，产品成本是企业在生产产品过程中已经耗费的、用货币金额表现的生产资料的价值和劳动者为自己劳动所创造的相当于薪酬的价值的总和。这种成本，称为"理论成本"。

在实际工作中，成本的开支范围是由国家通过有关法规制度来加以界定的。为了促使工业企业加强经济核算，节约生产耗费、减少生产损失，对于劳动者为社会创造的某些价值（如财产保险费等）以及一些不形成产品价值的损失（例如，工业企业的废品损失、季节性和修理期间的停工损失等）也计入产品成本。此外，工业企业为销售产品而发生的销售费用、为组织和管理生产经营活动而发生的管理费用，以及为筹集生产经营资金而发生的财务费用，与产品生产没有直接联系，都作为期间费用处理，直接计入当期损益，从当期利润中扣除，不计入产品成本。因此，实际工作中工业企业的产品成本，

是指产品的生产成本,亦称制造成本,不包括企业生产经营管理所耗费的费用。

工业企业的产品销售费用、管理费用和财务费用,可以总称为工业企业的经营管理费用,属于期间费用。为了促使企业节约费用,增加利润,期间费用也应作为成本会计的对象。

由此可见,工业企业成本会计的对象包括产品的生产成本和期间费用。

施工企业的基本经济活动是建筑工程的施工。工程施工要发生工程成本,施工企业发生的管理费用和财务费用不计入工程成本。商品流通企业的基本经济活动是商品的采购和销售,为此,要发生商品的采购成本和销售成本,还要发生销售费用、管理费用和财务费用(总称商品流通费用)。商品流通费用也不计入商品的销售成本。旅游、饮食服务企业的基本经济活动是进行旅游、饮食服务的营业,要发生营业成本,也还要发生销售费用、管理费用和财务费用,这些费用也不计入营业成本,等等。这些行业企业的销售费用、管理费用和财务费用,也可以总称为经营管理费用,也属于期间费用。

综上所述,成本会计的对象可以概括为:各行业企业的生产经营业务成本和期间费用,简称成本费用(也称为财务成本)。

随着经济的发展,企业经营管理要求的提高,成本的概念和内容都在不断发展、变化。美国会计学会所属的"成本概念与标准委员会"将成本定义为:成本是指为达到特定目的而发生或应发生的价值牺牲,它可用货币单位加以衡量。这就是说,成本是为了实现一定目的而支付或应支付的可以用货币计量的代价。成本的这一定义已经大大超越了本节前面所述的经营业务成本和期间费用的内容和概念。比如,为了进行生产经营的预测、决策,需要计算变动成本、固定成本、边际成本、机会成本、差别成本等;为了加强对企业内部的成本控制和考核,应计算可控成本和不可控成本、责任成本等;为了进一步提高成本信息的决策相关性,需要计算作业成本等。

20世纪90年代,我国开始采用国际上通行的制造成本法计算产品的生产成本。为了适应经营管理的不同需要,加强成本管理,提高企业的活力和经济效益,我国一些企业也已开始运用西方发达国家一些企业采用的标准成本法、变动成本法、责任成本法及作业成本法等成本计算方法。标准成本法、变动成本法、责任成本法等将在管理会计(或财务管理)等相关课程中学习。由于作业成本法本身的局限性以及我国企业会计从业环境等原因,作业成本法在我国尚未能广泛应用,则本教材不作介绍。

(二) 成本会计的职能

成本会计的职能,是指成本会计在经济管理中的功能。成本会计作为会计的一个重要分支,其基本职能和财务会计一样,即反映职能和监督职能两项。

1. 反映职能

反映职能是成本会计的首要职能,就是指反映生产经营过程中各种耗费的支出,以及生产经营业务成本和期间费用等的形成情况,为经营管理提供各种信息的功能。从成本会计的反映职能来说,最初的成本会计只是进行成本核算。随着社会生产的不断发展,企业经济活动情况的日趋复杂,在成本管理上就需要加强计划性、预见性。这就需要通过成本会计为企业经营管理提供更多的信息,即除了提供反映成本现状的核算资料外,还要提供有关预测未来经济活动的成本信息资料,以便作出正确的估计和采取相应的措施,达到预期目的。这就使得成本会计的反映职能从事后反映发展到了分析预测未来,从而有助于企业在激烈的市场竞争中处于主动地位。

2. 监督职能

成本会计的监督职能,是指按照一定的目的和要求,通过控制、调节、指导和考核等,监督各项经营耗费的合理性、合法性和有效性,以达到预期的成本管理目标的功能。成本会计的监督,包括事前、事中和事后监督。进行事前监督,即以国家的有关政策、制度和企业的计划、预算及规定对有关经济活动的合理性、合法性和有效性进行审查,限制或制止违反政策、制度和计划、预算等的经济活动以实现提高经济效益的目的。成本会计还要通过成本信息的反馈,进行事中和事后的监督,通过对所提供的成本信息资料的检查分析,控制和考核有关经济活动,及时从中总结经验,发现问题,提出建议,促使有关方面采取措施,调整经济活动,使企业按照规定的要求和预期的目标进行经济活动。

随着管理科学的发展,以及成本会计与管理科学相结合,成本会计又逐步增加了成本的预测、决策、计划、控制和考核等各项职能。因此,现代成本会计包括成本预测、成本决策、成本计划、成本控制、成本核算、成本分析和成本考核等职能。其中成本核算是基础,没有成本核算,其他各项职能都无法进行,因而也就没有了成本会计。只对生产经营业务成本和经营管理费用进行成本核算和分析的成本会计是狭义的成本会计;履行成本预测、决策、计划、控制、核算、分析和考核职能的成本会计是现代的广义的成本会计。

本教材主要介绍工业企业对产品成本和期间费用进行核算和分析的狭义的成本会计。

二、成本会计的任务

作为会计的一个重要分支的成本会计,是企业经营管理的一个重要组成部分。因此,成本会计的任务取决于企业经营管理的要求。但是,成本会计不可能全面地实现企业经营管理各个方面的要求,而只能在成本会计对象和职能的范围内,为企业经营管理提供所需的数据和信息,并参与经营管理,以达到降低成本、费用,提高经济效益的目的。因此,成本会计的任务还受成本会计的对象和职能制约。

根据企业经营管理的要求,适应成本会计对象和职能的特点,成本会计的任务是:

(1) 进行成本预测、参与经营决策、安排成本计划,为企业有计划地进行成本管理提供基本的依据。

(2) 对企业发生的各项耗费进行审核、控制,制止各种浪费和降低各种损失,以节约费用、降低成本。

(3) 正确核算各种生产经营业务成本和经营管理费用,为企业生产经营管理提供所需的成本、费用信息。

(4) 分析各项消耗定额和成本计划的执行情况,进一步挖掘节约费用、降低成本的潜力。

需要说明的是,和会计信息不同,成本信息涉及企业生产经营的商业机密,属于企业的保密事项。

第二节 成本会计工作的组织

为了履行成本会计的职能,发挥成本会计的作用,完成成本会计的任务,必须科学地组织成本会计工作。成本会计工作的组织,主要包括在企业中设置成本会计机构,配备必要的成本会计人员,并且按照与成本会计有关的各种法规和制度开展工作。企业在组织成本会计工作时,应该考虑本单位的生产经营特点、规模的大小、成本管理的要求等具体情况;应该在保证成本会计工作质量的前提下,尽量节约成本会计工作时间和降低耗费,提高成本会计工作的效率。

一、成本会计的机构

企业的成本会计机构,是在企业中直接从事成本会计工作的机构。一般而言,大中型企业应在专设的会计部门中单独设置成本会计机构,专门从事成本会计工作;规模较小、需要会计人员不多的企业,可在会计部门中指定专人负责成本会计工作。另外,企业的有关职能部门和生产车间,也应根据工作需要设置成本会计组或配备专职或兼职的成本会计人员,这些职能部门和生产车间的成本会计机构或人员,在业务上都应接受企业会计部门的成本会计机构的指导和监督。

成本会计机构内部的组织分工,可以按成本会计的职能分工。例如,可将厂部成本会计科分为成本核算和成本分析等小组。也可以按成本会计的对象分工。例如,可分为产品成本和经营管理费用等小组。为了科学地组织成本会计工作,还应按照分工建立成本会计岗位责任制,使每一项成本会计工作都有人负责,每一个成本会计人员都明确自己的责任。

企业内部各级成本会计机构之间的组织分工,有集中工作和分散工作两种方式。

集中工作方式,是指企业的成本会计工作,主要由厂部成本会计机构集中完成,车间等其他单位中的成本会计机构或人员只负责登记原始记录和填制原始凭证,并对它们进行初步的审核、整理和汇总,为厂部成本会计机构进一步工作提供基础资料。在这种方式下,车间等其他单位大多只配备专职或兼职的成本会计人员。这种工作方式的优点是:厂部成本会计机构可以比较及时地掌握整个企业与成本有关的全面信息,便于集中使用电子计算机进行成本数据处理;还可以减少成本会计机构的层次和成本会计人员的数量。其缺点是:不便于直接从事生产经营活动的各单位和职工及时掌握本单位的成本信息,因而不便于成本的及时控制和责任成本制的推行。

分散工作方式,又称非集中工作方式,是指成本会计工作中的计划、控制、核算和分析等方面工作,由车间等其他单位的成本会计机构或人员分别完成。厂部成本会计机构负责对各下级成本会计机构或人员进行业务上的指导和监督,并对全厂成本进行综合的计划、控制、核算、分析和考核等。成本的预测和决策工作一般由厂部会计机构集中完成。分散工作方式的优缺点与集中工作方式的优缺点恰好相反。

企业应该根据规模大小,内部各单位经营管理的要求,以及这些单位成本会计人员的数量和素质,从有利于充分发挥成本会计工作的职能作用、提高成本会计工作的效率出发,确定采用哪一种工作方式。大中型企业一般采用分散工作方式,中小型企业一般采用集中工作方式。为了扬长避短,也可以在一个企业中综合采用两种方式,即对某些单位采用分散工作方式,而对另一些单位则采用集中工作方式。

为了充分发挥成本会计机构的职能作用,企业的总会计师和会计主管人员应该加强对成本会计机构的领导,经常研究成本会计工作,督促和检查成本会计机构做好各项业务工作,支持成本会计人员履行职责,帮助他们解决工作中存在的问题,并且以身作则,遵守有关的规章、制度。

二、成本会计人员

在成本会计机构中,配备适当数量有良好的会计职业道德、精通业务的成本会计人员,是做好成本会计工作的关键。为了充分调动会计人员做好工作的积极性,国家规定了会计人员的技术职称以及会计人员的职责和权限,这些规定对于成本会计人员也完全适用。

成本会计机构和成本会计人员应在企业总会计师和会计主管人员的领导下,认真履行自己的职责,完成成本会计的各项任务。要全面贯彻以提高经济效益为中心的方针，认真执行有关的法规和制度，参与制定企业的生产经营决策。要结合实际向企业各单位和广大职工宣传、解释国家有关的方针、政策、法规和制度，动员企业全体成员参加成本管理，对成本管理的各个环节、对成本形成的全过程实行全面成本管理。为此，成本会计人员应该努力学习国家有关的政策、法规和企业有关的制度，了解国内外先进经验；应刻苦钻研业务，熟识企业的生产工艺流程，深入了解本企业生产经营的实际情况，注意发现成本管理中存在的问题，提出改进成本管理的意见和建议，不断提高自身的理论水平和业务能力。

成本会计人员有权要求企业有关单位和人员认真执行成本计划，严格遵守有关的法规、制度和财经纪律；有权参与制定企业生产经营计划和各项定额，参与与成本管理有关的生产经营管理的会议；有权督促检查企业内部各单位对成本计划和有关法规、制度以及财经纪律的执行情况。

三、成本会计制度

成本会计制度是组织和从事成本会计工作必须遵守的规范，是会计法规和制度的重要组成部分。企业应遵循国家有关法律、法规、制度，如《中华人民共和国会计法》《企业会计准则》《企业财务通则》等的有关规定，并根据企业生产经营的特点和管理的要求，制定企业内部成本会计制度，作为企业进行成本会计工作具体和直接的依据。

各行业企业由于生产经营的特点和管理的要求不同，所制定的成本会计制度也必然会有所不同。就工业企业而言，其成本会计制度一般包括关于成本预测和决策的制度；关于成本计划编制的制度；关于成本控制的制度；关于成本核算规程的制度；关于责任成本的制度；关于成本报表的制度；其他关于成本会计的制度（如实行企业内部结算价格和内部结算办法的制度）。

成本会计制度一经制定，就应该认真贯彻执行。但是，也应注意根据生产经营中出现的新情况、新问题，及时修订、完善，以保证成本会计制度的科学性和先进性，不断提高企业成本管理的水平。

【思考题】

1. 简述成本会计的对象、职能和任务。
2. 简述在集中工作方式和分散工作方式下，企业内部各级成本会计机构的组织分工，以及这两种工作方式各自的优缺点。
3. 简述工业企业成本会计制度一般应包括的内容。

第二章　工业企业成本核算的要求和一般程序

第一节　工业企业成本核算的要求

成本核算是成本会计的基本环节,也是成本管理的重要组成部分。为了充分发挥成本核算的作用,在成本核算工作中,应该贯彻实现以下各项要求。

一、从管理的要求出发,做到算管结合,算为管用

所谓算管结合,是指成本核算应与企业的经营管理密切结合。成本核算不仅要对各项费用支出进行事后的记录和计算,提供事后的成本信息,而且必须以国家的有关法规、制度和企业的成本计划、相应的消耗定额为依据,加强对各项费用支出的事前、事中的审核和控制,并及时进行信息反馈。对不合法、不合理,不利于提高经济效益的超支、浪费或损失要控制;已经无法控制的,要追究责任,采取措施,防止以后再发生;属于定额或计划不符合实际情况而发生的差异,要按规定程序修订定额或计划。

所谓算为管用,指成本核算要从管理的需求出发,提供的成本信息应当满足企业经营管理的需要。比如,计算产品成本,既要防止搞烦琐哲学、为算而算、脱离成本管理和生产经营管理实际需要的做法;也要防止片面追求简化、不能为管理提供所需数据的做法。也就是说,成本核算要区别对待、分清主次,主要的成本核算应从细,次要的成本核算则从简。

二、正确划分各种成本费用的界限

为了正确地核算生产成本和期间费用,必须正确划分以下五个方面耗费的界限。

(一) 正确划分生产经营耗费与非生产经营耗费的界限

工业企业的经济活动是多方面的,其支出的用途不尽相同,因而企业发生的支出并非都应计入生产经营耗费(生产经营业务成本和期间费用)。例如,企业购置和建造固定资产、购买无形资产以及进行对外投资,这些经济活动都不是企业日常的生产经营活动,这些支出不应计入生产经营耗费。又如,企业的固定资产盘亏损失、固定资产报废清理损失、由于自然灾害等原因而发生的非常损失以及由于非正常原因发生的停工损失等,也不是由于日常的生产经营活动而发生的,也不应计入生产经营耗费。只有用于产品的生产和销售、用于组织和管理生产经营活动以及用于筹集生产经营资金的各种成本、费用,才应计入生产经营耗费。企业既不应乱挤生产经营耗费,将不属于生产经营耗费的支出计入生产经营业务成本或期间费用,也不应少计生产经营耗费。乱挤和

少计生产经营耗费,都会使成本、费用不实,不利于企业成本管理。每一个工业企业都应正确地划分生产经营耗费与非生产经营耗费的界限,遵守国家关于成本、费用开支范围的规定,防止乱挤和少计生产经营管理费用。

(二)正确划分产品成本和期间费用的界限

工业企业的产品生产成本应计入产品成本而不应计入期间费用,产品成本要在产品完工并销售以后才计入企业的当期损益。由于当月投入生产的产品不一定当月完工、当月完工验收入库的产成品当月不一定销售、当月销售的产成品也可能是以前月份生产的,因而本月发生的生产成本一般不等于计入当月损益的已销产品成本。与生产成本不同,工业企业发生的经营管理费用作为期间费用处理,不计入产品成本,而直接计入当月损益,从当月利润中扣除。因此,为了正确地计算产品成本和经营管理费用,正确地计算企业各个月份的损益,应当正确地划分生产成本和期间费用的界限。用于产品生产的原材料耗费、生产工人薪酬和制造费用等,应该计入生产成本,并据以计算产品成本;由于产品销售、企业为组织和管理生产经营活动和筹集生产经营资金所发生的费用,应分别归集为销售费用、管理费用和财务费用,直接计入当月损益,从当月利润中扣除。应该防止混淆产品生产成本与期间费用的界限,将产品的某些成本计入期间费用,或将某些期间费用计入产品成本,借以调节各月产品成本和各月损益。

(三)正确划分各个月份的成本、费用界限

为了按月分析和考核产品成本和期间费用,正确计算各月损益,必须正确划分各月成本、费用的界限。本月发生的成本、费用都应在本月入账,不应将其一部分延到下月入账;也不应未到月末就提前结账,或将本月成本、费用的一部分作为下月成本、费用处理。应该以权责发生制为基础,正确核算跨期摊提耗费;本月支付,但由本月和以后各月受益的支出,应作为待摊耗费,在各月间合理分摊计入产品成本或期间费用等(根据交易事项的内容,分别通过"预付账款"或"其他应收款"等科目核算;受益期限超过1年的支出,通过"长期待摊费用"科目核算);本月虽未支付,但本月已经受益的成本、费用,应作为预提耗费,预提计入本月的成本、费用(通过"其他应付款""应付利息"等科目核算)。为了简化核算工作,数额较小的应该待摊和预提的耗费,按照重要性会计信息质量要求,也可以不作为待摊、预提耗费处理,可以全部计入支付月份的成本、费用。应该防止利用待摊和预提耗费的方法人为调节各月的产品成本和期间费用、人为调节各月损益。

(四)正确划分各种产品成本的界限

为了分析和考核各种产品的成本计划或成本定额的执行情况,应该分别计算各种产品的成本。因此,应该计入本月产品成本的生产耗费应在各种产品之间进行划分。

属于某种产品单独发生,能够直接计入该种产品成本的生产耗费,应该直接计入该种产品的成本;属于几种产品共同发生,不能直接计入某种产品成本的生产耗费,则应采用适当的分配方法,合理地分配计入这几种产品的成本。应该特别注意盈利产品与亏损产品、可比产品与不可比产品之间的成本界限的划分。应该防止在盈利产品与亏损产品之间,以及可比产品与不可比产品之间主观地调节增减生产成本,以盈补亏,掩盖超支,或虚报产品成本,人为操纵利润。

(五) 正确划分完工产品与在产品的成本界限

月末计算产品成本时,如果某种产品都已完工,这种产品的各项生产耗费之和,就是这种产品的完工产品成本;如果某种产品都未完工,这种产品的各项生产耗费之和,就是这种产品的月末在产品成本;如果某种产品一部分已经完工,另一部分尚未完工,这种产品的各项生产耗费,还应采用适当的分配方法在完工产品与月末在产品之间进行分配,分别计算完工产品成本和月末在产品成本。应该防止任意提高或降低月末在产品成本,人为调节完工产品成本。

以上五个方面耗费界限的划分,都应贯彻受益原则,即谁受益谁负担耗费,何时受益何时负担耗费;负担的耗费多少应与受益程度大小成正比。这五个方面耗费界限的划分过程,也是产品成本的计算过程。

根据以上的叙述和第一模块的模拟实训可以看出:生产耗费是构成产品成本的基本内容,只有生产耗费才能计入产品成本。需要注意的是,一方面,某一时期发生的全部生产支出不一定全部构成本期的生产成本(如待摊耗费);另一方面,本期生产成本所包含的生产耗费也不一定都是本期发生的生产支出(如预提耗费)。产品成本是"凝聚"在产品上的生产耗费,是对象化了的生产耗费。

三、正确确定财产物资的计价和价值结转的方法

工业企业的生产经营过程,同时也是各种劳动的耗费过程。在各种劳动耗费中,财产物资的耗费(即生产资料价值的转移)占有相当的比重。因此,这些财产物资的计价和价值结转的方法是否恰当,会对成本计算的正确性产生重要的影响。涉及企业财产物资的计价和价值结转的方法或处理判断主要包括:固定资产原值计算方法、折旧方法、折旧率的种类和高低;固定资产修理费用是全部计入发生当月的成本还是计入期间费用等;材料价值(成本)的组成内容,材料按实际成本进行核算时发出材料单位成本的计算方法、材料按计划成本进行核算时材料成本差异率的种类(个别差异率、分类差异率还是综合差异率,本月差异率还是上月差异率)、采用分类差异率时材料类距的大小等;固定资产与低值易耗品的划分标准、低值易耗品和包装物价值的摊销方法等。为了正确、及时地计算成本和费用,对于这些财产物资的计价和价值结转,都应采用既较为

合理又较为简便的方法。国家有统一规定的,应采用国家统一规定的方法。各种方法一经确定,应保持相对稳定,不能随意改变,以保持成本信息的可比性;要防止随意改变财产物资计价和价值结转的方法,借以人为调节成本和费用。

四、做好成本核算的基础工作

为了进行成本审核、控制,正确计算产品成本和经营管理费用,还必须做好以下各项基础工作。

(一)做好定额的制定和修订工作

产品的各项消耗定额既是编制成本计划、分析和考核成本水平的依据,也是审核和控制耗费的标准。应该根据企业当前设备条件和技术水平,充分考虑职工的积极性,制定和修订科学而又可行的原材料、燃料、动力和工时等项的消耗定额,并据以审核各项耗费是否合理,借以控制耗费,降低成本、费用。在计算产品成本时,往往也要将产品的原材料和工时的定额消耗量或定额费用作为分配实际费用的标准。制定和修订各项消耗定额,是搞好生产管理、成本管理和成本核算的前提。

(二)建立和健全材料物资的计量、收发、领退和盘点制度

为了进行成本管理和成本核算,还必须对材料物资的收发、领退和结存进行计量,建立和健全材料物资的计量、收发、领退和盘点制度。材料物资的收发、领退,在产品、半成品的内部转移和产成品的入库等,均应填制相应的凭证,经过一定的审批手续,并经过计量、验收或交接,防止任意领发和转移。库存材料、半成品和产成品,以及车间的在产品和半成品,均应按照规定进行盘点、清查,防止丢失、积压、损坏变质和被贪污盗窃。这些工作也是进行生产管理、物资管理和资金管理所必需的。

(三)建立和健全原始记录制度

只有计量没有记录,核算就没有书面的凭证依据。为了进行成本核算和管理,对于生产过程中材料的领用,动力与工时的耗费,发生的开支,在产品和半成品的内部转移,产品质量的检验结果,废品的发生,产成品的入库等,均应进行真实的记录。"原始记录"对于劳动工资、设备动力、生产技术管理等方面,以及有关的计划统计工作,也有重要意义。应该制定既符合各方面管理需要,又符合成本核算要求,既科学又易行的讲求实效的原始记录制度,并且组织有关职工认真做好各种原始记录的登记、传递、审核和保管工作,以便正确、及时地为成本核算和其他有关方面提供所需原始资料。

(四)做好厂内计划价格的制定和修订工作

在计划管理基础较好的企业中,为了分清企业内部各单位的经济责任,便于分析和考核内部各单位成本计划的完成情况,还应对材料、半成品和厂内各车间相互提供

的劳务(如修理、运输等)制定厂内计划价格,作为内部结算和考核的依据。厂内计划价格应该尽可能接近实际并相对稳定,年度内一般不作变动。在制定了厂内计划价格的企业中,对于材料领用、半成品转移,以及各车间、部门之间相互提供劳务,都应先按计划价格结算,月末再采用一定的方法计算和调整价格差异,据以计算实际的成本和费用。按计划价格进行企业内部的往来结算,还可以简化和加速成本和费用的核算工作。

五、按照生产特点和管理要求,采用适当的成本计算方法

产品成本是在生产过程中形成的,生产组织和工艺过程不同的产品,应该采用不同的成本计算方法。计算产品成本是为了管理成本,管理要求不同的产品,也应该采用不同的成本计算方法,以正确、及时地为成本管理提供有用的成本信息。

第二节 工业企业耗费要素和产品生产成本项目

为了科学地进行成本管理和成本核算,必须对工业企业的各种经济资源的耗费进行合理的分类。工业企业耗费要素和产品生产成本项目,就是对工业企业各种耗费的两种最基本的分类。

一、工业企业耗费要素——耗费按经济内容的分类

产品的生产经营过程,也是劳动对象、劳动手段和活劳动的耗费过程。因此,工业企业发生的各种耗费按其经济内容(或性质)划分,主要有劳动对象方面的耗费、劳动手段方面的耗费和活劳动方面的耗费三大类。前两类为物化劳动耗费,即物质消耗;后一类为活劳动耗费,即非物质消耗。这三类可以称为工业企业耗费的三大要素。为了具体地反映工业企业各种耗费的构成和水平,还应在此基础上,将工业企业耗费进一步划分。

1. 工业企业耗费分类

(1)外购材料。外购材料指企业为生产经营而耗用的一切从外部购进的原料及主要材料、半成品、辅助材料、包装物、修理用备件和低值易耗品等。

(2)外购燃料。外购燃料指企业为生产经营而耗用的一切从外部购进的各种燃料,包括固体、液体和气体燃料。从理论上说,外购燃料应该包括在外购材料中,但由于燃料是重要能源,需要单独考核,因而单独列作一个要素进行计划和核算。

(3)外购动力。外购动力指企业为生产经营而耗用的从外部购进的各种动力。

(4)职工薪酬。职工薪酬指企业应计入产品成本和期间费用的职工薪酬,包括工资、职工福利、社会保险费、住房公积金、工会经费、职工教育经费等。

(5) 折旧费。折旧费指企业按照规定计提的固定资产折旧耗费。

(6) 利息支出。利息支出指企业的借款利息支出减去利息收入后的净额。

(7) 其他支出。其他支出指不属于上述(1)~(7)中各要素但应计入产品成本或期间费用的耗费支出。例如,邮电费、差旅费、租赁费、外部加工费等。在这一要素中,物质消耗与非物质消耗很难严格划分。在需要划分时,可以按照国家统计部门的规定进行划分。

按照上列耗费要素反映的耗费(数额),称为要素耗费。

2. 按照耗费要素分类核算工业企业耗费的作用

(1) 可以反映工业企业在一定时期内总共发生了哪些耗费,数额各是多少,可据以分析各个时期各种耗费的结构和水平。

(2) 可以反映外购材料和燃料耗费以及职工薪酬的支出金额,因而可以为编制企业的材料采购资金计划和劳动薪酬计划提供资料。

(3) 外购材料和燃料支出的多少与材料和燃料的储备资金定额以及储备资金周转速度密切相关。支出越多、越快,所需储备资金就越多,储备资金的周转就越快。反之亦然。因此,这种分类还可以为企业核定储备资金定额和考核储备资金周转速度提供资料。

(4) 可以区分物质消耗和非物质消耗,为计算工业净产值和国民收入提供资料。这是因为,工业净产值是根据工业总产值、物质消耗和非物质消耗等数据计算出来的(例如,工业总产值减去工业生产中的物质消耗,即为计算工业净产值的方法之一);国民收入是根据各行各业的净产值汇总算出的。因此,这种分类还可以为计算工业净产值和国民收入提供资料。

这种分类核算的不足之处是:不能反映各种耗费的经济用途,因而不便于分析这些耗费的支出是否节约、合理。因此,对于工业企业的这些耗费还必须按其经济用途进行分类。

二、产品生产成本项目——耗费按经济用途的分类

工业企业的各种耗费按其经济用途分类,首先应分为生产经营耗费和非生产经营耗费。生产经营耗费还应分为计入产品成本的生产耗费和直接计入当期损益的经营管理费用。

计入产品成本的生产耗费在生产过程中的用途也各不相同。有的直接用于产品生产,有的间接用于产品生产。为了具体地反映计入产品成本的生产耗费的各种用途,提供产品成本构成情况的资料,还应将其进一步划分为若干个项目,即产品生产成本项目,简称产品成本项目或成本项目。产品成本项目就是产品生产成本按其经济用途分

类核算的项目。

根据生产特点和管理要求,工业企业一般可以设立以下四个成本项目:

(1) 直接材料,亦称原材料,指直接用于产品生产、构成产品实体的原料、主要材料以及有助于产品形成的辅助材料等。

(2) 燃料及动力,指直接用于产品生产的外购和自制的燃料和动力。

(3) 直接人工,指直接参加产品生产的生产工人薪酬。

(4) 制造费用,指直接用于产品生产,但不便于直接计入产品成本,因而没有专门设置成本项目的耗费(例如,机器设备折旧费),以及间接用于产品生产的各项耗费(例如,机物料消耗、车间厂房折旧费等)。

为了使成本项目更好地适应工业企业的生产特点和管理要求,工业企业可以对上述成本项目进行适当的调整。在规定或调整成本项目时,应该考虑以下几个问题:①耗费在管理上有无单独反映、控制和考核的需要。②耗费在产品成本中比重的大小。③为某种耗费专设成本项目所增加的核算工作量的大小。对于管理上需要单独反映、控制和考核的耗费,以及产品成本中比重比较大的耗费,应该专门设置成本项目;反之,为了简化核算工作,不必专门设置成本项目。例如,我国的能源比较紧张,因而一般应按产品制定工艺用燃料和动力的消耗定额,并且专门设置"燃料及动力"成本项目,以便单独进行反映、控制和考核。但如果工艺上耗用的燃料和动力不多,为了简化核算工作,也可以将工艺用燃料耗费并入"直接材料"成本项目,将工艺用动力耗费并入"制造费用"成本项目。又如,在生产过程中可能产生废品,如果废品损失在产品成本中的比重比较大,需要作为一项重点耗费进行核算和管理,也可以增设"废品损失"成本项目;如果没有废品,或废品损失不大,则不必增设"废品损失"成本项目。

将计入产品成本的生产耗费划分为若干成本项目,可以按照耗费的用途考核各项耗费定额或计划的执行情况,分析耗费支出是否合理、节约。因此,产品成本不仅要分产品计算,而且要分成本项目计算,要计算各种产品的各个成本项目的成本。产品成本计算的过程,也就是各种要素耗费按其经济用途划分,最后计入本月各种产品成本,按成本项目反映完工产品和月末在产品成本的过程,也就是前面所述五个方面耗费界限的划分过程。

此外,工业企业的生产耗费还有一些其他的分类方法,比如:

(1) 生产耗费按与生产工艺的关系分类。构成产品成本的各项生产耗费按与生产工艺的关系分类,可分为直接生产耗费与间接生产耗费。由于生产工艺本身引起的、直接用于产品生产的各项耗费,称为直接生产耗费。例如,原料及主要材料耗费、生产工人薪酬和机器设备折旧费等。与生产工艺没有联系,间接用于产品生产的各项耗费,称为间接生产耗费。例如,机物料消耗、辅助工人薪酬和车间厂房折旧费等。生产耗费按与生产工艺的关系分类能够为加强成本管理提供相关的会计信息。

(2) 生产耗费按计入产品成本的方法分类。构成产品成本的各项生产耗费按计入产品成本的方法分类,可分为直接计入耗费与间接计入耗费。能够分清是哪种产品所耗用的、可以直接计入某种产品成本的耗费,称为直接计入耗费(也简称为直接耗费);不能分清是哪种产品所耗用、不能直接计入某种产品成本,而必须按照一定标准分配计入有关各种产品成本的耗费,称为间接计入(或分配计入)耗费(也简称为间接耗费)。

直接生产耗费大多是直接计入耗费。例如,原料、主要材料耗费大多能够直接计入某种产品成本;间接生产耗费大多是间接计入耗费。例如,机物料消耗大多只能按照一定标准分配计入有关的各种产品成本。但也不都是如此。例如,在只生产一种产品的车间中,直接生产耗费和间接生产耗费都可以直接计入该种产品成本,都是直接计入耗费;在用同一种原材料、同时生产出几种产品的联产品生产(如石油提炼等)企业中,直接生产耗费和间接生产耗费都不能直接计入某种产品成本,都是间接计入耗费。在本教材第一模块模拟实训中,刨床和铣床的铁铸件的生产共同耗用的生铁属于直接生产耗费,但是,其生铁的耗费不能直接计入某种产品成本,而必须按照一定标准分配计入刨床和铣床的成本,所以属于间接计入(或分配计入)耗费。可见,直接生产耗费与直接计入耗费、间接生产耗费与间接计入耗费是不能等同的。生产耗费按计入产品成本的方法分类在成本计算中有着很广泛的应用。

第三节 工业企业成本核算的一般程序

成本核算的一般程序是指对企业在生产经营过程中发生的各项耗费,按照成本核算的要求逐步进行归集和分配,最后计算出各种产品的成本和各项期间费用的基本过程。根据以上对成本核算的要求、工业企业耗费要素和产品生产成本项目的讲述,可以看出,工业企业成本核算的一般程序是:

(1) 对企业的各项支出的合法性、合理性进行审核和控制,确定其是否应该计入产品成本或期间费用,做好本章第一节所述耗费界限划分的第"(一)"、第"(二)"两个方面的工作。

(2) 正确处理跨期摊提耗费。将本月已经支出而应留待以后月份摊销的耗费,作为待摊耗费处理;将以前月份开支的待摊耗费中应由本月负担的份额,摊入本月成本、费用;将本月尚未开支但应由本月负担的成本、费用,预提计入本月成本、费用。这是本章第一节所述耗费界限划分的第"(三)"方面的工作。

(3) 将应计入本月产品成本的各项生产耗费,在各种产品之间进行分配和归集,并按成本项目分别反映,计算出按成本项目反映的各种产品的成本。这是本月生产耗费在各种产品之间横向的分配和归集,是本章第一节所述耗费界限划分的第"(四)"个方面的工作。

(4) 对于月末既有完工产品又有在产品的产品,将该种产品的生产成本(月初在产品生产成本与本月生产成本之和),在本月完工产品与月末在产品之间进行分配,计算出该种产品的完工产品成本和月末在产品的成本。这是生产成本在同种产品的本月完工产品与月末在产品之间纵向的分配和归集,是本章第一节所述耗费界限划分的第"(五)"个方面的工作。

工业企业耗费的分类和成本核算的一般程序见图 2-1。

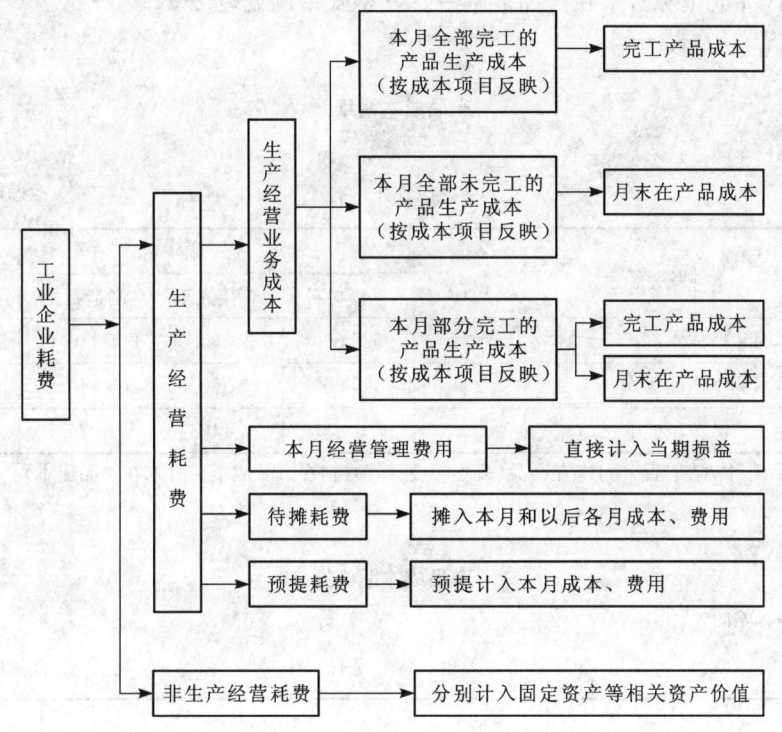

图 2-1 工业企业耗费的分类和成本核算的一般程序

第四节 工业企业成本核算的账簿设置及账务处理程序

一、工业企业成本核算的账簿设置

为了进行产品成本的总分类核算,应设置"生产成本"总账科目。为了分别核算基本生产成本和辅助生产成本,还应在该总账科目下,分别设置"基本生产成本"和"辅助生产成本"两个二级科目。为了填制记账凭证的方便,企业也可将"生产成本"总账科目分设为"基本生产成本"和"辅助生产成本"两个总账科目。本教材按分设后的两个总账科目进行讲述。

(一)"基本生产成本"总账科目及其明细账的设立

基本生产是指为完成企业主要生产目的而进行的商品、产品生产。"基本生产成本"总账科目是为了归集进行基本生产所发生的各种生产成本和计算基本生产的产品成本而设置的。该科目借方登记企业为进行基本生产所发生的各种生产成本;贷方登记转出的完工入库的产品成本;余额在借方,表示基本生产的在产品成本,也就是基本生产在产品占用的资金。该科目应按产品品种或产品批别、生产步骤等成本计算对象设置产品成本明细账(或称基本生产成本明细账、产品成本计算单)。账内应按成本项目分设专栏或专行,登记各产品各成本项目的月初在产品成本、本月发生的生产成本、本月完工产品成本和月末在产品成本等。其格式举例见表2-1、表2-2。

表 2-1

产品成本明细账

车间:第一车间

产品:A　　　　　　　　　　20××年7月　　　　　　　　　　金额单位:元

月	日	摘　要	产量(件)	成　本　项　目			成本合计
				直接材料	直接人工	制造费用	
7	31	本月生产成本*		325 000	29 380.00	205 140.00	559 520.00
7	31	本月完工产品成本	200	325 000	29 380.00	205 140.00	559 520.00
7	31	完工产品单位成本		1 625	146.90	1 025.70	2 797.60

* A产品无月初在产品和月末在产品(或不需要计算月初在产品成本和月末在产品成本)。

表 2-2

产品成本明细账

车间:第一车间

产品:B　　　　　　　　　　20××年7月　　　　　　　　　　金额单位:元

月	日	摘　要	产量(件)	成　本　项　目			成本合计
				直接材料	直接人工	制造费用	
6	30	月末在产品成本		118 820	10 764	96 720	226 304
7	31	本月生产成本		990 600	83 460	699 400	1 773 460
7	31	生产成本合计		1 109 420	94 224	796 120	1 999 764
7	31	本月完工产品成本	300	893 100	73 580.00	626 340.00	1 593 020.00
7	31	完工产品单位成本		2 977	245.27	2 087.80	5 310.07
7	31	月末在产品成本		216 320	20 644.00	169 780.00	406 744.00

产品成本明细账虽然没有标明借方、贷方和余额,但其基本结构不外乎这三个部分。其中月初(即上月月末)在产品成本,为月初借方余额,系上月月末所记;本月生

产成本为本月借方发生额,根据本月各种耗费分配表登记;本月完工产品成本为贷方发生额,月末在产品成本为月末借方余额。本月完工产品成本和月末在产品成本根据适当的分配方法分配登记。生产成本在完工产品和在产品之间的分配方法有多种,本教材第一模块模拟实训采用的是约当产量比例法,其他分配方法后面将陆续系统述及。为了简化举例格式,表2-1、表2-2对于本月生产成本没有根据有关凭证(如材料耗费分配表、燃料及动力耗费分配表、应付职工薪酬分配表、制造费用分配表等)分行登记。

如果将产品的计划(或定额)成本和成本差异也在账中进行反映,能便于考核和分析产品成本计划(或定额)的执行情况,所以,在实际工作中,产品成本明细账还有一种按成本项目分设专行的格式,以上述B产品成本为例列示,见表2-3。

表 2-3

产品成本明细账

车间:第一车间　　　　　　　　　　　　　　　　　　　　　　　　　产量:300件
产品:B　　　　　　　　　　　20××年7月　　　　　　　　　　　金额单位:元

成本项目	月初在产品成本	本月生产成本	生产成本合计	完工产品成本				月末在产品成本
				总成本	单位成本	计划成本	成本差异	
直接材料	118 820	990 600	1 109 420	893 100	2 977.00	2 970.00	+7.00	216 320
直接人工	10 764	83 460	94 224	73 580	245.27	245.30	−0.03	20 644
制造费用	96 720	699 400	796 120	626 340	2 087.80	2 087.00	+0.80	169 780
合计	226 304	1 773 460	1 999 764	1 593 020	5 310.07	5 302.30	+7.77	406 744

采用表2-3格式的产品成本明细账,月末需要将在产品成本转抄到下月账页中,对于需要计算月末在产品的企业,增加了工作量。

如果企业生产的产品品种较多,为了按照产品成本项目(或者既按车间又按成本项目)汇总反映全部产品的总成本,并便于核对账目,还可以设置"基本生产成本"科目的二级账。其格式举例见表2-4。

表 2-4

基本生产成本二级账

车间:第一车间　　　　　　　　　20××年7月　　　　　　　　　　　　单位:元

月	日	摘要	成本项目			合计
			直接材料	直接人工	制造费用	
6	30	在产品成本	118 820	10 764	96 720	226 304
7	31	本月生产成本	1 315 600	112 840	904 540	2 332 980

(续表)

月	日	摘要	成本项目			合计
			直接材料	直接人工	制造费用	
7	31	生产成本合计	1 434 420	123 604	1 001 260	2 559 284
7	31	本月完工产品成本	1 218 100	102 960	831 480	2 152 540
7	31	在产品成本	216 320	20 644	169 780	406 744

在设有"基本生产成本"二级账的情况下,对于"基本生产成本"总账科目、"基本生产成本"二级账和"产品成本"明细账,都要按照平行登记的原则进行登记。这样,"基本生产成本"二级账,就可以作为"基本生产成本"总账与"产品成本"明细账之间核对账目的中介(上列"第一车间基本生产成本"二级账各项金额,应与前列该车间A,B两种产品的"产品成本"明细账各相应金额之和核对相符)。在按车间和成本项目设置"基本生产成本"二级账的情况下,该账还可以配合车间经济核算,为考核和分析各车间的产品总成本提供资料。

(二)"辅助生产成本"科目和其他有关科目的设置

辅助生产是指为基本生产服务而进行的产品生产和劳务供应。例如,工具、模具、修理用备件等产品的生产和修理、运输等劳务的供应。辅助生产提供的产品和劳务,有时也对外销售,但这不是它的主要目的。辅助生产所发生的各项成本,记入"辅助生产成本"总账科目的借方;完工入库产品的成本或分配转出的劳务成本,记入该科目的贷方;该科目的余额,就是辅助生产在产品的成本,也就是辅助生产在产品占用的资金。该科目应按辅助生产车间和生产的产品、劳务分设"辅助生产成本"明细账,账中按辅助生产的成本项目或费用项目分设专栏或专行进行明细登记。

为了归集和分配制造费用,应该设立"制造费用"总账科目;为了归集和结转产品销售费用、管理费用和财务费用,应该分别设立"销售费用""管理费用"和"财务费用"总账科目;为了归集和分配跨期摊提耗费,还应分别设置相关总账科目(及其所属明细科目,下同;2007年1月1日起《企业会计准则》施行后,一般可不设置"待摊费用"和"预提费用"科目,而是分别通过"预付账款""其他应收款"等科目和"应付账款""其他应付款""应付利息"等科目核算)。

企业如果需要单独核算废品损失和停工损失,可以增设"废品损失"和"停工损失"总账科目。

此外,为了将销售费用、管理费用和财务费用等期间费用,直接计入当期损益,还涉及"本年利润"科目;为了登记非生产经营耗费,计算在建工程成本等,还涉及"在建工程"和"长期待摊费用"等科目。

二、工业企业成本核算的账务处理程序

为了对成本核算的账务处理有一个总括的了解,并从账务处理的角度进一步理解成本核算的一般程序,下面以图 2-2 列示工业企业成本核算账务处理基本程序,学生可以结合第一模块模拟实训的过程作一个对比理解。

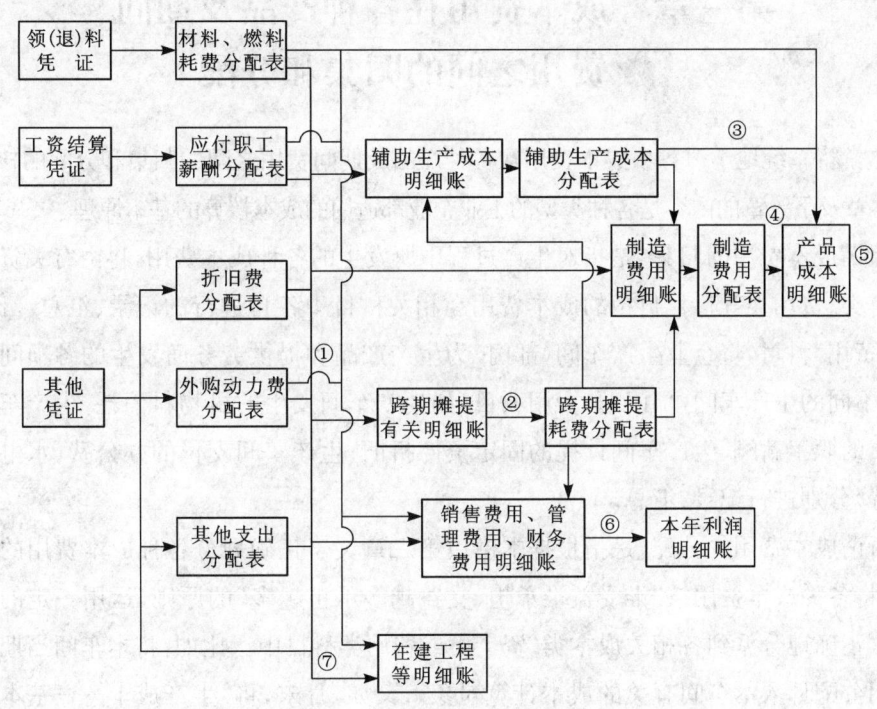

说明:① 分配各项要素耗费。
② 摊销和预提本月跨期耗费。
③ 分配辅助生产成本。
④ 分配制造费用。
⑤ 结转产成品成本。
⑥ 结转期间费用。
⑦ 结转应计入固定资产价值的在建工程成本。

图 2-2 工业企业成本核算账务处理基本程序

【思考题】

1. 为了正确计算产品成本,应该正确划分哪些界限?防止哪些错误做法?
2. 为了正确计算产品成本,应该做好哪些基础工作?
3. 简述耗费按经济内容分类的概念及其作用。
4. 简述耗费按经济用途分类的概念及其作用。
5. 简述直接计入耗费、间接计入耗费的概念、意义并举例说明。
6. 为什么要设置产品成本项目?设置产品成本项目应遵循什么原则?
7. 哪种情况下需要设置"基本生产成本"二级账?举例说明其作用。

8. 结合第一模块模拟实训的过程,思考讨论:在图 2-2 中,能不能先分配制造费用,然后再分配辅助生产成本?为什么?

第三章　成本费用在各种产品及期间费用之间的归集和分配

　　本章将系统地学习各项成本费用在各种产品及期间费用之间的归集和分配的核算方法。本章及下一章的内容是各种类型的工业企业都适用的成本核算的基本原理。

　　所谓成本费用的归集,是指对生产过程中所发生的各种成本费用,将由有关资产类或成本类、费用类等科目负担的成本费用在相关科目中各自进行的记录、汇总。比如,"制造费用"科目,将企业生产车间(部门)为生产产品和提供劳务而发生的各项间接费用,按不同的生产车间(部门)和费用项目(如生产车间发生的机物料消耗,生产车间管理人员的职工薪酬、生产车间计提的固定资产折旧、生产车间支付的办公费、水电费等耗费等)分别进行记录、汇总。

　　所谓成本费用的分配,是指根据本模块第二章关于正确划分各种成本费用的五个界限,将各种成本费用按"谁受益谁承担、受益越多承担越多"的原则,运用一定的标准和方法正确地分派到各相关成本类、资产类或费用类科目中。比如,将本车间当期的制造费用分配计入本车间有关的成本计算对象。又如,月末,将"生产成本——基本生产成本——某产品"明细科目归集的某产品的全部生产成本,在本期完工产品与期末在产品之间进行分配,分别计算出本期完工产品成本和期末在产品成本。再如,月末,对企业应付未付的利息进行账务处理;等等。

第一节　各项要素耗费及跨期摊提耗费的分配

一、要素耗费分配概述

　　对于各项要素耗费,应按其用途,区别不同情况进行分配。

　　对于基本生产车间发生的直接用于产品生产而且专门设有成本项目的耗费,如构成产品实体的原材料耗费、工艺用燃料或动力耗费、生产工人薪酬耗费,应单独记入"基本生产成本"总账科目。如果是某种产品的直接计入耗费,应直接记入该产品成本明细账的"直接材料""燃料及动力""直接人工"等相应的成本项目;如果是几种产品的间接计入耗费,则应采用适当的分配方法,分配记入这几种产品成本明细账的"直接材料""燃料及动力""直接人工"等相应的成本项目。所谓适当的分配方法,就是分配所依据的标准与所分配的费用多少有比较密切的联系,因而分配结果比较合理,而且分配标准的资料比较容易取得，计算比较简便。分配间接计入耗费的标准主要有三类：①成果类。例如，产品的重量、体积、产量、产值等。②消耗类。例如，生产工时、机器工时、生产工人薪酬、原材料消耗量或原材料耗费等。③定额类。例如，定额消耗量、定额耗费等。

分配间接计入耗费的计算公式，可以概括为：

$$\frac{耗费}{分配率} = \frac{待分配耗费总额}{分配标准总额}$$

$$某种产品或某分配对象应负担的耗费 = 该产品或对象的分配标准额 \times 耗费分配率$$

以上是概括性计算公式，具体学习各项要素耗费的分配（如原材料、燃料与动力、应付职工薪酬等耗费的分配）时，将要逐一举例说明。

对于基本生产车间发生的直接用于产品生产，但没有专门设置成本项目的耗费（例如，基本生产车间的机器设备折旧费等），以及间接用于产品生产的耗费（例如，基本生产车间的厂房折旧费、机物料消耗等），应先记入"制造费用"总账科目及所属明细账有关的费用项目，月末再将归集的全部制造费用转入"基本生产成本"总账科目，并将"制造费用"明细账中归集的耗费金额直接记入或分配记入各相关产品的成本明细账的"制造费用"成本项目。

辅助生产车间发生的各项要素耗费的分配方法，与基本生产车间的分配方法基本相同。但在辅助生产车间规模不大、发生的制造费用较少的情况下，辅助生产车间的制造费用可以不通过"制造费用"科目核算，而直接记入"辅助生产成本"总账科目及其所属明细账科目。月末，应将辅助生产车间发生的成本按照受益情况，通过一定的分配程序和方法，转入"基本生产成本""制造费用""销售费用""管理费用"等总账科目和有关明细账科目。

通过以上的归集和分配，在"基本生产成本"总账科目和所属各种产品成本明细账的各个成本项目中，就归集了应由本月基本生产各种产品负担的全部生产成本；将这些成本加上月初在产品成本，以其合计数在完工产品和月末在产品之间进行分配，就可计算出各种完工产品和月末在产品的成本。

对于企业用于销售产品（商品）等发生的各种费用，用于组织和管理企业生产经营所发生的各种费用，以及企业为筹集生产经营所需资金等发生的筹资费用，则应作为期间费用分别记入"销售费用""管理费用"和"财务费用"总账科目和所属明细账科目，然后转入"本年利润"科目，直接计入当期损益。

对于用于固定资产购置和建造等非生产经营耗费，则应分别记入"在建工程""固定资产"等科目。

无论是记账凭证账务处理程序，还是科目汇总表账务处理程序、汇总记账凭证账务处理程序等，各种要素耗费的分配，都应编制相应的耗费分配表，根据分配表编制会计分录，据以登记各种成本、费用总账科目及其所属明细账。

二、材料耗费的分配

企业生产经营过程中耗用的各种材料，包括原料及主要材料、半成品、辅助材料、修理用备件、包装物、低值易耗品等。各种来源的材料的计价（包括材料成本的构成）、材料领用凭证及其控制、发出材料成本的确定等，在基础会计、财务会计等课程中已经学习过，材料耗费的归集，本教材不再重复，以下主要讲述材料耗费的分配。

不论何种来源的材料，其耗费的分配，都应根据审核后的领（退）料凭证，按照材料的具体用途进行分配。

（一）原材料耗费的分配

直接用于产品生产、构成产品实体的原材料耗费，在产品成本中一般占有较大的比重，按照重要性会计信息质量要求，规定有单独的成本项目。原材料通常按照产品品种（或成本计算对象）分别领用。例如，冶炼用的矿石、纺织用的原棉和机械制造用的钢材等，专门设有"直接材料"（或"原材料"，下同）成本项目。这些原料及主要材料一般按产品品种领用，其耗费属于直接计入耗费，应根据领（退）料凭证直接计入某种产品成本的"直接材料"成本项目。原料及主要材料也有不是按照产品品种分别领用，而是几种产品共同耗用的。例如，本教材第一模块涉及的生产刨床和铣床的铁铸件所共同耗用的生铁等。这些原材料耗费属于间接计入耗费，应采用既合理又简便可行的分配方法，分配记入各有关产品成本的"直接材料"成本项目。由于原料及主要材料的耗用量一般与产品的重量、体积有关，因而原料及主要材料耗费一般可以按产品的重量（或体积）比例分配。例如，各种铁铸件所用原料生铁，可以按照铁铸件的重量比例分配。又如，各种木器所用主要材料木材，可以按照木器净用材料的体积比例分配。如果难以确定适当的分配方法，或作为分配标准的资料不易取得，而原料或主要材料的消耗定额比较准确，原料和主要材料耗费也可以与辅助材料耗费一样，按照材料的定额消耗量或定额耗费比例分配。

直接用于产品生产、有助于产品形成的辅助材料，如果是直接计入耗费，应直接记入各种产品成本的"直接材料"成本项目。如果是间接计入耗费，也应采用适当的分配方法，分配记入各有关产品成本的该项目。对于耗用在主要材料上的辅助材料，如电镀材料、油漆等，可以按主要材料的耗用量比例或主要材料耗费比例分配。对于与产品产量有联系的辅助材料，可以按产品产量比例分配。如果产品的辅助材料消耗定额比较准确，也可按辅助材料的定额消耗量或定额耗费比例分配。

所谓消耗定额，是指单位产品可以消耗的数量限额；定额消耗量是指一定产量下按照消耗定额计算的可以消耗的数量。耗费定额和定额耗费，则是消耗定额和定额消耗量的货币表现。材料耗费定额和材料定额耗费，就是材料消耗定额和材料定额消耗量的货币表现；工资定额和定额工资，则是工时消耗定额（亦称工时定额）和工时定额消耗量（亦称定额工时）的货币表现。

现将按原材料定额消耗量比例分配原材料耗费和按原材料定额耗费比例分配原材料耗费分别介绍如下。

如前所述，对于成本会计关于"分配率"的概念及相关的计算公式千万不可死记硬背，只要运用"四则运算解应用题"的数学工具就能化难为易地轻松理解各种分配法的分配程序和分配方法。这是学习成本会计课程有关分配计算程序的重要学习方法。

1. 按原材料定额消耗量比例分配材料耗费

【例3-1】 东方公司20××年9月生产甲、乙两种产品（假设该公司只有一个基本生产车间，下同），共同耗用A原材料8 190千克，每千克实际成本20元，共163 800元；共生产甲产品300件、乙产品100件；单位甲产品A原材料消耗定额为16千克，单位乙产品A原材料消耗定额为30千克。A原材料耗费分配计算如下。

（1）先分别计算甲、乙产品按"定额规定"应该消耗的A原材料千克数。

$$甲产品A原材料定额消耗量=300\times16=4\ 800（千克）$$
$$乙产品A原材料定额消耗量=100\times30=3\ 000（千克）$$

（2）然后计算甲、乙产品耗用A原材料实际消耗总量是定额消耗总量的"几倍"（这个"倍数"就是"A原材料消耗量分配率"）。

$$A原材料消耗量分配率=8\ 190\div(4\ 800+3\ 000)=1.05$$

（3）"水涨船高"（反之，"水降船低"），甲、乙产品每种产品实际消耗量是定额消耗量的"1.05"。

$$甲产品应分配的A原材料实际消耗量=4\ 800\times1.05=5\ 040（千克）$$
$$乙产品应分配的A原材料实际消耗量=3\ 000\times1.05=3\ 150（千克）$$

（4）最后，分别计算甲、乙产品每种产品消耗的A原材料的实际成本。

$$甲产品应分配的A原材料实际成本=5\ 040\times20=100\ 800（元）$$
$$乙产品应分配的A原材料实际成本=3\ 150\times20=63\ 000（元）$$

可以看出，按原材料定额消耗量比例分配原材料耗费的分配程序可用公式表示如下：

（1）计算各种产品某种原材料定额消耗量。

$$\dfrac{\text{某种产品某种原}}{\text{材料定额消耗量}} = \text{实际产量} \times \dfrac{\text{单位产品该种}}{\text{原材料消耗定额}}$$

(2) 计算某种原材料消耗量分配率。

$$\dfrac{\text{某种原材料}}{\text{耗费分配率}} = \dfrac{\text{该种原材料实际总消耗量}}{\text{各种产品该种原材料定额消耗量之和}}$$

此处,原材料消耗量分配率的直观经济含义是:(各种产品)原材料实际消耗量是(各种产品)原材料定额消耗量的"几倍"。

(3) 计算各种产品应分配的某种原材料的实际消耗量。

$$\dfrac{\text{某种产品应分配的某}}{\text{种原材料实际消耗量}} = \dfrac{\text{该种产品的某种}}{\text{原材料定额消耗量}} \times \dfrac{\text{某种原材料}}{\text{消耗量分配率}}$$

(4) 计算各种产品应分配的某种原材料的实际成本。

$$\dfrac{\text{某种产品应分配的某}}{\text{种原材料的实际成本}} = \dfrac{\text{该种产品的应分配的某}}{\text{种原材料的实际消耗量}} \times \dfrac{\text{该种原材料}}{\text{实际单价}}$$

注:消耗定额和定额消耗量是工业企业管理中的常用术语。前面已经介绍了它们的概念。为避免混淆,可以顾名思义地理解它们的含义:消耗定额,指对单位产品制定的消耗数量的限额;定额消耗量,指一定产量的产品按照消耗定额计算的消耗数量的限额。

上述分配方法,提供了各种产品的原材料实际消耗量的资料,便于考核原材料消耗定额的执行情况,有利于进行材料消耗的实物管理,但分配计算的工作量较大。为了简化分配计算工作,也可以按原材料定额消耗量比例直接分配原材料成本。其分配程序和计算公式以[例 3-1]的资料说明如下:

(1) 先计算甲、乙产品按"定额规定"应该消耗的 A 原材料千克数。

甲产品 A 原材料定额消耗量 = 300 × 16 = 4 800(千克)

乙产品 A 原材料定额消耗量 = 100 × 30 = 3 000(千克)

(2) 然后计算甲、乙产品耗用的 A 原材料单位定额消耗量应分配(负担)的成本。

$$\dfrac{\text{某种原材料}}{\text{耗费分配率}} = \dfrac{\text{该种原材料实际成本总额}}{\text{各种产品该种原材料定额消耗量之和}}$$

$$= \dfrac{163\ 800}{4\ 800 + 3\ 000} = 21(\text{元/千克})$$

此处,原材料耗费分配率的直观经济含义是:产品耗用的原材料单位定额消耗量应负担的材料成本(其单位是:元/单位定额消耗量)。本例中,虽然 A 原材料每千克实际成本为 20 元,但是,由于产品耗用的 A 原材料的实际消耗量大于定额消耗量,所以使得 A 原材料耗费分配率(单位定额消耗量负担的 A 原材料成本)大于实际单位成本。

(3) 最后,分别计算甲、乙产品每种产品消耗的 A 原材料的实际成本。

甲产品应分配的 A 原材料实际成本＝4 800×21＝100 800(元)

乙产品应分配的 A 原材料实际成本＝3 000×21＝63 000(元)

以上两种分配程序的计算结果相同,但后一种分配程序不能反映各种产品所应负担的材料消耗数量,不利于加强对材料消耗的实物管理。

2. 按原材料定额耗费比例分配材料耗费

在各种产品共同耗用原材料的种类较多的情况下,为了进一步简化分配计算工作,也可以按照各种材料的定额耗费的比例分配材料实际成本。

【例 3-2】 东方公司 20××年 9 月生产甲、乙两种产品共同领用 A,B 两种原材料,共 1 097 600 元。本月投产甲产品 1 000 件,乙产品 2 000 件。甲产品材料消耗定额:A 原材料 10 千克、B 原材料 5 千克;乙产品材料消耗定额:A 原材料 8 千克、B 原材料 6 千克;A 原材料计划单价 30 元,B 原材料计划单价 20 元。计算分配如下:

(1) 分别计算甲、乙产品耗用的 A、B 两种原材料按照定额规定的耗费(金额)。

甲产品:A 原材料定额耗费＝1 000×10×30＝300 000(元)

B 原材料定额耗费＝1 000×5×20＝100 000(元)

甲产品原材料定额耗费合计＝A 原材料定额耗费＋B 原材料定额耗费

＝300 000＋100 000

＝400 000(元)

乙产品:A 原材料定额耗费＝2 000×8×30＝480 000(元)

B 原材料定额耗费＝2 000×6×20＝240 000(元)

乙产品材料定额耗费合计＝A 原材料定额耗费＋B 原材料定额耗费

＝480 000＋240 000

＝720 000(元)

(2) 计算各种产品应负担的 A,B 两种原材料实际成本总额是定额耗费(定额成本)总额的倍数。

原材料耗费分配率＝1 097 600÷(400 000＋720 000)＝0.98*

* 此处的"原材料耗费分配率"为 0.98,这是因为甲、乙两种产品耗用 A,B 两种原材料定额耗费总额为 1 120 000 元,但实际耗费总额只有 1 097 600 元,是 1 120 000 元的"0.98 倍",亦即[例 3-1]所述的"水降船低"。

(3) 分别计算甲、乙产品消耗的 A,B 两种原材料各应分配的原材料实际成本。

甲产品应分配的原材料实际成本＝400 000×0.98＝392 000(元)

乙产品应分配的原材料实际成本＝720 000×0.98＝705 600(元)

可以看出,按原材料定额耗费比例分配材料耗费的分配程序可用公式表示如下:

$$\begin{aligned}某种产品原材料定额耗费 &= 该种产品实际产量 \times 单位产品原材料耗费定额 \\ &= 该种产品实际产量 \times 单位产品该种原材料消耗定额 \times 该种原材料计划单价\end{aligned}$$

$$原材料耗费分配率^* = \frac{各种产品原材料实际耗费总额}{各种产品原材料定额耗费总额}$$

$$某种产品分配负担的实际原材料耗费 = 该种产品各种原材料定额耗费之和 \times 原材料耗费分配率$$

* 此处的"原材料耗费分配率"的直观经济含义是:各种产品应负担的原材料实际成本总额是定额耗费(定额成本)总额的倍数。

直接用于产品生产、设有成本项目的各种材料耗费,应记入"基本生产成本"科目的借方及其所属各产品成本明细账"直接材料"成本项目。直接用于辅助生产、设有成本项目的各种材料耗费、用于基本生产和辅助生产但没有专门设置的成本项目的各种材料耗费、用于产品销售以及用于组织和管理生产经营活动等方面的各种材料耗费,应分别记入"辅助生产成本""制造费用""销售费用"和"管理费用"等科目的借方;已发生的各种材料耗费总额,应记入"原材料"等科目的贷方。

在余料退库和废料回收时,应根据退料凭证和废料交库凭证,扣减原领的材料成本。月末车间已领未用的材料,如果下月生产还需用,应办理"假退料"手续,不能计入本月份的生产成本。

在实际工作中,包括原材料在内的各种材料耗费的分配一般是通过编制材料耗费分配表(或发料凭证汇总表)进行的。材料耗费分配表是按车间、部门和材料的类别,根据归类后的领(退)料凭证和有关资料编制的。其中退料凭证的数额可以从相应的领料凭证的数额中扣除。

材料耗费分配表和发料凭证汇总表的编制,一般有以下几种做法:

(1) 材料核算人员根据领(退)料单汇总编制发料凭证汇总表,登记有关的总账科目,进行材料发出的总分类核算;然后将与成本、费用有关的领(退)料单交给成本核算人员据以编制材料耗费分配表,登记有关的成本、费用明细账,进行材料耗费的明细核算。

(2) 成本核算人员根据领(退)料单编制材料耗费分配表,进行材料耗费的明细核算;然后将分配表或其中的一联交材料核算人员,由材料核算人员根据材料耗费分配表和其他方面的发料(例如,发出材料委托外单位加工、发出材料进行销售等)凭证,汇总编制发料凭证汇总表,进行材料发出的总分类核算。

(3) 材料核算人员按照成本、费用核算的要求,根据领退料单的具体用途归类汇编发料凭证汇总表,代替材料耗费分配表,进行材料发出的总分类核算;然后将发料凭证汇总表或其中的一联交成本核算人员,据以进行材料耗费的明细核算。在上述(2)、(3)两种做法下,发料凭证汇总表一般只在月末汇总编制,不再按旬填列。

(4) 材料核算人员和成本核算人员,根据各自所持的领(退)料单的一联,分别编制发料凭证汇总表和材料耗费分配表,在相互核对以后,由材料核算人员和成本核算人员同时分别进行材料发出的总分类核算和明细核算。这种做法的核算工作量较大,但可以发挥材料发出核算与材料耗费分配核算相互核对作用,提高核算的正确性。

假设东方公司根据20××年9月归类后的领(退)料凭证和上述[例3-1]材料耗费分配计入的计算结果,编制材料耗费分配表,见表3-1(参考格式)。

表 3-1

材料耗费分配表

20××年9月　　　　　　　　　　　　　　　金额单位:元

应借科目	成本或费用项目	直接计入金额	分配计入(分配率:21元/千克)		材料耗费合计
			定额消耗量(千克)	分配金额	
基本生产成本					
——甲产品	直接材料	9 200	4 800	100 800	110 000
——乙产品	直接材料	27 000	3 000	63 000	90 000
小　　计		36 200	7 800	163 800	200 000
辅助生产成本					
——机修车间	材料	4 000			4 000
——供水车间	材料	6 000			6 000
小　　计		10 000			10 000
制造费用——某基本生产车间	机物料消耗	1 000			1 000
销售费用	物料消耗	600			600
管理费用	物料消耗	400			400
合　　计		48 200		163 800	212 000

根据材料耗费分配表编制如下会计分录,并据以登记有关总账和明细账。

借:基本生产成本——某车间——甲产品　　　　　　　　　　　110 000
　　　　　　　　——某车间——乙产品　　　　　　　　　　　 90 000
　　辅助生产成本——机修车间　　　　　　　　　　　　　　　 4 000
　　　　　　　　——供水车间　　　　　　　　　　　　　　　 6 000
　　制造费用——某基本生产车间　　　　　　　　　　　　　　 1 000
　　销售费用　　　　　　　　　　　　　　　　　　　　　　　 600
　　管理费用　　　　　　　　　　　　　　　　　　　　　　　 400
　　贷:原材料　　　　　　　　　　　　　　　　　　　　　　 212 000

（二）燃料耗费的分配

燃料也属于原材料，燃料耗费分配的程序和方法与上述原材料耗费分配的程序和方法相同。如果燃料耗费在产品成本中所占比重较大，为了加强对能源耗费的分析和考核，可与动力费用一起，专门设置"燃料及动力"成本项目，并可以增设"燃料"会计科目，对燃料耗费单独进行核算。在这种情况下，直接用于产品生产的燃料，如果分产品领用，应根据领（退）料凭证直接计入各有关产品成本的"燃料及动力"项目；如果不能分产品领用（例如，在第一模块的模拟实训中，实训主体琼海机床厂生产刨床和铣床的铁铸件所共同耗用的焦煤），应采用适当的分配方法，分配记入各有关产品成本的这一成本项目。分配的标准一般有产品的重量、体积、所耗原材料的数量或金额，以及燃料的定额消耗量或定额耗费等。

【例3-3】 东方公司20××年9月生产甲、乙两种产品共同耗用焦煤19 600元，按甲、乙两种产品的产量计算的焦煤定额耗费分别为12 000元、8 000元；供水车间耗用汽油1 000元（供电局通知，部分线路停电，供水车间应急发电保障供水用）。

本例中，甲、乙两种产品工艺用燃料（焦煤）耗费为间接计入耗费，该公司采用按定额耗费比例进行分配。计算如下：

焦煤耗费分配率＝19 600÷（12 000＋8 000）＝0.98

甲产品应分配焦煤成本＝12 000×0.98＝11 760（元）

乙产品应分配焦煤成本＝8 000×0.98＝7 840（元）

供水车间耗用的汽油耗费为直接计入耗费。

燃料耗费的分配是通过编制燃料耗费分配表进行的。根据东方公司20××年9月归类后的燃料领（退）料凭证和[例3-3]焦煤耗费分配计入的计算结果，编制燃料耗费分配表，见表3-2（在第一模块的模拟实训中，是将材料耗费分配表和燃料耗费分配表编制在同一张表上的）。

表3-2

燃料耗费分配表

20××年9月　　　　　　　　　　　　　　　　　　　　　　　　金额单位：元

应借科目	成本或费用项目	直接计入金额	分配计入（分配率：0.98）		燃料耗费合计
			定额燃料耗费	分配金额	
基本生产成本					
——甲产品	燃料及动力		12 000	11 760	11 760
——乙产品	燃料及动力		8 000	7 840	7 840
小　　计			20 000	19 600	19 600

(续表)

应借科目	成本或费用项目	直接计入金额	分配计入(分配率:0.98)		燃料耗费合计
			定额燃料耗费	分配金额	
辅助生产成本 ——供水车间 小　　计	燃料及动力	1 000 1 000			1 000 1 000
合　　计		1 000		19 600	20 600

根据燃料耗费分配表编制如下会计分录,并据以登记有关总账和明细账。

借:基本生产成本——某车间——甲产品　　　　　　　　　11 760
　　　　　　　　——某车间——乙产品　　　　　　　　　 7 840
　　辅助生产成本——供水车间　　　　　　　　　　　　　 1 000
　贷:燃料——焦煤　　　　　　　　　　　　　　　　　　19 600
　　　　——汽油　　　　　　　　　　　　　　　　　　　 1 000

(三) 低值易耗品的摊销

低值易耗品是指不作为固定资产核算的各种劳动工具,包括工具、管理用具、玻璃器皿,以及在经营过程中周转使用的包装容器等各种用具物品。

为了进行低值易耗品的收入、发出、摊销和结存的总分类核算,按照《企业会计准则》规定,应该在"周转材料"总账科目下设置"低值易耗品"明细科目进行核算;也可以单独设置"低值易耗品"总账科目进行核算,并应比照材料的明细核算,设置明细账,按照低值易耗品的类别、品种、规格进行数量和金额的明细核算。

低值易耗品的日常核算也与材料一样,既可以按照实际成本计价进行核算;又可以按照计划成本计价进行核算。低值易耗品在领用以后,其价值应该摊销计入成本、费用中。低值易耗品摊销额在产品成本中所占比重较小,一般不专门设置成本项目。因此,用于生产产品的低值易耗品的摊销应记入"制造费用"科目;用于组织和管理生产经营活动的低值易耗品摊销,则应记入"管理费用"科目;等等。

低值易耗品的摊销,应该根据具体情况采用一次摊销法、五五摊销法等。由于在中级(或初级)会计实务课程已经学习过,在此不再叙述。

三、外购动力费的分配

(一) 外购动力耗费核算概述

外购电力、蒸汽等动力,在付款时,理应按外购动力的用途,直接借记各成本、费用科目,贷记"银行存款"科目。但在实际工作中一般通过"应付账款"科目核算,即在付款时先作为暂付款处理,借记"应付账款"科目,贷记"银行存款"科目;月末按照外购动力的用途分配耗费时再借记各成本、费用科目，贷记"应付账款"科目，冲销原来记入"应付账款"科目借方的暂付款。需要这样核算的原因是：外购动力费用一般不是在每月月末支付，而是在每月下旬的某日支付。如果支付时就直接借记各成本、费用科目，贷记"银行存款"科目，由于该日计入的动力耗费并不完全是当月动力耗费，而是上月付款日到本月付款日这一期间的动力耗费，为了正确地计算当月动力耗费，不仅要计算、扣除上月付款日到上月月末的已付动力费，而且还要分配、补记当月付款日到当月月末的应付未付动力费，核算工作量太大。通过"应付账款"科目核算，可以免去这些核算工作，每个月只需在月末分配登记一次动力耗费，大大简化了核算工作。按照上述核算，"应付账款"科目一般会出现月末余额。如果是借方余额，为本月支付款大于应付款的多付动力费，可以抵冲下月应付费；如果是贷方余额，为本月应付款大于支付款的应付未付动力费用，可以在下月支付。

如果每月支付动力费的日期基本固定，而且每月付款日到月末的应付动力费相差不多，也可以不通过"应付账款"科目核算，而将每月支付的动力费作为应付动力费，在付款时直接借记各成本、费用科目，贷记"银行存款"科目，每月分配、登记一次动力费。因为在这种情况下，各月付款日到月末的应付动力费可以互相抵销，不影响各月动力费核算的正确性。

自制动力应由辅助生产车间进行，其耗费支出的核算和耗费的分配，将在介绍关于辅助生产成本的归集和分配时讲述。

(二) 外购动力耗费分配

外购动力有的直接用于产品生产，如生产工艺用电力；有的间接用于生产，如生产车间照明（及空调等，下同）用电力；有的则用于经营管理，如行政管理部门照明用电力等。这些动力费的分配，在有仪表记录的情况下，应根据仪表所示耗用动力的数量以及动力的单价计算；在没有仪表的情况下，可按生产工时的比例、机器功率时数（机器功率×机器时数）的比例，或定额消耗量的比例分配。各车间、部门的动力用电和照明用电一般都分别装有电表，因此，外购电力费在各车间、部门的动力用电和照明用电之间，一般按用电度数分配；车间中的动力用电，一般不能按产品分别安装电表，因而车间动力用电费在各种产品之间一般按产品的生产工时比例（或机器工时比例）、定额耗电量比例或其他比例分配。

为了加强对能源的核算和控制，生产工艺用动力一般与生产工艺用燃料合设一个成本项目。因此，直接用于产品生产的动力费应该单独地记入产品成本的"燃料及动力"成本项目。如果按产品分别装有记录动力耗用量的仪表，应该根据仪表所示各种产品的耗用数量和外购动力的单价，直接记入各种产品成本的这一成本项目；如果没有按产品安装这种仪表，应按上述适当的分配方法，单独地分配记入各该产品成本的这一成本项目。

以电力费为例，分配的计算方法如下：

$$\text{电力费分配率} = \frac{\text{实际电力费总额}}{\text{各车间、部门动力和照明用电度数之和}}$$

$$\text{某车间动力用电力费} = \text{该车间动力用电度数} \times \text{电力费分配率}$$

$$\text{某车间、部门照明用电力费} = \text{该车间、部门照明用电度数} \times \text{电力费分配率}$$

$$\text{某车间动力用电力费分配率} = \frac{\text{该车间动力用电力费}}{\text{该车间各种产品生产工时（或机器工时）之和}}$$

$$\text{某产品分配动力用电力费} = \text{该车间某产品生产工时} \times \text{该车间动力用电力费用分配率}$$

以上公式中："电力费分配率"表示各车间、部门耗用每度动力和照明用电应分配（负担）的电力费，其计量单位为：元/度；"某车间动力用电力费分配率"表示该车间各种产品每一个生产工时（或机器工时）应分配（负担）的电力费，其计量单位为：元/生产工时或元/机器工时（各车间的该分配率可能不相等）。

成本会计教学中涉及许多计算公式，尤其是各种"分配率"的计算公式。因为公式太多，各种"分配率"含义不同，许多初学者感到学习难度较大，甚至有"晕头转向"之感。出现这种状况的根本原因在于所采用的学习模式是"公式＋举例"的模式，导致"公式多、记忆难"的后果。实际上，通过仔细分析，我们不难发现：成本会计所涉及的公式基本上都属于"运用四则运算数学工具解决实际问题"的范畴。建议学生摒弃"公式＋举例"的死记硬背的学习模式，采取"运用四则运算数学工具解决实际问题"的学习模式来驾驭教材，厘清公式的思路，特别是注意各个"分配率"的计量单位，理解其经济含义，就能找到化难为易、化繁为简、提高学习能力的有效途径。

上述直接用于产品生产、设有"燃料及动力"成本项目的动力费，应单独地记入"基本生产成本"总账科目和所属有关的产品成本明细账的借方（在明细账中记入"燃料及动力"成本项目）。直接用于辅助生产的动力费，用于基本生产但未专门设置成本项目的动力费用（例如，生产车间照明用电费），用于组织和管理生产经营活动的动力费（例如，行政管理部门照明用电费），则应分别记入"辅助生产成本""制造费用"和"管理费用"总账科目和所属明细账的借方。外购动力费总额应根据有关的转账凭证或付款凭证记入"应付账款"或"银行存款"科目的贷方。

【例 3-4】 东方公司 20××年 9 月共消耗外购电 100 000 度，总金额 68 000 元（尚未付款），每度电 0.68 元。基本生产车间直接用于产品生产耗电 64 800 度，金额 44 064 元（64 800×0.68），该公司规定按各产品机器工时比例分配动力费。甲产品机器工时为 20 000 小时，乙产品机器工时为 16 720 小时。该基本生产车间一般耗用 4 000 度；辅助生产车间机修车间和供水车间分别耗电 3 000 度、21 200 度；专设销售机构和管理部门分别耗电 3 000 度、4 000 度。

先对甲、乙产品动力费成本分配计算如下：

动力费分配率＝44 064÷(20 000＋16 720)＝1.2(元/机器工时)
甲产品应分配的动力费＝20 000×1.2＝24 000(元)
乙产品应分配的动力费＝16 720×1.2＝20 064(元)

然后，编制外购动力费分配表，见表 3-3(参考格式)。

表 3-3

外购动力费分配表

20××年9月　　　　　　　　　　　　　　　　金额单位：元

应 借 科 目	成本或费用项目	机器工时 (分配率：1.2元/机器小时)	耗电量 （度）	分配金额
基本生产成本 　——甲产品 　——乙产品 小　　计	燃料及动力 燃料及动力	20 000 16 720 36 720	64 800	24 000 20 064 44 064
辅助生产成本 　——机修车间 　——供水车间 小　　计	燃料及动力 燃料及动力		3 000 21 200 24 200	2 040 14 416 16 456
制造费用——某基本生产车间	水电费		4 000	2 720
销售费用	水电费		3 000	2 040
管理费用	水电费		4 000	2 720
合　　计			100 000	68 000

根据外购动力费用分配表编制如下会计分录，并据以登记有关总账和明细账。

借：基本生产成本——某车间——甲产品　　　　　　　　　　24 000
　　　　　　　　——某车间——乙产品　　　　　　　　　　20 064
　　制造费用——某基本生产车间　　　　　　　　　　　　　2 720
　　辅助生产成本——机修车间　　　　　　　　　　　　　　2 040
　　　　　　　　——供水车间　　　　　　　　　　　　　 14 416
　　销售费用　　　　　　　　　　　　　　　　　　　　　　2 040
　　管理费用　　　　　　　　　　　　　　　　　　　　　　2 720
　　贷：应付账款　　　　　　　　　　　　　　　　　　　 68 000

如果生产工艺用的燃料和动力没有专门设立成本项目，直接用于产品生产的燃料耗费和动力耗费，可以记入"直接材料"成本项目（或"制造费用"）成本项目，作为原材料耗费或制造费用进行核算(后者指生产工艺用电和车间管理用电没有分别装有电表的情况)。

四、应付职工薪酬耗费的分配

(一) 职工薪酬的范围

职工薪酬是企业因职工提供劳务,根据有关规定应付给职工的各种薪酬。按照《企业会计准则》规定,职工薪酬主要包括以下内容:

(1) 职工工资、奖金、津贴和补贴,是指按照构成工资总额的计时工资、计件工资、支付给职工的超额劳动报酬或增收节支的劳动报酬、为补偿职工特殊或额外的劳动消耗和因其他特殊原因支付给职工的津贴,以及为保证职工工资水平不受物价影响支付给职工的物价补贴等。

(2) 职工福利费,主要包括职工因公负伤赴外地就医费、职工生活困难补助、未实行医疗统筹企业职工医疗费用,以及按规定发生的其他职工福利支出。

(3) 社会保险费,是指企业按照国家规定的基准和比例计算,向社会保险经办机构缴纳的医疗保险费、养老保险费、失业保险费、工伤保险费和生育保险费等社会保险费。

(4) 住房公积金,是指企业按照国家规定的基准和比例计算,向住房公积金管理机构缴存的住房公积金。

(5) 工会经费和职工教育经费,是指企业为了改善职工文化生活,为职工学习先进技术和提高职工文化水平、业务素质,用于开展工会活动和职工教育及职业技能培训等的相关支出。

(6) 非货币性福利,是指企业以自己的产品或外购商品发放给职工作为福利,企业将自己拥有的资产或租赁资产供职工无偿使用,如提供给企业高级管理人员使用的住房,免费为职工提供诸如医疗保健的服务;或向职工提供企业支付了一定补贴的商品或服务,以低于成本的价格向职工出售住房等。

(7) 因解除与职工的劳动关系给予的补偿。

(8) 其他与获得职工提供的服务相关的支出。

(二) 工资耗费的核算

1. 工资耗费的原始记录

进行工资耗费核算,必须有一定的原始记录作为依据。不同的工资制度所依据的原始记录不同。计算计时工资耗费,应以考勤记录中的工作时间记录为依据;计算计件工资耗费,应以产量记录中的产品数量和质量记录为依据。因此,考勤记录和产量记录是工资耗费核算的主要原始记录。

在考勤记录中,应该登记企业内部每一单位、每一职工的出勤和缺勤的时间,并对这些时间进行归类分析。

月末,考勤人员应该将经过车间、部门负责人审查和签章以后的考勤记录,送交会计部门审核。经过会计部门审核的考勤记录,即可据以计算每一职工的工资:根据出勤或缺勤日数计算应发的计时工资;根据夜班次数和加班加点时数计算夜班津贴和加班加点工资;根据病假日数计算病假工资;等等。

产量记录是登记工人或生产小组在出勤时间内完成产品的数量、质量和生产产品所用工时数量的原始记录。认真做好产量记录,不仅可以为计算计件工资成本提供正确的依据,而且还为在各种产品之间分配与工时有关的成本提供合理的依据。因此,每一个工业企业,除了做好各单位的考勤记录以外,在生产车间中,还应做好产量记录。

会计部门应该对产量记录进行审核,经过审核的产量记录,即可作为计算计件工资的依据。应该根据记录提供的每个工人或小组的合格产品产量和由于材料质量不符合要求而产生的废品(料废)数量,按照计件单价计算每一工人或小组的计件工资。由于工人操作造成的废品(工废),不计算计件工资。计件工资可以按产品产量和计件单价计算,也可以按工人或小组完成的定额工时和该等级工人的小时工资率计算。还应根据记录提供的各种产品的计件工资额,计算各种产品成本中的工资成本。

2. 工资的计算

计算工资,按其用途分配工资耗费,是工资耗费核算的主要内容。工业企业可以根据具体情况采用各种不同的工资制度,其中最基本的工资制度是计时工资制度和计件工资制度。

1) 计时工资的计算

职工的计时工资,是根据考勤记录登记的每一职工出勤或缺勤日数,按照规定的工资标准计算的。工资标准按其计算的时间不同,有按月计算的月薪,按日计算的日薪或按小时计算小时工资。企业固定职工的计时工资一般按月薪计算;临时职工的计时工资大多按日薪计算,也有按小时工资计算的。采用月薪制,不论各月日历日数多少,每月的标准工资相同。为了按照职工出勤或缺勤日数计算应付的月工资,还应根据月工资标准计算日工资率,即每日平均工资。采用日薪制,每日工作时数为8小时。如果有出勤不满8小时的情况,还应根据日标准工资计算小时工资率,即每小时平均工资。下面着重讲述月薪制计时工资的计算方法。

采用月薪制计算应付工资,由于各月日历日数不同,有的月份30天,有的月份31天,2月份则只有28天或29天,因而同一职工各月的日工资率不尽相同。在实际工作中,为了简化日工资的计算工作,日工资率一般按以下两种方法之一计算:①每月固定按30天计算。以月工资标准除以30天,算出每月的日工资率。②每月固定按年日历日数 365 天减去 104 个双休日和 11 个法定节假日,再除以 12 个月算出的平均工作日数 20.83 天计算。以月工资标准除以 20.83 天算出每月的日工资率。此外,应付的月工资,可以按日工资率乘以出勤日数计算,也可以按月工资标准扣除缺勤工资(即日工资率乘以缺勤日数)计算。

综上所述,应付月工资一般有四种计算方法:①按 30 天计算日工资率,按缺勤日数扣月工资。②按 30 天计算日工资率,按出勤日数计算月工资。③按 20.83 天计算日工资率,按缺勤日数扣月工资。④按 20.83 天计算日工资率,按出勤日数计算月工资。采用哪一种方法,由企业自行确定,确定以后,不应任意变动。

在按 30 天计算日工资率的企业中,由于节假日也算工资,因而出勤期间的节假日,也按出勤日算工资。事假、病假等缺勤期间的节假日,也按缺勤日扣工资。在按 20.83 天计算日工资率的企业中,节假日不算、不扣工资。

计算计时工资的上述四种方法,各有利弊。但按 20.83 天计算日工资率,节假日不算工资,更能体现按劳分配的原则;而且职工缺勤日数总比出勤日数少,计算缺勤工资总比计算出勤工资简便。因此,按 20.83 天计算日工资率、按缺勤扣月工资的方法,相对地说比较好一些。

2) 计件工资的计算

(1) 个人计件工资的计算。职工的计件工资,应根据产量记录中登记的每一工人的产品产量,乘以规定的计件单价计算。这里的产量包括合格品产量和不是由于工人本人过失造成的不合格品产量(如料废产品数量);由于工人本人过失造成的不合格品(如工废产品),不计算、支付工资,有的还应由工人赔偿损失。同一工人在月份内可能从事计件工资单价不同的各种产品的生产,因而计件工资的计算公式为:

$$应付工资 = \sum (月内每种产品的产量 \times 该种产品的计件单价)$$

产品的计件单价是根据工人生产单位产品所需要的工时定额和该级工人每小时的工资率计算求出的。

简例:A,B 两种产品都应由 6 级工人加工。A 产品的工时定额为 30 分钟;B 产品的工时定额为 18 分钟。6 级工人的小时工资率为 20 元。该两种产品的计件工资单价应计算如下:

$$A 产品计件单价 = 20 \times (30 \div 60) = 10(元)$$

$$B 产品计件单价 = 20 \times (18 \div 60) = 6(元)$$

从产品计件单价的计算原理可以看出,同一工人如果生产计件单价不同的各种产品,为了简化计算工作,也可以根据每一工人完成的产品定额工时总数和工人所属等级的小时工资率计算计件工资。其计算结果与按上列公式计算的结果应该相同。

假定某6级工人共加工A产品150件,B产品350件。其按上列公式计算的计件工资为:

$$应付工资=150×10+350×6=3\ 600(元)$$

该工人完成的产品定额工时为:

$$150×(30÷60)+350×(18÷60)=75+105=180(小时)$$

按该工人完成的产品定额工时总数和小时工资率计算的计件工资为:

$$应付工资=20×180=3\ 600(元)$$

以上两种方法计算结果相同。由于产量记录中记有每种产品的定额工时数,而且每一工人完成的各种产品的定额工时数可以加总,因而后一种方法比较简便。

(2)集体计件工资的计算。按生产小组等集体计件工资的计算方法与个人计件工资的计算方法相同。不同之处是:集体计件工资还要在集体内部各工人之间按照贡献大小进行分配。由于工人的级别或工资标准一般体现工人劳动的质量和技术水平,工作日数一般体现劳动数量,因而集体内部大多按每人的工资标准和工作日数(或工时数)的乘积为比例进行分配。

假设某工业企业某生产小组集体完成若干项生产任务,按照一般计件工资的计算方法算出并取得集体工资12 600元。该小组由4个不同等级的工人组成,每人的姓名、等级、日工资率、出勤日数以及按日工资率和出勤日数计算的工资额(即集体计件工资内部的分配标准)见表3-4。

表3-4
集体计件工资分配标准表

集体单位:X生产组　　　　　　　20××年9月

工人姓名	等级	工资标准（日工资率）	出勤日数(天)	按日工资率和出勤日数计算的工资额(元)
张 仁	6	140	18	2 520
王 智	5	120	19	2 280
孙 礼	4	100	20	2 000
赵 信	2	80	20	1 600
合 计	—	—	77	8 400

$$生产小组内部工资分配率=\frac{12\ 600}{8\ 400}=1.5$$

该工资分配率表示:小组(及个人)在集体计件工资制下完成了该批生产任务实际取得的工资额是计时工资的"1.5倍"。

张仁应分工资＝2 520×1.5＝3 780(元)

王智应分工资＝2 280×1.5＝3 420(元)

孙礼应分工资＝2 000×1.5＝3 000(元)

赵信应分工资＝1 600×1.5＝2 400(元)

4人所分工资总额＝3 780＋3 420＋3 000＋2 400＝12 600(元)

计时工资和计件工资以外的属于工资总额组成的各种奖金、津贴、补贴、加班加点工资,以及特殊情况下支付的工资,按照国家和企业的有关规定计算,不再详述。

会计部门应该根据计算出的职工工资,按照车间、部门分别编制工资结算单,工资结算单中按照职工类别和姓名分行填列应付每一职工的各种工资、代扣款项(如代扣职工社会保险费、住房公积金等)和应发金额,作为与职工进行工资结算的依据。工资结算单中应付工资的金额也是计算工资耗费的依据。

直接进行产品生产的生产工人工资,专门设有"直接人工"成本项目。其中计件工资属于直接计入耗费,应根据工资结算单直接计入某种产品成本的这一成本项目;计时工资属于间接计入耗费,应按产品的生产工时等比例,分配计入各有关产品成本的这一成本项目;奖金、津贴和补贴,以及特殊情况下支付的工资等,一般也属于间接计入耗费,应按直接计入的工资比例或生产工时等比例,分配计入各有关产品成本的这一成本项目。

按产品的生产工时比例分配生产工人工资成本,能够将产品所分配的工资耗费与劳动生产率联系起来。如果某种产品单位产品耗用的生产工时减少,说明劳动生产率提高了,其所分配的工资耗费就应减少。相反,如果单位产品耗用的生产工时增加,说明劳动生产率降低,其所分配的工资耗费就应增加。因此,按产品的生产工时比例分配工资耗费是比较合理的。

如果取得各种产品的实际生产工时数据比较困难,而各种产品的单件工时定额比较准确,也可以按产品的定额工时(产品数量与工时定额的乘积)比例分配工资耗费。

(三) 应付职工薪酬分配的核算

《企业会计准则第9号——职工薪酬》规范了各类职工薪酬的会计处理方法。进行应付职工薪酬的核算,应该审核企业的各项职工薪酬支出是否符合国家的有关规定,应该根据企业计划的职工薪酬总额控制职工薪酬支出,以控制成本、费用。除因解除与职工的劳动关系给予的补偿外的职工薪酬,应当根据职工提供服务的受益对象，分情况进行账务处理：①应由生产产品、提供劳务负担的职工薪酬，计入产品成本或劳务成本。②应由在建工程、无形资产负担的职工薪酬，计入建造固定资产或无形资产成本（自行建造固定资产和自行研究开发无形资产过程中发生的职工薪酬，能否计入固定资产或无形资产的成本，根据相关具体准则确定）。③除直接生产人员、直接提供劳务人员、建造固定资产人员、开发无形资产人员以外的职工，包括公司总部管理人员、董事会成员、监事会成员等人员相关的职工薪酬，均在发生时计入当期损益。

工业企业应付职工薪酬分配的主要账务处理如下：

（1）生产部门人员的职工薪酬，分别借记"基本生产成本——×车间——×产品""辅助生产成本——×车间""制造费用——×车间"等科目，贷记"应付职工薪酬——工资""应付职工薪酬——职工福利""应付职工薪酬——社会保险费""应付职工薪酬——住房公积金""应付职工薪酬——工会经费""应付职工薪酬——职工教育经费""应付职工薪酬——非货币性福利"等科目。

应由在建工程、研发支出负担的职工薪酬，借记"在建工程""研发支出"等科目，贷记"应付职工薪酬"科目（明细账同上）。

管理部门人员、销售人员的职工薪酬，借记"管理费用"或"销售费用"科目，贷记"应付职工薪酬"（明细账同上）科目。

（2）企业以其自产产品发放给职工作为职工薪酬的，决定发放时：借记"管理费用""基本生产成本——×车间——×产品""辅助生产成本——×车间""制造费用——×车间"等科目，贷记"应付职工薪酬——非货币性福利"科目（实际发放时的会计分录从略）。

无偿提供住房等固定资产给职工使用的，按计提的折旧额，借记"管理费用""基本生产成本——×车间——×产品""辅助生产成本——×车间""制造费用——×车间"等科目，贷记"应付职工薪酬——非货币性福利"科目；同时，借记"应付职工薪酬——非货币性福利"科目，贷记"累计折旧"科目。

租赁住房等资产供职工无偿使用的，按每期应支付的租金，借记"管理费用""基本生产成本——×车间——×产品""辅助生产成本——×车间""制造费用——×车间"等科目，贷记"应付职工薪酬——非货币性福利"科目。

（3）因解除与职工的劳动关系给予的补偿，借记"管理费用"科目，贷记"应付职工薪酬——辞退福利"科目。

【例3-5】东方公司20××年9月生产甲、乙两种产品，生产工人计件工资分别为：甲产品100 000元，乙产品80 000元；甲、乙产品生产工人计时工资合计200 000元，甲、乙产品生产工时分别为10 000小时、6 000小时。计时工资按生产工时比例分配。

基本生产车间管理人员工资为 18 000 元;辅助生产车间的机修车间和供水车间职工工资分别为 40 000 元和 20 000 元;销售人员和公司管理人员工资分别为 20 000 元和 25 000 元。公司确定按上一年度公司职工的月平均工资的 35% 和 10% 计提社会保险费(注,见表 3-6 下)和住房公积金(假设本月各类人员应付工资与上年月平均工资相等);按照本月职工工资总额的 10%、2% 和 1.5% 分别计提职工福利、工会经费和职工教育经费。

(1) 将计时工资按生产工时比例分配计算如下：

计时工资耗费分配率 = 200 000 ÷ (10 000 + 6 000) = 12.5(元/小时)

甲产品分配的计时工资成本 = 10 000 × 12.5 = 125 000(元)

乙产品分配的计时工资成本 = 6 000 × 12.5 = 75 000(元)

(2) 先编制"工资耗费分配表"(见表 3-5),再在此基础上编制"应付职工薪酬耗费分配表"(见表 3-6)。

说明:表 3-5 和 3-6 实际上是"应付职工薪酬耗费分配表"一张表。为了排版方便,将其拆分成两张表列示。

表 3-5

工资耗费分配表

20××年9月　　　　　　　　　　　　　　　　　　　　金额单位:元

应借科目	直接计入金额	分配计入金额		工资耗费合计
		生产工时(小时)	分配金额(分配率:12.5元/小时)	
基本生产成本				
——甲产品	100 000	10 000	125 000	225 000
——乙产品	80 000	6 000	75 000	155 000
小　计	180 000	16 000	200 000	380 000
辅助生产成本				
——机修车间	40 000			40 000
——供水车间	20 000			20 000
小　计	60 000			60 000
制造费用——某车间	18 000			18 000
销售费用	20 000			20 000
管理费用	25 000			25 000
合　计	303 000		200 000	503 000

表 3-6

应付职工薪酬耗费分配表

20××年9月 　　　　　　　　　　　　　　　　　　　　金额单位:元

应借科目	工资耗费合计	职工福利(10%)	社会保险费*(35%)	住房公积金(10%)	工会经费(2%)	职工教育经费(1.5%)	应付职工薪酬合计
基本生产成本							
——甲产品	225 000	22 500	78 750	22 500	4 500	3 375	356 625
——乙产品	155 000	15 500	54 250	15 500	3 100	2 325	245 675
小　计	380 000	38 000	133 000	38 000	7 600	5 700	602 300
制造费用——某基本生产车间	18 000	1 800	6 300	1 800	360	270	28 530
辅助生产成本							
——机修车间	40 000	4 000	14 000	4 000	800	600	63 400
——供水车间	20 000	2 000	7 000	2 000	400	300	31 700
小　计	60 000	6 000	21 000	6 000	1 200	900	95 100
销售费用	20 000	2 000	7 000	2 000	400	300	31 700
管理费用	25 000	2 500	8 750	2 500	500	375	39 625
合　计	503 000	50 300	176 050	50 300	10 060	7 545	797 255

＊ 在实际工作中,"社会保险费"栏目应分别按"医疗保险费""养老保险费""失业保险费""工伤保险费""生育保险费"等分项列示,此处作了简化。

根据应付职工薪酬耗费分配表编制如下会计分录,并据以登记有关总账和明细账。

借:基本生产成本——某车间——甲产品　　　　　　　　　　　356 625
　　　　　　　　——某车间——乙产品　　　　　　　　　　　245 675
　　辅助生产成本——机修车间　　　　　　　　　　　　　　　 63 400
　　　　　　　　——供水车间　　　　　　　　　　　　　　　 31 700
　　制造费用——某基本生产车间　　　　　　　　　　　　　　 28 530
　　销售费用　　　　　　　　　　　　　　　　　　　　　　　 31 700
　　管理费用　　　　　　　　　　　　　　　　　　　　　　　 39 625
　　贷:应付职工薪酬——工资　　　　　　　　　　　　　　　 503 000
　　　　　　　　　　——职工福利　　　　　　　　　　　　　 50 300
　　　　　　　　　　——社会保险费　　　　　　　　　　　　176 050
　　　　　　　　　　——住房公积金　　　　　　　　　　　　 50 300
　　　　　　　　　　——工会经费　　　　　　　　　　　　　 10 060
　　　　　　　　　　——职工教育经费　　　　　　　　　　　　7 545

五、固定资产折旧费的分配

（一）折旧费的计算

固定资产折旧是企业在生产经营过程中的劳动耗费，它以折旧费的形式分别计入产品成本和期间费用。

进行固定资产折旧的核算，先要计算折旧费，然后分配折旧金额。

计算折旧费，必须确定固定资产应计折旧额。固定资产在全部使用年限内的应计折旧额，并不是固定资产的全部原值。这是因为，固定资产在报废清理时还有残值收入，应该在计算折旧时预先估计，从原值中减去；清理时还要发生清理费用，也应预先估计，从残值收入中扣除。残值收入减去清理费用的余额，称为净残值。

固定资产应计折旧额应该是固定资产原值减去预计净残值以后的余额。为了比较正确、简便地确定净残值，可以根据各类固定资产的历史统计资料或技术测定资料，确定预计净残值率。预计净残值率即预计净残值与原值的比率。其计算公式如下：

$$预计净残值率 = \frac{预计净残值}{固定资产原值} \times 100\%$$

根据固定资产原值乘以规定的预计净残值率，即可确定预计净残值。因此，固定资产应计折旧额的计算公式是：

$$固定资产预计净残值 = 原值 \times 规定的预计净残值率$$
$$固定资产应计折旧额 = 固定资产原值 - 预计净残值$$

计算折旧，更重要的是要确定每一个时期的折旧额，如每一个月的折旧额。这就需要采用适当的折旧方法。按照固定资产准则规定，可选用的折旧方法包括年限平均法、工作量法、双倍余额递减法和年数总和法等。

无论采用哪种折旧方法，当月增加的固定资产，当月不计提折旧，从下月起计提折旧；当月减少的固定资产，当月仍计提折旧，从下月起不计提折旧。

固定资产的折旧方法一经确定，不得随意变更，以免各月的成本、费用数据不可比。企业要防止利用改变折旧方法、折旧率或单位折旧额，人为调节各月成本、费用操纵利润。

（二）折旧费的分配

一种产品的生产往往需要使用多种机器设备，而每一种机器设备又可能生产多种产品。因此，机器设备的折旧费用虽然是直接用于产品生产的耗费，但一般属于分配工作比较复杂的间接计入耗费。为了简化产品成本的计算工作，没有为折旧费专门设立成本项目，而与间接用于产品生产的车间等生产单位其他固定资产的折旧费一起计入制造费用，作为制造费用的一个费用项目。这就是说，折旧费用一般应按固定资产使用的车间、部门分别记入"制造费用"和"管理费用"等总账科目和所属明细账科目的借方(在明细账中记入"折旧费"费用项目)。折旧总额应记入"累计折旧"科目的贷方。

折旧费的分配是通过编制固定资产折旧费分配表进行的,根据东方公司有关资料,编制20××年9月份"固定资产折旧费分配表",见表3-7(参考格式)。

表 3-7

固定资产折旧费分配表
20××年9月

车间、部门	应借科目	固定资产原值(元)	月折旧率	月折旧额(元)
某基本生产车间: 　　房屋建筑物 　　机器设备 合　　计	制造费用	4 000 000 2 000 000 6 000 000	0.408% 0.816% —	16 320 16 320 32 640
辅助生产车间　机修车间: 　　房屋建筑物 　　机器设备 　　小　计	辅助生产成本	1 000 000 800 000 1 800 000	0.408% 0.816% —	4 080 6 528 10 608
供水车间: 　　房屋建筑物 　　机器设备 　　小　计		2 000 000 1 500 000 3 500 000	0.408% 0.816% —	8 160 12 240 20 400
合　计		—	—	31 008
专设销售机构: 　　房屋建筑物	销售费用	1 500 000	0.408%	6 120
公司管理部门: 　　房屋建筑物 　　设备 合　　计	管理费用	3 000 000 600 000 —	0.408% 0.816% —	12 240 4 896 17 136
总　　计				86 904

根据表3-7,编制如下会计分录,并据以登记有关总账和明细账。

借:制造费用——某基本生产车间(折旧费)　　　　　　　　　　32 640
　　辅助生产成本——机修车间(折旧费)　　　　　　　　　　　10 608
　　　　　　　　——供水车间(折旧费)　　　　　　　　　　　20 400
　　销售费用(折旧费)　　　　　　　　　　　　　　　　　　　6 120
　　管理费用(折旧费)　　　　　　　　　　　　　　　　　　　17 136
　　贷:累计折旧　　　　　　　　　　　　　　　　　　　　　　86 904

六、利息费用、其他耗费及跨期摊提耗费的分配

利息费用、其他耗费的核算,有的会涉及"跨期摊提耗费"的归集和分配。跨期摊提耗费指耗费的支出期与受益期不一致,需要跨期处理的耗费,包括待摊耗费和预提耗费。

待摊耗费是指企业本期支付(发生)但应由本期和以后各期分别负担的、摊销期限在1年以内(包括1年)的各项耗费,如预付财产保险费、预付经营租赁固定资产租金等。待摊耗费的特点是支付在前,受益、摊销在后。待摊耗费支出发生以后,由于受益期较长,不应一次全部计入当月成本、费用,而应按照待摊耗费的受益期限分月平均摊销计入各月成本、费用。如果待摊耗费的金额不大,为了简化核算工作,根据重要性会计信息质量要求,也可以不作为待摊耗费处理,而直接计入支付月份的成本、费用。待摊耗费的归集和分配可以通过"预付账款"等科目核算。企业发生待摊耗费时,借记"预付账款"等科目,贷记"银行存款"等科目;按受益期限分期平均摊销时,借记"管理费用""制造费用"等科目,贷记"预付账款"等科目。

企业已经发生但应由本期和以后各期分别负担的、分摊期限在1年以上的各项耗费,如以经营租赁方式租入的固定资产发生的改良支出等,属于企业的长期待摊耗费,通过"长期待摊费用"科目核算。

预提耗费是指企业预先分月计入各月成本、费用,但在以后月份才实际支付的耗费,如企业预提的租金、预提的财产保险费、预提的借款利息等。预提耗费的特点是受益、预提在前,支付在后。对于受益期限虽然超过1个月,但如果耗费的金额不大,也可以不作为预提耗费处理,而在实际支付时直接计入支付月份的成本、费用。预提耗费的归集和分配可以区别情况分别通过"应付利息""应付账款""其他应付款"等科目核算。

《企业会计准则——应用指南》附录"会计科目和主要账务处理"中未列示"待摊费用"与"预提费用"科目,企业资产负债表中也相应取消了这两个项目。虽然有些企业仍然设置有"待摊费用"与"预提费用"科目,但是,原在该两个科目(尤其是"预提费用"科目)核算的有些内容已明确改为在其他科目核算。

(一) 利息费用的核算

企业为从事生产经营活动而发生的借款的利息费用(不包括应予以资本化,计入相关资产成本的利息),应当在发生时确认为期间费用,计入当期损益,属于财务费用的一个费用项目。

用于生产经营活动的短期借款的利息费用一般按季结算支付(也有按月结算支付的)。为了正确划分各个月份的费用界限,对于按季结算支付的,可以采用预提利息费用的方法分月按计划进行预提,并于季末实际支付利息费用时冲减预提的利息

费用。实际支付的利息费用与预提的利息费用的差额,调整计入季末月份的财务费用。每月预提利息费用时,借记"财务费用"总账科目及所属明细账的"利息支出"项目,贷记"应付利息"科目;季末实际支付全季利息费用时,借记"应付利息"科目,贷记"银行存款"科目。季末月份可以先按计划预提,然后调整实际利息费用与预提的利息费用的差额:借记"财务费用"科目,贷记"应付利息"科目(实际利息费用大于预提的利息费用时,用蓝字编制会计分录,以补提差额;实际利息费用小于预提的利息费用时,用红字编制会计分录,以冲减差额)。季末月份也可以不按计划数额预提利息费用,而按前2个月预提的利息费用,借记"应付利息"科目,按实际支付的利息费用贷记"银行存款"科目,按照"借贷必相等"的规则,倒挤"财务费用"科目的记账金额。

如果短期借款的利息费用数额不大,根据重要性会计信息质量要求,为了简化核算,也可以不作预提费用处理,而在季末实际支付时全部计入当月的财务费用,借记"财务费用"科目,贷记"银行存款"科目。

长期借款的利息费用的核算详见《中级会计实务》等教材。

【例3-6】 东方公司公司20××年第三季度银行借款利息计划数为9 900元,每月按计划数预提3 300元(其中,生产经营借款利息1 300元,应予资本化的在建工程投资借款利息2 000元)。假设20××年9月30日收到银行结息通知,实际利息费用为9 900元。银行存款利息收入为275元。

20××年9月份,编制"预提利息耗费分配表",见表3-8。

表3-8

预提利息耗费分配表

20××年9月 单位:元

应借科目	明细科目	金 额
财务费用	利息支出	1 300
在建工程	××工程	2 000
合 计		3 300

根据表3-8,编制如下会计分录,并据以登记有关总账和明细账。

(1) 20××年9月30日实际支付利息:

借:应付利息 6 600
　　财务费用 1 300
　　在建工程 2 000
　　贷:银行存款 9 900

"应付利息"明细账见表3-9。

表 3-9

应付利息明细账

明细科目：某银行

20××年		摘 要	借方	贷方	借或贷	余 额（元）
月	日					
7	31	根据预提利息耗费分配表		3 300	贷	3 300
8	31	根据预提利息耗费分配表		3 300	贷	6 600
9	30	根据付款凭证	6 600		平	0

（2）20××年9月30日收到银行存款利息收入：

借：银行存款　　　　　　　　　　　　　　　　　　　　　　　　275
　　贷：财务费用　　　　　　　　　　　　　　　　　　　　　　　275

（二）其他支出的核算

工业企业各种要素耗费中的其他支出，是指除了前面所述各项耗费以外的支出，包括邮电费、劳动保护费、办公费、水电费、排污费、差旅费、业务招待费、技术转让费、财产保险费等。这些费用都没有专门设置成本项目，应该在费用发生时，按照发生的车间、部门和用途进行归类，分别借记"制造费用""管理费用""销售费用""预付账款"等科目，贷记"银行存款"或"库存现金"等科目。

【例3-8】 20××年9月29日，东方公司有关人员报销本月各种支出，有关原始凭证经审核无误，归类、汇总见表3-10。

表 3-10

原始凭证汇总表

20××年9月

报账部门	支出用途	报账金额（元）	备 注
某基本生产车间	办公费	800	以库存现金支付
机修车间	办公费	336	以库存现金支付
供水车间	办公费	400	以库存现金支付
销售部门	办公费	2 000	以库存现金支付
公司行政管理部门	办公费	3 000	以银行存款支付
	业务招待费	5 000	
合 计		11 536	—

根据以上资料,编制如下会计分录,并据以登记有关总账和明细账。

借:制造费用——某基本生产车间　　　　　　　　　　　　　　800
　　辅助生产成本——机修车间　　　　　　　　　　　　　　　336
　　　　　　　　——供水车间　　　　　　　　　　　　　　　400
　　销售费用——办公费　　　　　　　　　　　　　　　　　2 000
　　管理费用——办公费　　　　　　　　　　　　　　　　　3 000
　　　　　　——业务招待费　　　　　　　　　　　　　　　5 000
　　贷:库存现金　　　　　　　　　　　　　　　　　　　　 3 536
　　　　银行存款　　　　　　　　　　　　　　　　　　　　 8 000

【例3-9】 东方公司在20××年6月30日开出转账支票预付第三季度财产保险费14 400元。其中基本生产车间7 500元;辅助生产的机修车间1 200元,供水车间1 800元;行政管理部门3 900元。分3个月摊销。

20××年9月30日,编制20××年9月份"预付财产保险费分配表",见表3-11。

表3-11

预付财产保险费分配表

20××年9月　　　　　　　　　　　　　　　　　　　　　　单位:元

应借科目	成本、费用项目	金　额
制造费用——某基本生产车间	财产保险费	2 500
小　计		2 500
辅助生产成本——机修车间	财产保险费	400
——供水车间	财产保险费	600
小　计		1 000
管理费用	财产保险费	1 300
合　计		4 800

根据表3-11及相关资料,编制会计分录如下,并据以登记有关总账和明细账。

借:制造费用——某基本生产车间(财产保险费)　　　　　　2 500
　　辅助生产成本——机修车间(财产保险费)　　　　　　　　400
　　　　　　　　——供水车间(财产保险费)　　　　　　　　600
　　管理费用——财产保险费　　　　　　　　　　　　　　　1 300
　　贷:预付账款——某保险公司　　　　　　　　　　　　　 4 800

"预付账款——某保险公司"明细账见表3-12。

表 3-12

预付账款明细账

明细科目：某保险公司　　　　　　　　　　　　　　　　　　　　　　　金额单位：元

20××年		摘　要	借　方	贷　方	借或贷	余　额
月	日					
6	30	预付第三季度财产保险费	14 400		借	14 400
7	31	根据预付财产保险费用分配表摊销		4 800	借	9 600
8	31	根据预付财产保险费用分配表摊销		4 800	借	4 800
9	30	根据预付财产保险费用分配表摊销		4 800	平	0

【例3-10】　东方公司从20××年7月1日起，以经营租赁方式向N公司租入生产用设备一台，为甲基本生产车间生产A，B产品用，租期3个月，合计租金15 000元；同时向N公司租入办公用设备1台，租期3个月，租金合计3 000元。合同规定，2台设备租金均于9月末一次性支付。20××年9月29日，甲公司以银行存款支付应付租金18 000元。甲公司的有关会计处理如下：

第三季度每月编制"预提经营租赁费分配表"。20××年9月份，"预提经营租赁费分配表"，见表3-13(7月、8月份相同)。

表 3-13

预提经营租赁费分配表

20××年9月　　　　　　　　　　　　　　　　　　　　　　　　　　　单位：元

应借科目	成本、费用项目	金　额
制造费用	租赁费	5 000
管理费用	租赁费	1 000
合　计		6 000

根据表3-13及相关资料，编制会计分录如下，并据以登记有关总账和明细账。

20××年7月、8月、9月月末，每月预提经营租赁费：

借：制造费用——某基本生产车间　　　　　　　　　　　　　　　　　　　5 000
　　管理费用　　　　　　　　　　　　　　　　　　　　　　　　　　　　1 000
　　　贷：其他应付款——N公司　　　　　　　　　　　　　　　　　　　6 000

20××年9月29日支付租金：

借：其他应付款——N公司　　　　　　　　　　　　　　　　　　　　　18 000
　　　贷：银行存款　　　　　　　　　　　　　　　　　　　　　　　　18 000

"其他应付款"明细账见表3-14。

表 3-14

其他应付款明细账

明细科目：N公司　　　　　　　　　　　　　　　　　　　　　　　　　　　　单位：元

20××年		摘　要	借　方	贷　方	借或贷	余　额
月	日					
7	31	根据预提经营租赁费分配表		6 000	贷	6 000
8	31	根据预提经营租赁费分配表		6 000	贷	12 000
9	30	根据付款凭证	18 000		借	6 000
9	30	根据预提经营租赁费分配表		6 000	平	0

各种要素耗费（包括跨期摊提耗费）通过以上所述的分配程序，已经按照耗费的用途分别记入"基本生产成本""辅助生产成本""制造费用""销售费用""管理费用""财务费用""预付账款""应付利息""其他应付款"和"在建工程"等科目的借方进行归集。其中，记入"基本生产成本"科目借方的发生额，已在各产品成本明细账中作为本月生产成本，按照成本项目进行了归集。这就是说，在成本核算中，已经正确进行了生产经营与非生产经营耗费的划分，正确进行了生产经营耗费中生产成本与期间费用的划分以及各个月份成本、费用的划分，亦即已经进行了本模块第二章所述关于正确划分五个方面费用界限的第（一）、第（二）、第（三）三个方面耗费界限的划分工作。

从下一节开始，就将进一步讲述生产耗费在各种产品之间横向的分配和归集，也就是划分本模块第二章所述关于第（四）个方面各种产品的耗费界限的划分工作。

第二节　辅助生产成本的归集和分配

工业企业的辅助生产，是指为基本生产车间、企业行政管理部门等单位服务而进行的产品生产和劳务供应。其中，有的只提供劳务，如供电、供水、供汽、供风、运输等辅助生产；有的则生产多种产品，如从事工具、模具、修理用备件的制造等辅助生产。辅助生产提供的产品和劳务，有时也对外销售，但这不是辅助生产的主要任务。

辅助生产产品和劳务所耗费的各种生产成本之和，构成这些产品和劳务的成本。但是，对于耗用这些产品或劳务的基本生产产品和车间、部门来说，辅助生产产品和劳务的成本又是它们应该承担（负担）的耗费。

辅助生产产品和劳务成本的高低，对于基本生产产品成本和期间费用的高低有着一定的影响；同时，只有辅助生产产品和劳务成本确定以后，才能计算基本生产的产品成本。因此，正确、及时地组织辅助生产成本的归集和分配，对于节约费用、降低成本，以及正确、及时地计算企业产品的成本都有着重要的意义。

一、辅助生产成本的归集

辅助生产成本的核算，应通过"辅助生产成本"科目进行。辅助生产产品和劳务的成本计算方法，与基本生产一样，应该按照生产特点和管理要求确定。"辅助生产成本"科目一般应按车间以及产品和劳务的种类设置明细账，账内按照成本项目设立专栏或专行，进行明细核算。辅助生产发生的各项成本，应记入该科目的借方进行归集。其中专门设置成本项目的直接计入耗费，应单独地直接记入该科目和所属有关明细账的借方；专门设置成本项目的间接计入耗费，应单独地分配记入该科目和所属有关明细账的借方。辅助生产发生的制造费用，一般应先记入"制造费用"总账科目和所属明细账的借方进行归集，然后再从其贷方直接转入或分配转入"辅助生产成本"总账科目和所属明细账的借方。如果辅助生产不对外销售产品或提供劳务，而且辅助生产车间规模很小，发生的制造费用较少，为了简化核算工作，其制造费用也可以直接记入"辅助生产成本"总账科目和所属明细账的借方，而不通过"制造费用"科目核算。这样，在计算辅助生产成本时，可以将产品的成本项目与制造费用的费用项目结合起来，设置简化的项目，在"辅助生产成本"明细账中按照这种简化的项目归集费用、计算成本（本教材采用后面这一种方法讲述；关于前一种方法，可比照本章第三节制造费用的归集和分配的方法进行处理）。

以东方公司为例，其20××年9月机修车间和供水车间的辅助生产成本明细账参见表3-15、表3-16。该公司供水车间每月月末库存水数量很少且基本相等。

表3-15

辅助生产成本明细账

辅助生产车间：机修车间　　　　　　　　　　　　　　　　　　　　　　　　　　　单位：元

20××年		摘　要	材料	燃料及动力	职工薪酬	折旧费	办公费	保险费	其他	合计	转出	余额
月	日											
9	29	[例3-8]付款凭证*					336			336		
9	30	表3-1 材料耗费分配表	4 000							4 000		
		表3-3 外购动力费分配表		2 040						2 040		
		表3-6 职工薪酬分配表			63 400					63 400		
		表3-7 折旧费分配表				10 608				10 608		
		表3-11 财产保险费分配表						400		400		
		本月合计	4 000	2 040	63 400	10 608	336	400		80 784		
		表3-18 辅助生产成本分配表									80 784	0

* 以货币资金支付差旅费、办公费、租赁费、外部运输费、广告费等经济业务事项较多的，为了简化登记有关成本、费用明细账，可以根据有关支出凭证归类、汇总后编制"其他费用汇总表"，据以登记有关成本、费用明细账（因为支付货币资金的经济业务事项，当日需要编制付款凭证并登记"库存现金日记账"和"银行存款日记账"，故应注意不要重复记账）。

表 3-16

辅助生产成本明细账

辅助生产车间：供水车间　　　　　　　　　　　　　　　　　　　　　　　　　单位：元

20××年		摘　　要	材料	燃料及动力	职工薪酬	折旧费	办公费	保险费	其他	合计	转出	余额
月	日											
9	29	［例3-8］付款凭证					400			400		
	30	表 3-1 材料耗费分配表	6 000							6 000		
	30	表 3-2 燃料费用分配表		1 000						1 000		
	30	表 3-3 外购动力分配表		14 416						14 416		
	30	表 3-6 职工薪酬分配表			31 700					31 700		
	30	表 3-7 折旧费用分配表				20 400				20 400		
	30	表 3-11 财产保险费分配表						600		600		
		本月合计	6 000	15 416	31 700	20 400	400	600		74 516		
		表 3-18 辅助生产费用分配表									74 516	0

注：① 对于不进行产品生产的辅助生产车间，以上明细账均不需要设置"月初在产品成本""月末在产品成本"行（对于不进行产品生产的辅助生产车间，月末，辅助生产成本分配后，"辅助生产成本"科目应无余额。因为前已说明，该公司供水车间每月月末库存水数量很少且基本相等，所以可以不计算月初在产品成本和月末在产品成本）。

② 成本费用类科目的明细账格式，可以只按借方发生额设置专栏，贷方发生额由于每月发生的笔数很少，或者需要按照各专栏反映贷方发生额和余额的，可以在借方直接用红字冲销；也可以在借方设置专栏的情况下，贷方设置一总的"转出"栏，再设置一余额栏（比如，表 3-15 和表 3-16）。

表 3-15 和表 3-16 中，最后一行之前的各行，均是进行辅助生产成本的归集，最后一行则属于以下即将讲述的辅助生产成本的分配的内容。

二、辅助生产成本的分配

归集在"辅助生产成本"科目及其明细账借方的辅助生产成本，由于辅助生产车间所产产品和劳务的种类不同，其转出分配的程序也不一样。

工具和模具车间生产的工具、模具和修理用备件等产品成本，应在产品完工入库时，从"辅助生产成本"科目及其明细账的贷方分别转入"周转材料——低值易耗品"（或"低值易耗品"）、"原材料"等科目的借方（在低值易耗品和原材料按计划成本进行日常核算的情况下，成本超支数还应转入"材料成本差异"科目的借方；成本节约数则应转入"材料成本差异"科目的贷方）；在有关车间、部门领用时，再从"周转材料——低值易耗品"（或"低值易耗品"）、"原材料"等科目的贷方，转入"制费用""基本生产成本""销售费用""管理费用"和"在建工程"等科目的借方;该科目的余额为辅助生产的在产品成本,也就是辅助生产占用的资金。根据辅助生产的成本计算资料,即可分析和考核辅助生产产品和劳务成本计划的执行情况。

动力、供水、机修和运输等辅助生产车间生产和提供的电、汽、水、修理和运输等产品或劳务所发生的成本,要在各受益对象之间按照所耗数量或其他比例进行分配。分配时,应从"辅助生产成本"总账科目和所属明细账的贷方转入"基本生产成本""制造费用""销售费用""管理费用"和"在建工程"等科目的借方。

辅助生产成本的分配,应通过"辅助生产成本分配表"进行。分配辅助生产成本的方法很多,主要有:直接分配法、交互分配法、代数分配法和按计划成本分配法等分配方法。

(一) 直接分配法

直接分配法是指将辅助生产车间发生的生产成本直接分配给除辅助生产车间之外的各受益对象,而不考虑辅助生产车间之间相互分配耗费的一种分配方法。

$$某辅助生产车间成本分配率 = \frac{该车间辅助生产成本总额}{该车间提供劳务量 - 其他辅助车间耗用量}$$

$$受益单位分配额 = 该受益单位耗用量 \times 分配率$$

通俗地说,就是辅助生产车间之间相互提供劳务互不"算账"。

【例 3-11】 以东方公司辅助生产成本明细账为例,20××年9月供水和机修两个辅助生产车间的供应产品及劳务数量见表 3-17。

表 3-17

辅助生产车间供应产品及劳务数量表

20××年9月

供 应 对 象		耗水量(吨)	固定资产修理工时(小时)
辅助生产车间	机修车间	2 000	
	供水车间		566
	小 计	2 000	566
	某基本生产车间*	12 700	1 800
	专设销售机构	1 200	200
	行政管理部门	1 842	800
	小 计	15 742	2 800
合 计		17 742	3 366

* 此处为了简化,一般有多个基本生产车间,会计处理方法相同。

根据上述资料,编制直接分配法下的"辅助生产成本分配表",见表 3-18(参考格式)。

表 3-18

辅助生产成本分配表(直接分配法)

20××年9月

辅助车间名称		供水车间	机修车间	金额合计(元)
待分配辅助生产成本(元)		74 516	80 784	155 300
提供给辅助生产以外的劳务数量		15 742(吨)	2 800(小时)	
分配率(单位成本)		4.73①	28.85②	
某基本生产车间	耗用数量	12 700	1 800	
	分配金额	60 071	51 930	112 001
专设销售机构	耗用数量	1 200	200	
	分配金额	5 676	5 770	11 446
行政管理部门	耗用数量	1 842	800	
	分配金额	8 769③	23 084③	31 853
分配金额合计		74 516	80 784	155 300

表 3-18 中，

① 74 516÷(12 700＋1 200＋1 842)＝74 516÷15 742≈4.73(元/吨)

② 80 784÷(1 800＋200＋800)＝80 784÷2 800≈28.85(元/小时)

③ 有关科目(如提供劳务等的"辅助生产成本""制造费用"等)在要求月末无余额恰好分配完的情况下，由于分配率等四舍五入计算导致的尾差一般记入"管理费用"科目(以后不再说明)。有关分配金额可以采用"倒挤"的方法：

8 769 元(74 516－60 071－5 676)与理论计算金额 8 712.66 元(1 842×4.73)相差 56.34 元，为近似计算的尾差。

23 084 元(80 784－5 770－51 930)，与理论计算金额 23 080 元(800×28.85)相差 4 元，为近似计算的尾差。

根据表 3-18，编制如下会计分录，并据以登记有关总账和明细账。

借：制造费用——某基本生产车间(水电费)　　　　　　　　60 071
　　　　　　　　　　　　　　(维修费)　　　　　　　　51 930
　　销售费用(水电费)　　　　　　　　　　　　　　　　5 676
　　　　　(维修费)　　　　　　　　　　　　　　　　5 770
　　管理费用(水电费)　　　　　　　　　　　　　　　　8 769
　　　　　(维修费)　　　　　　　　　　　　　　　　23 084
　贷：辅助生产成本——供水(转出)　　　　　　　　　　74 516
　　　　　　　　　——机修(转出)　　　　　　　　　　80 784

＊ 该公司基本生产车间耗用的水 60 071 元均是间接用于产品生产。

采用直接分配法,各辅助生产车间的待分配成本只对辅助生产车间以外的受益对象分配一次,计算工作简便;但由于各辅助生产车间包括的成本不全(比如,上例机修车间的生产成本中不包括所耗水费),因而分配结果不够准确。直接分配法一般适宜在辅助生产车间内部相互提供劳务不多,不进行交互分配,对辅助生产成本和企业产品成本以及当期损益影响不大的情况下采用。

(二) 一次交互分配法

一次交互分配法(简称交互分配法)是指先根据各辅助生产车间(部门)相互提供劳务(或产品)的数量和交互分配前的分配率(单位成本),在有关辅助生产车间之间"对内"进行一次交互分配。然后将各辅助生产车间(部门)交互分配后的实际成本(即交互分配前的成本加上交互分配转入的成本,减去交互分配转出的成本),再向除辅助生产车间之外的各受益对象,按照提供劳务(或产品)的数量,"对外"进行分配。

仍用[例 3-11]资料,编制一次交互分配法下的"辅助生产成本分配表",见表 3-19(参考格式)。

表 3-19

辅助生产成本分配表(一次交互分配法)

20××年 9 月

	项　　目	供水车间(分配转给:)			机修车间(分配转给:)			合计
		数量 (吨)	分配率 (元/吨)	金额 (元)	数量 (工时)	分配率 (元/工时)	金额	
	待分配生产成本	17 742	4.20①	74 516	3 366	24②	80 784	155 300
交互分配	辅助生产车间 ——供水车间				566		13 584	
	辅助生产车间 ——机修车间	2 000		8 400				
	对外分配数量及金额	15 742	5.0629④	79 700③	2 800	27⑥	75 600⑤	155 300
对外分配	某基本生产车间	12 700		64 298.83	1 800		48 600	112 898.83
	专设销售机构	1 200		6 075.48	200		5 400	11 475.48
	行政管理部门	1 842		9 325.69⑦	800⑧		21 600⑧	30 925.69
	合　　计	15 742		79 700	3 366		75 600	155 300

表 3-19 中,

① 74 516÷17 742≈4.20(元/吨)

② 80 784÷3 366＝24(元/小时)

③ 74 516－8 400＋13 584＝79 700(元)

④ 79 700÷15 742≈5.0629(元/吨)

⑤ 80 784－13 584＋8 400＝75 600(元)

⑥ 75 600÷2 800＝27(元/工时)

⑦ 为了消除四舍五入近似计算的尾差,9 325.69元(79 700－64 298.83－6 075.48)为"倒挤"数,与理论计算数 9 325.86 元(1 842×5.0629)相差 0.17(元),为近似计算的尾差。

⑧ 3 166 小时(800＋566＋1 800)为行政管理部门、供水车间、基本生产车间共同耗用的修理工时。

⑨ 为了消除四舍五入近似计算的尾差,21 600 元(75 600－48 600－5 400)为"倒挤"数,与理论计算数 21 600元(800×27)吻合,没有近似计算的尾差。

根据表 3-19,编制如下会计分录,并据以登记有关总账和明细账(本教材是按直接分配法登账,其他分配方法登账从略。以下不再说明)。

(1) 交互分配编制的会计分录:

借:辅助生产成本——机修(水电费)	8 400
辅助生产成本——供水(维修费)	13 584
贷:辅助生产成本——供水(转出)	8 400
辅助生产成本——机修(转出)	13 584

(2) 对外分配编制的会计分录:

借:制造费用——某基本生产车间(水电费)	64 298.83
(维修费)	48 600
销售费用(水电费)	6 075.48
(维修费)	5 400
管理费用(水电费)	9 325.69
(维修费)	21 600
贷:辅助生产成本——供水(转出)	79 700
——机修(转出)	75 600

采用这种分配方法,由于辅助生产车间内部相互提供的劳务进行了交互分配,因而提高了分配结果的合理性和准确性,但由于除了机修车间以外的各种辅助生产成本都要计算两个分配率,进行两次分配,因而计算工作量有所增加。由于交互分配的分配率(单位成本)是根据交互分配以前的待分配成本计算的,不是各该辅助生产的实际单位成本,因而分配结果也不很准确。在各月辅助生产车间的成本水平相差不大的情况下,为了简化计算工作,也可用上月的辅助生产单位成本作为本月交互分配的分配率。

一次交互分配法还有一种分配程序:先将各辅助生产车间直接发生的成本在所有受益对象(包括辅助生产车间)之间进行分配;再将各辅助生产车间分配进来的成本在

除辅助生产车间之外的各受益对象之间进行追加分配。这种分配程序比以上分配程序的计算工作量相对要大一些。

(三) 代数分配法

代数分配法是指运用代数中多元一次联立方程组的原理(有几个辅助生产车间,方程组中就有几个"元"),通过解联立方程组,先计算出各辅助生产劳务(或产品)的单位成本,然后按照各受益对象(包括辅助生产车间和非辅助生产车间)的实际耗用数量分配辅助生产成本的一种分配方法。

仍根据[例3-11]及以上相关资料,设

$$\begin{cases} x = 供水车间每吨水的成本 \\ y = 机修车间每一修理工时的成本 \end{cases}$$

得到以下二元一次方程组(有几个辅助生产车间,方程组就有几个"元"):

$$\begin{cases} 74\,516 + 566y = 17\,742x & ① \\ 80\,784 + 2\,000x = 3\,366y & ② \end{cases}$$

解这个方程组得:

$$\begin{cases} x \approx 5.0616 \\ y \approx 27.0075 \end{cases}$$

编制代数分配法的"辅助生产成本分配表",见表3-20(参考格式)。

表 3-20

辅助生产成本分配表(代数分配法)

20××年9月

辅助车间名称		供水车间 (分配转给:)	机修车间 (分配转给:)	金额合计
待分配辅助生产成本(元)		74 516	80 784	155 300
劳务供应数量总额		17 742 吨	3 366 工时	
用代数计算出的实际单位成本		5.0616	27.0075	
辅助生产车间——供水车间	耗用数量		566	
	分配金额		15 286.25	15 286.25
辅助生产车间——机修车间	耗用数量	2 000		
	分配金额	10 123.20		10 123.20
某基本生产车间	耗用数量	12 700	1 800	
	分配金额	64 282.32	48 613.50	112 895.82
专设销售机构	耗用数量	1 200	200	
	分配金额	6 073.92	5 401.50	11 475.42

(续表)

辅助车间名称		供水车间 （分配转给：）	机修车间 （分配转给：）	金额合计
行政管理部门	耗用数量	1 842	800	
	分配金额	9 322.81*	21 605.95*	30 928.76
合　计		89 802.25	90 907.20	180 709.45

＊为消除四舍五入近似计算导致的尾差，该金额可采用"倒挤"的方法得到：

74 516＋15 286.25－10 123.20－64 282.32－6 073.92 ＝9 322.81（≈5.0616×1 842＝ 9 320.81）

80 784＋10 123.20－15 286.25－48 613.50－5 401.5＝21 695.95（≈27.007 5×800＝21 606）

根据上列辅助生产成本分配表，编制如下会计分录，并据以登记有关总账和明细账。

借：辅助生产成本——机修（水电费）　　　　　　　　　　　　10 123.20
　　　　　　　　——供水（维修费）　　　　　　　　　　　　15 286.25
　　制造费用——某基本生产车间（水电费）　　　　　　　　　64 282.32
　　　　　　　　　　　　　　　（维修费）　　　　　　　　　48 613.50
　　销售费用（水电费）　　　　　　　　　　　　　　　　　　 6 073.92
　　　　　（维修费）　　　　　　　　　　　　　　　　　　　 5 401.50
　　管理费用（水电费）　　　　　　　　　　　　　　　　　　 9 322.81
　　　　　（维修费）　　　　　　　　　　　　　　　　　　　21 605.95
　　贷：辅助生产成本——供水（转出）　　　　　　　　　　　89 802.25
　　　　　　　　　　　——机修（转出）　　　　　　　　　　90 907.20

上列会计分录的借、贷方发生额 163 700 元，与供水和机修两个辅助生产车间待分配生产成本之和 155 300 元相比，大 8 400 元。这是由于供水车间和机修车间之间交互分配费用的辅助生产内部转帐所引起的。

与其他分配方法相比，采用代数分配法分配成本，分配结果最准确。但在分配以前要解联立方程组，如果辅助生产车间（部门）较多，未知数较多，计算工作比较复杂，因而这种方法在计算工作已经实现电算化的企业中采用比较适宜。

在以上举例中，辅助生产车间的制造费用是直接记入"辅助生产成本"科目，没有通过"制造费用"科目核算的。在这种情况下，辅助生产成本分配表中的待分配金额，只需根据辅助生产成本明细账中的待分配金额填列。如果辅助生产车间的制造费用通过"制造费用"科目核算，因为该"制造费用"科目的余额月末应转入"辅助生产成本"科目（借记"辅助生产成本——某辅助生产车间"科目，贷记"制造费用——某辅助生产车间"科目），所以，辅助生产成本分配表中的待分配金额，亦即辅助生产成本明细账中的借方余额，是进行上述会计处理之前辅助生产成本明细账中的待分配金额与辅助生产车间制造费用明细账中的借方余额之和。

在辅助生产车间（部门）的规模较大，其制造费用在辅助生产成本中所占比重较大的情况下，应该尽量采用单独核算辅助生产制造费用的方法。如果辅助生产车间（部门）除了为企业内部单位服务以外，还提供对外销售的商品产品或劳务，为了按照规定的成本项目计算辅助生产成本，也应采用上述方法，将其专门设置成本项目的耗费与制造费用分别核算。

（四）计划成本分配法

计划成本分配法是指先按辅助生产车间劳务（或产品）的计划单位成本和实际耗用量向各受益对象（包括其他辅助生产车间、部门在内）进行分配，然后将辅助生产车间实际发生的成本（包括辅助生产车间交互分配转入的成本）与按计划成本分配转出的成本相比较，计算出的差额，即辅助生产的成本差异。辅助生产成本差异，可以追加分配给辅助生产车间以外的各受益单位。为了简化分配工作，也可以将辅助生产成本差异全部调整计入管理费用，不再分配给辅助生产以外各受益车间、部门负担（以下按简化分配的方法介绍）。

仍根据[例3-11]及以上相关资料，假设供水车间每吨水和机修车间每个修理工时的计划单位成本分别为5元和27元。编制计划成本分配法下的"辅助生产成本分配表"，见表3-21（参考格式）。

表 3-21

辅助生产成本分配表（计划成本分配法）

20××年9月

辅助生产车间			供水车间	机修车间	金额合计
待分配辅助生产成本(元)			74 516	80 784	155 300
劳务供应数量			17 742(吨)	3 366(小时)	—
计划单位成本(元)			5	27	—
辅助生产车间	供水车间	耗用数量		566	—
		分配金额		15 282	15 282
	机修车间	耗用数量	2 000		—
		分配金额	10 000		10 000
某基本生产车间		耗用数量	12 700	1 800	—
		分配金额	63 500	48 600	112 100
专设销售机构		耗用数量	1 200	200	—
		分配金额	6 000	5 400	11 400
行政管理部门		耗用数量	1 842	800	—
		分配金额	9 210	21 600	30 810

（续表）

辅助生产车间	供水车间	机修车间	金额合计
按计划成本分配合计①	88 710	90 882	179 592
辅助生产实际成本（应分配成本）②	89 798*	90 784*	180 582
辅助生产成本差异（尚未分配的成本）③＝②－①	1 088	－98	990

* 包括机修车间分配给供水车间的 15 282 元，供水车间分配给机修车间的 10 000 元：

$$74\ 516+15\ 282=89\ 798$$
$$80\ 784+10\ 000=90\ 784$$

根据上列辅助生产成本分配表，编制如下会计分录，并据以登记有关总账和明细账。

(1) 按计划成本分配辅助生产成本

借：辅助生产成本——机修（水电费）　　　　　　　　　　　　10 000
　　　　　　　　——供水（维修费）　　　　　　　　　　　　15 282
　　制造费用——某基本生产车间（水电费）　　　　　　　　　63 500
　　　　　　　　　　　　　　　（维修费）　　　　　　　　　48 600
　　销售费用（水电费）　　　　　　　　　　　　　　　　　　 6 000
　　　　　（维修费）　　　　　　　　　　　　　　　　　　　 5 400
　　管理费用（水电费）　　　　　　　　　　　　　　　　　　 9 210
　　　　　（维修费）　　　　　　　　　　　　　　　　　　　21 600
　　贷：辅助生产成本——供水（转出）　　　　　　　　　　　88 710
　　　　　　　　　　——机修（转出）　　　　　　　　　　　90 882

(2) 调整辅助生产成本差异分录：

借：管理费用　　　　　　　　　　　　　　　　　　　　　　　　990
　　贷：辅助生产成本——供水（转出）　　　　　　　　　　　1 088
　　　　　　　　　　——机修（转出）　　　　　　　　　　　　98

计划成本分配法还可以按如下的分配程序进行：先按计划成本在辅助生产车间之间进行交互分配，然后在辅助生产车间直接归集的成本的基础上，加上交互分配进来的金额，减去交互分配出去的金额，在不包括辅助生产车间之外的各受益对象之间进行分配（多数企业不采用这种分配方法）。

计划成本分配法以事先制定的单位计划成本作为分配率，因而简化了计算工作。通过辅助生产成本差异的计算，能反映和考核辅助生产成本计划的执行情况，便于对辅助生产车间的业绩进行评价和分析；将辅助生产成本差异全部计入管理费用，各受益单位所负担的劳务（或产品）的成本费用都不包括辅助生产成本差异因素，便于分析和考核各受益单位的耗费水平，有利于分清企业内部各单位的经济责任。但是采用这种分配方法，辅助生产劳务（或产品）的计划单位成本必须比较准确。

辅助生产成本的分配方法除了直接分配法、一次交互分配法、代数分配法、计划成本分配法，还有顺序分配法，又称半交互分配法或梯形分配法，因在实际工作中应用不是很广泛，不再介绍。

通过辅助生产成本的归集和分配，应计入本月产品成本的生产耗费，都已分别归集在"基本生产成本"和"制造费用"两个总账科目和所属明细账的借方；其中记入"基本生产成本"总账科目借方的金额，已在各产品成本明细账本月发生额中按有关的成本项目反映。

第三节　制造费用的归集和分配

制造费用是指工业企业为生产产品（或提供劳务）而发生的，应该计入产品成本，但没有专设成本项目的各项生产耗费。

制造费用一般包括：①车间（或分厂，下同）用于组织和管理生产发生的耗费。例如，车间管理人员的职工薪酬，车间管理用房屋和设备的折旧费、租赁费和保险费，车间管理用具摊销费，车间管理用的照明费、水电费、取暖费、空调费、差旅费和办公费等。②直接用于产品生产但未专门设置成本项目的耗费（这些耗费在管理上不要求单独核算或者不便于单独核算）。例如，机器设备的折旧费、租赁费和保险费，生产工具摊销费，设计制图费和试验检验费，以及未专设成本项目的生产用动力费等。③间接用于产品生产的耗费。例如，机物料消耗、车间生产用房屋和建筑物的折旧费、租赁费和保险费，车间用照明费、取暖费、空调费、运输费和劳动保护费等。制造费用由于大多与产品的生产工艺没有直接联系，而且一般是间接计入耗费，因而不能或不便于按照产品制定定额，而只能按照车间、部门和费用项目，按年、季、月编制制造费用计划加以控制。应该通过制造费用的归集和分配，反映和监督制造费用计划的执行情况，并将耗费正确、及时地计入各有关产品的成本。

一、制造费用的归集

制造费用的内容比较复杂，为了减少费用项目，简化核算工作，制造费用的费用项目不按直接用于产品生产、间接用于产品生产以及用于组织、管理生产划分，而将这些方面相同性质的耗费合并设立相应的费用项目。例如，将这些方面固定资产的折旧费合并设立一个"折旧费"项目，将生产工具和管理用具的摊销合并设立"低值易耗品摊销"项目等。因此，制造费用的费用项目一般应该包括：机物料消耗、职工薪酬、折旧费、租赁（不包括融资租赁）费、保险费、低值易耗品摊销、水电费、取暖费、运输费、劳动保护费、设计制图费、试验检验费、差旅费、办公费、在产品盘亏、毁损和报废（减盘盈），以及季节性及修理期间停工损失等。

工业企业可以根据耗费比重大小和管理要求，对上述某些费用项目进行合并或进一步细分，也可以另行设立制造费用项目。但是，为了使各期成本资料可比，制造费用项目一经确定,不应任意变更。

制造费用的归集和分配应该通过"制造费用"科目进行。该科目应按不同的车间、部门设立明细账,账内按照制造费用项目设立专栏或专行,分别反映各车间、部门各项制造费用的发生情况,应该根据有关的付款凭证、转账凭证和前述各种耗费分配表进行登记。

通过以上所述,应该进一步明确,生产车间发生的生产耗费,有的应该借记"基本生产成本"或"辅助生产成本"科目,有的则应借记"制造费用"科目:基本生产车间发生的耗费中,专门设置成本项目的耗费(如直接用于产品生产的原材料耗费),应借记"基本生产成本"总账科目,并记入所属有关产品成本明细账的这一成本项目(如"直接材料"成本项目);不是专设成本项目,而是制造费用中的某项耗费(如间接用于产品生产的机物料耗费),应借记"制造费用"总账科目,并记入有关车间、部门的制造费用明细账相应的费用项目(如"机物料消耗"费用项目)。辅助生产车间发生的耗费,如果辅助生产的制造费用是通过"制造费用"科目核算的,应比照基本生产车间发生的耗费核算;如果辅助生产的制造费用不通过"制造费用"科目核算,则应全部借记"辅助生产成本"总账科目,并记入有关的辅助生产成本明细账相应的成本或耗费项目。前述东方公司辅助生产车间发生的耗费,就是按照后一种方法核算的,其辅助生产成本明细账中所设的项目是产品成本项目与制造费用项目结合设立的项目。

月末,应根据"制造费用"总账科目和所属明细账借方归集的制造费用,分析和考核制造费用计划的执行情况,并将制造费用分配计入各种产品成本。

【例 3-12】 根据东方公司 20××年 9 月各种耗费分配表及付款凭证等登记基本生产车间的"制造费用"明细账,见表 3-22。

表 3-22

制造费用明细账

车间名称:某基本生产车间

月	日	摘要	职工薪酬	机物料消耗	折旧费	办公费	水电费	财产保险费	租赁费	维修费	合计	转出	余额
9	29	【例3-8】付款凭证				800					800		
	30	表3-1 材料耗费分配表		1 000							1 000		
	30	表3-3 外购动力费分配表					2 720				2 720		
	30	表3-6 职工薪酬分配表	28 530								28 530		
	30	表3-7 折旧费分配表			32 640						32 640		
	30	表3-11 保险费分配表						2 500			2 500		

(续表)

月	日	摘要	职工薪酬	机物料消耗	折旧费	办公费	水电费	财产保险费	租赁费	维修费	合计	转出	余额
	30	表3-13经营租赁费分配表							5 000		5 000		
	30	表3-18辅助生产成本分配表					60 071			51 930	112 001		
	30	本月合计	28 530	1 000	32 640	800	62 791	2 500	5 000	51 930	185 191		
	30	表3-23 制造费用分配表										185 191	0

在表3-22中,各项费用专栏所记金额为借方发生额;"转出"栏为贷方发生额,应根据表3-23"制造费用分配表"登记。

表3-22中,最后一行之前的各行,均是进行的制造费用的归集,该表最后一行则属于以下即将讲述的制造费用的分配。

二、制造费用的分配

各车间(分厂,下同)的制造费用的分配对象为本车间本期所生产的各种产品或所提供的劳务。如果本车间在本期生产中产生废品,则废品也应负担制造费用。基本生产车间的制造费用是产品生产成本的组成部分。在只生产一种产品的车间,制造费用可以直接计入该产品的成本。在生产多种产品的车间,如果各生产班组按产品品种分工,则各班组本身发生的制造费用也是直接计入耗费,应直接计入各种产品的成本,而各班组共同发生的制造费用是间接计入耗费,应当采用适当的分配方法计入各种产品的成本;如果各生产班组按生产工艺分工,则全部制造费用都是间接计入耗费,应当采用适当的分配方法分别计入该车间各种产品的成本。所谓"适当的分配方法",是指既合理又比较简便的分配方法,将制造费用分配计入该车间各种产品的生产成本,即记入"基本生产成本"科目及其明细账的"制造费用"成本项目。

分配制造费用的方法很多,通常采用的有生产工时比例法、机器工时比例法、生产工人工资比例法和按年度计划分配率分配法等。企业应根据实际情况,选择合理的分配方法。分配方法一经确定,不能任意变动,以保证产品成本的客观性和可比性。

制造费用的分配,应根据选择的分配方法和分配计算的结果,编制制造费用分配表,据以进行制造费用分配的总分类核算和明细分类核算。

(一) 生产工时比例法、生产工人工资比例法、机器工时比例法

生产工时比例法是按照各种产品所用生产工人实耗工时的比例分配制造费用的一种方法。如果产品的工时定额比较准确,制造费用也可以按定额工时的比例分配。按

照生产工时比例分配制造费用,同分配工资耗费一样,能将劳动生产率与产品负担的耗费水平联系起来,使分配结果比较合理。由于生产工时是分配间接计入耗费常用的分配标准之一,因而必须正确组织产品生产工时的核算。做好生产工时的记录和核算工作,不仅是计算产品成本的一项重要的基础工作,而且对于分析和考核劳动生产率水平、加强生产管理和劳动管理也有着重要意义。

生产工人工资比例法是以各种产品的生产工人工资的比例分配制造费用的一种方法。采用这种分配方法,各种产品生产的机械化程度应该相差不大。否则,机械化程度高的产品,由于工资耗费少,分配的制造费用也少,这会影响制造费用分配的合理性。这是因为,制造费用中包括不少与机器设备使用有关的耗费,如机器设备的折旧费、租赁费和保险费等,产品生产的机械化程度高,一般应该多负担这些耗费,而不应该少负担这些耗费。

机器工时比例法是按照各种产品所用机器设备运转时间的比例分配制造费用的一种方法。这种分配方法下各种产品分配的制造费用,与所用机器设备运转的时间密切联系。这种分配方法适用于产品生产机械化程度较高的车间,并要求必须具备各种产品所用机器工时的原始记录。

由于制造费用包括各种性质和用途的耗费,为了提高分配结果的合理性,在增加核算工作量不多的情况下,也可以将制造费用加以分类。例如,分为与机器设备使用有关的耗费和由于管理、组织生产而发生的耗费两类,分别采用适当的分配方法进行分配;前者可按机器工时比例分配,后者可按生产工时比例分配。

以上三种方法,有关计算公式如下:

$$分配率 = \frac{制造费用总额}{各种生产工时(生产工人工资、耗用机器工时)总数}$$

某种产品应分配的制造费用 = 该产品生产工时(生产工人工资、耗用机器工时) × 分配率

【例 3-13】 根据东方公司 20××年 9 月某基本生产车间制造费用明细账及有关资料,按照生产工时比例法编制该基本生产车间"制造费用分配表"见表 3-23(参考格式)。

表 3-23

制造费用分配表

(生产工时比例法)

车间名称:某基本生产车间　　　　　20××年 9 月　　　　　　　　　金额单位:元

应借科目	生产工时* (小时)	分配金额 (分配率:11.5744)
基本生产成本——某车间——甲产品	10 000	115 744
——乙产品	6 000	69 447
合　　计	16 000	185 191

* 生产工时资料见表 3-5。

根据表 3-23 编制如下会计分录,并据以登记有关总账和明细账。

借:基本生产成本——某车间——甲产品　　　　　　　　　　　　115 744
　　　　　　　　　　　　——乙产品　　　　　　　　　　　　 69 447
　　贷:制造费用——某基本生产车间　　　　　　　　　　　　　185 191

【例 3-14】 根据东方公司 20××年 9 月某基本生产车间制造费用明细账及有关资料,按照生产工人工资比例法编制该基本生产车间"制造费用分配表",见表 3-24(参考格式)。

表 3-24

制造费用分配表
(生产工人工资比例法)

车间名称:某基本生产车间　　　　20××年 9 月　　　　　　金额单位:元

应借科目	生产工人工资*	分配金额 (分配率:0.4873)
基本生产成本——某车间——甲产品 　　　　　　　　　　　——乙产品	225 000 155 000	109 642.50 75 548.50**
合　计	380 000	185 191.00

* 生产工人工资工时资料见表 3-5。
** 为处理四舍五入近似计算导致的尾差,此金额可通过"倒挤"获得:

$$185\ 191 - 109\ 642.50 = 75\ 548.50 \approx 155\ 000 \times 0.4873 = 75\ 531.50(元)$$

根据以上制造费用分配表编制如下会计分录:

借:基本生产成本——某车间——甲产品　　　　　　　　　　　　109 642.50
　　　　　　　　　　　　——乙产品　　　　　　　　　　　　 75 548.50
　　贷:制造费用——某基本生产车间　　　　　　　　　　　　　185 191.00

机器工时比例法分配制造费用的程序与以上方法类似,此处不再介绍。

(二) 按年度计划分配率分配法

采用年度计划分配率分配法是按照年度开始前确定的全年度内适用的计划分配率分配制造费用的方法。假定以定额工时作为分配标准,其分配计算的公式为:

$$年度计划分配率 = \frac{年度制造费用计划总额}{年度各种产品计划产量的定额工时总数} \times 100\%$$

$$某月某种产品负担的制造费用 = 该月该种产品实际产量的定额工时数 \times 年度计划分配率$$

生产多品种产品的企业,因为各种产品的产量不能直接相加,所以这种分配方法要以定额工时为分配标准,即分配率计算公式的分母要按定额工时计算。

采用这种分配方法,不管各月实际发生的制造费用多少,每月各种产品中的制造费用都按年度计划分配率分配。但在年度内如果发现全年的制造费用实际数和产量实际数与计划数可能发生较大的差额时,应及时调整计划分配率。

假设某工业企业某车间全年制造费用计划为 737 280 元;全年各种产品产品的计划产量为:A 产品 33 600 件,B 产品 15 600 件;单件产品的工时定额为:A 产品 5 小时,B 产品 4 小时。则

A 产品年度计划产量的定额工时=33 600×5=168 000(小时)

B 产品年度计划产量的定额工时=15 600×4=62 400(小时)

制造费用年度计划分配率=737 280÷(168 000+62 400)=3.2(元/小时)

假设该车间 5 月份的实际产量为:A 产品 3 000 件,B 产品 1 500 件;该月实际制造费用为 64 000 元。则

A 产品该月实际产量的定额工时=3 000×5=15 000(小时)

B 产品该月实际产量的定额工时=1 500×4=6 000(小时)

该月 A 产品应负担的制造费用=15 000×3.2=48 000(元)

该月 B 产品应负担的制造费用=6 000×3.2=19 200(元)

该车间该月应分配转出的制造费用为:48 000+19 200=67 200(元)

该车间该月份的实际制造费用 64 000 元(即制造费用明细账的借方发生额),比按该月实际产量和年度计划分配率分配转出的制造费用 67 200 元(即制造费用明细账的贷方发生额)少 3 200 元。因此,采用这种分配方法时,制造费用明细账以及与之相联系的"制造费用"总账科目,不仅可能有月末余额,而且既可能有借方余额,也可能有贷方余额。借方余额表示超过计划的预付耗费,属于待摊性质的耗费;贷方余额表示按照计划应付而未付的耗费,属于预提性质的耗费。

假定该企业只有一个车间,9 月初制造费用余额为借方余额 4 000 元。则该月制造费用的实际发生额和分配转出额的登记结果见表 3-25 T 形账户。

表 3-25

T 形 账 户

制造费用

9 月初余额	4 000		
9 月份实际发生额	64 000	9 月份分配转出额	67 200
9 月末余额	800		

在按年度计划分配率分配制造费用的情况下,"制造费用"科目如果年末有余额,就是全年制造费用的实际发生额与计划分配额的差额,一般应在年末调整计入 12 月份的产品成本:借记"基本生产成本"科目,贷记"制造费用"科目(如果实际发生额大于计划

分配额,用蓝字调增;反之,用红字调减)。

这种分配方法的核算工作很简便,特别适用于季节性生产企业。因为在这种生产企业中,每月发生的制造费用相差不多,但生产淡月和旺月的产量却相差悬殊,如果按照实际费用分配,各月单位产品成本中的制造费用将随产量忽高忽低,而这不是由于车间工作本身引起的,因而不便于成本分析工作的进行。此外,这种分配方法还可以按旬或按日提供产品成本预测所需要的产品应分配的制造费用资料,有利于产品成本的日常控制。但是,采用这种分配方法,必须有较高的计划工作的水平。否则年度制造费用的计划数脱离实际太大,就会影响成本计算的准确性。

制造费用的归集和分配,除了季节性的生产性企业或采用按年度计划分配率分配法分配制造费用的企业以外,"制造费用"总账科目和所属明细科目月末进行分配后都应没有余额。

至此,在不单独核算废品损失和停工损失的企业中,应计入本月产品成本的生产耗费,都已归集在"基本生产成本"总账科目的借方,并已归集在所属产品成本明细账的本月发生额的有关成本项目中。对于不单独核算上述这两种生产损失的企业,生产成本在各种产品之间横向的分配和归集,亦即各种产品的成本界限的划分已经介绍完毕。

第四节　生产损失的归集和分配

生产损失是指工业企业在产品生产过程中因生产原因所造成的损失,包括废品损失和停工损失。生产损失是企业产品成本的组成部分,对生产损失进行核算与控制,对加强企业管理、改进生产技术、提高产品质量、降低产品成本和提高经济效益具有重要意义。

一、废品损失的归集与分配

在管理上要求单独反映和控制废品损失的工业企业中,在进行成本核算时,还应进行废品损失的核算。生产中的废品,是指不符合规定的技术标准,不能按照原定用途使用,或者需要重新加工修理后才能使用的在产品、半成品或产成品。不论是在生产过程中发现的废品,还是在入库后发现的废品,都应包括在内。但是,对于入库时是合格品,由于保管不善,运输不当等原因而损坏、变质的产品不属于废品,这种产品损坏、变质是管理上的问题所造成的,所产生的损失应作为管理费用处理;对于经检验部门鉴定不需要返修而可以降价出售的不合格品,也不属于废品,其售价低于合格品售价所发生的损失,体现在产品销售损益之中。实行包退、包修、包换"三包"的企业,在产品出售以后发现的废品所发生的一切损失,也应计入管理费用,不包括在废品损失内。

废品分为可修复废品和不可修复废品两种。可修复废品,是指经过修理可以使用,而且所花费的修复成本在经济上合算的废品(必须同时具备这两个条件);不可修复的废品,则指技术上不能修复,或所花费的修复成本在经济上不合算的废品(只需具备其中的一个条件)。

废品损失包括在生产过程中发现的和入库后发现的不可修复废品的生产成本,以及可修复废品的修复成本,扣除回收的废品残料价值和应由过失单位或个人赔款以后的损失。

质量检验部门发现废品时,应该填制废品通知单,列明废品的种类、数量、产生废品的原因和过失人等。废品分工废和料废两类,工废是由于工人操作上的原因造成的废品,属于操作工人的责任;料废是由于送来的加工原材料或半成品的质量不符合要求所造成的废品,不属于操作工人的责任。成本会计人员应该会同检验人员对废品通知单所列废品产生的原因和过失人等项目加强审核。只有经过审核的废品通知单,才能作为废品损失核算的根据。

为了单独核算废品损失,在会计科目中应增设"废品损失"科目;在成本项目中应增设"废品损失"项目。

"废品损失"科目是为了归集和分配废品损失而设立的。该科目应按车间设立明细账,账内按产品品种分设专户,并按成本项目分设专栏或专行,进行明细核算。不可修复废品的生产成本和可修复废品的修复成本,都应在"废品损失"科目的借方进行归集。其中不可修复废品的生产成本,应根据不可修复废品损失计算表(下面即将述及),借记"废品损失"科目,贷记"基本生产成本"科目;可修复废品的修复成本,应根据前述各种耗费分配表,借记"废品损失"科目,贷记"原材料""应付职工薪酬"和"制造费用"等科目。因此,在单独核算废品损失的企业中,在编制各种耗费分配表时,应该为修复废品而发生的耗费,加设借记"废品损失"科目的行次。废品残料的回收价值和应收的赔款,应从"废品损失"科目的贷方转出:借记"原材料"和"其他应收款"等科目,贷记"废品损失"科目。"废品损失"科目上述借方发生额大于贷方发生额的差额,就是废品损失,应分配转由本月同种产品的成本负担:借记"基本生产成本"科目,贷记"废品损失"科目。通过上述归集和分配,"废品损失"科目月末没有余额。

(一) 不可修复废品损失的归集和分配

为了进行不可修复废品损失的归集和分配,应先计算截至报废时已经发生的废品的生产成本;然后扣除残值和应收赔款,算出废品的净损失。不可修复废品的生产成本,一般可按废品所耗实际耗费(即按废品的实际成本)计算,也可按废品所耗定额耗费计算。

1. 按废品的实际成本计算

按废品的实际成本计算,由于废品报废以前发生的各项耗费是与合格产品一起计算的,因而要将废品报废以前与合格品计算在一起的各项耗费,采用适当的分配方法,在合格品与废品之间进行分配,计算出废品的实际成本,从"基本生产成本"科目的贷方转入"废品损失"科目的借方。

简例:假定某工业企业某车间生产 A 种产品 1 000 件,原材料在生产开始时一次性投入。20××年×月,生产过程中发现 20 件不可修复废品。该产品成本明细账所记合格品和废品共同发生的生产成本为:原材料耗费 700 000 元,燃料及动力耗费 6 000 元,生产工人薪酬耗费 570 600 元,制造费用 120 000 元,合计 1 396 600 元。因为原材料是在生产开始时一次性投入的,所以原材料耗费应按合格品数量 980 件和废品数量 20 件的比例进行分配;其他耗费按生产工时比例分配,生产工时为:合格品 29 400 小时,废品 400 小时,合计 29 800 小时。废品回收的残料入库,计价 600 元。经领导研究决定,由过失人赔款 500 元。根据上述资料,编制"不可修复废品损失计算表",见表 3-26。

根据表 3-26 中的不可修复废品损失计算,应编制如下会计分录并据以登记有关总账和明细账:

(1) 结转不可修复废品成本。

表 3-26

不可修复废品损失计算表
(按实际成本计算)

车间名称:某车间
产品名称:A　　　　　　　　　20××年×月　　　　　　　　　金额单位:元

项　目	数量(件)	直接材料	生产工时	燃料及动力	直接人工	制造费用	成本合计
合格品和废品生产成本总额	1 000	700 000	29 800	6 000	570 600	120 000	1 396 600
成本分配率		700①		0.20②	19.15③	4.03④	
废品生产成本	20	14 000	400	80	7 660	1 612	23 352
减:残料价值							600
责任人赔款							500
废品损失		13 400		80	7 660	1 612	22 752

在表 3-26 中,

① 700 000÷1 000=700(元/件)

② 6 000÷29 800≈0.20(元/小时)

③ 570 600÷29 800≈19.15(元/小时)

④ 120 000÷29 800≈4.03(元/小时)

借：废品损失——A产品 23 352
　　贷：基本生产成本——A产品(直接材料) 14 000
　　　　　　　　——A产品(燃料及动力) 80
　　　　　　　　——A产品(直接人工) 7 660
　　　　　　　　——A产品(制造费用) 1 612

(2) 废品残料回收入库。

借：原材料 600
　　贷：废品损失——A产品 600

(3) 登记应收过失人赔款。

借：其他应收款 500
　　贷：废品损失——A产品 500

(4) 将废品净损失 22 252 元(23 352－600－500)，转入同种合格品的成本。

借：基本生产成本——A产品(废品损失) 22 252
　　贷：废品损失——A产品 22 252

在上述 4 笔会计分录中，第(1)笔分录是从 A 产品成本明细账的各成本项目中将属于废品的生产成本转出；第(4)笔分录是将废品的净损失转入该产品成本明细账中的"废品损失"成本项目。这样，既可以通过"废品损失"科目总括反映整个企业的废品损失，又可以通过产品成本明细账"废品损失"成本项目具体反映各种产品的废品损失。应该注意到：由于产生了废品，减少了合格品的数量，合格产品的单位成本提高了，导致企业发生了生产损失。

2. 按废品所耗定额成本计算

按废品的实际生产成本计算废品损失，比较合理、符合实际，但核算工作量较大。按废品所耗定额成本核算不可修复废品损失，可以减少核算工作量。

在按废品所耗定额成本计算不可修复废品损失时，废品的生产成本按废品的数量和各项耗费定额计算，而不考虑废品实际发生的耗费与定额计算的耗费的差异。

仍沿用前述简例的基本资料，按其所耗定额耗费计算废品的生产成本。其原材料耗费定额为 702 元，每小时加工成本的定额为：燃料及动力 0.2 元，生产工人薪酬 19 元，制造费用 4 元。废品 20 件的定额工时合计为 400 小时。按废品所耗定额成本计算不可修复废品损失，应编制"不可修复废品损失计算表"，见表 3-27。

表 3-27

不可修复废品损失计算表

（按定额成本计算）

车间名称：某车间　　　　　　　　　20××年××月

产品名称：A

废品数量：20 件　　　　　　　　　　　　　　　　　　　　　金额单位：元

项　　目	直接材料	燃料及动力	直接人工	制造费用	合　　计
耗费定额	702	0.2	19	4	
废品定额成本	14 040①	80.0②	7 600③	1 600④	23 320
减：残料价值					600
责任人赔款					500
废品损失					22 220

在表 3-27 中，

① 20 件×702 元/件＝14 040 元

② 400 小时×0.2 元/小时＝80 元

③ 400 小时×19 元/小时＝7 600 元

④ 400 小时×4 元/小时＝1 600 元

因为原材料是在生产开始时一次性投入的，所以在表 3-27 所列不可修复废品损失计算中，废品的定额原材料耗费应根据原材料耗费定额乘以废品数量计算；其他成本在随着生产进度陆续发生的情况下，其定额成本应根据各该耗费定额乘定额工时计算。根据该表所应编制的会计分录的科目对应关系，与按实际成本计算废品生产成本的方法相同（会计分录不再赘述）。

按废品的定额耗费计算废品的定额成本，由于耗费定额事先已经确定，不仅计算工作比较简便，而且还可以使计入产品成本的废品损失数额不受废品实际耗费水平高低的影响。也就是说，废品损失大小只受废品数量差异（量差）的影响，不受废品实际成本与定额成本差异（价差）的影响，从而有利于对废品损失和产品成本的分析和考核。但是，采用这一方法计算废品生产成本，必须具备比较准确的定额资料，否则会影响成本计算的准确性。

（二）可修复废品损失的归集和分配

可修复废品损失是指废品在修复过程中所发生的各项修复成本。可修复废品返修以前发生的生产成本，不是废品损失，应留在"基本生产成本"科目和所属有关产品成本明细账中，不必转出。返修发生的各种耗费为废品损失，应根据前述各种耗费分配表等记入"废品损失"科目的借方。如有残值和应收的赔款，应从"废品损失"科目的贷方，转入"原材料"和"其他应收款"等科目的借方，以冲减废品损失。修复完毕，应将废品修复成本减去残值和赔款后的废品净损失,从"废品损失"科目的贷方转入"基本生产成本"科目的借方,在所属有关的产品成本明细账中,记入"废品损失"成本项目。

对于废品率低,废品损失对产品成本影响不大的企业,如果管理上不要求提供废品损失的资料,则可以不单独核算废品损失,不设置"废品损失"账户及"废品损失"成本项目。在这种情况下,不可修复废品发生的耗费或可修复废品发生的修复耗费就与合格品耗费混合在一起,最终计入合格品成本。在不单独核算废品损失的企业中,回收废品残料时,借记"原材料"科目,贷记"基本生产成本"科目,并从所属有关产品成本明细账的"原材料"成本项目中扣除残料价值。"基本生产成本"科目和所属有关产品成本明细账归集的完工产品总成本,除以合格品数量,就是合格产品的单位成本。这样核算很简便,但由于合格产品的各成本项目中都包括不可修复废品的生产成本和可修复废品的修复耗费,没有对废品损失进行单独的反映,因而不便于对废品损失的分析和控制。

以上所述废品损失是指基本生产的废品损失。辅助生产的规模一般不大,为了简化核算工作,一般不单独核算废品损失。

二、停工损失的归集与分配

在管理上要求单独反映和控制停工损失的工业企业中,在进行成本核算时,还应进行停工损失的核算。

(一)停工损失的确认与报告

停工损失是指生产车间或车间内某个班组在停工期间因减产、停电、待料、机器设备发生故障等原因而造成的损失。停工损失包括停工期间发生的生产工人薪酬、应负担的制造费用和所耗费的原材料、燃料及动力费等。应由过失单位或保险公司负担的赔款,应从停工损失中扣除。

企业发生停工的原因很多,如电力中断,原材料供应脱节,机器设备发生故障或进行大修理,发生非常灾害,以及计划减产等,都可能引起停工。并不是所有的停工都作为停工损失处理。比如,由于自然灾害停工而造成的损失,应在"营业外支出"账户归集;因季节性停工和固定资产大修理的停工而造成的损失,应在"制造费用"账户归集。为了简化核算工作,停工不满一个工作日的,一般不计算停工损失。计算停工损失的时间起点,由企业或主管企业的上级机构确定。

企业发生停工时,应按企业规定的程序填制"停工报告单",并报有关部门审批。只有经过审批且应作为停工损失处理的"停工报告单",才能作为停工损失核算的依据。"停工报告单"一式数联,有关部门将经过审批的其中的一联转交会计部门,会计人员审核无误后,作为停工损失核算的主要依据。"停工报告单"的参考格式见表3-28。

表 3-28

停工报告单

20××年

部　　门		停工时间		月　日　时　分　至　月　日　时　分	
停工范围				原生产产品	
停工原因					
影　　响					
批　　示				采取措施	

注：本表由生产管理部门发出，经现场主管填妥后由生产管理部门呈厂长批示后存生产管理部门。

现场主管：

（二）停工损失的归集与分配

企业为了掌握停工损失对产品成本的影响情况，明确经济责任，加强对停工损失的控制和分析，可以设置"停工损失"科目，对停工损失进行归集和分配。该科目应按车间设立明细账，账内按成本项目分设专栏或专行，进行明细核算。停工期间发生的应该计入停工损失的各种耗费，都应在该科目的借方归集：借记"停工损失"科目，贷记"原材料""应付职工薪酬"和"制造费用"等科目。因此，在单独核算停工损失的企业中，在编制各种耗费分配表时，应该将属于停工损失的耗费，加填借记"停工损失"科目的行次；而在制造费用的费用项目中，则可不设立"季节性和修理期间停工损失"费用项目。

归集在"停工损失"科目借方的停工损失，其中应取得赔偿的损失和应计入营业外支出的损失，应从该科目的贷方分别转入"其他应收款"和"营业外支出"科目的借方；应计入产品成本的损失，则应从该科目的贷方转入"基本生产成本"科目的借方。应计入产品成本的停工损失，如果停工的车间只生产一种产品，应直接记入该种产品成本明细账的"停工损失"成本项目；如果停工的车间生产多种产品，则应采用适当的分配方法（一般采用分配制造费用的方法），分配记入该车间各种产品成本明细账的"停工损失"成本项目。通过上述归集和分配，"停工损失"科目月末应无余额。在不单独核算停工损失的企业中，不设立"停工损失"会计科目和成本项目。停工期间发生的属于停工损失的各种费用，直接记入"制造费用"和"营业外支出"等科目。这样核算很简便，但不便于对停工损失进行分析和控制。

以上所述停工损失，都是指基本生产的停工损失。辅助生产由于规模不大，为了简化核算工作，一般不单独核算停工损失。

在单独核算废品损失和停工损失的企业中，也已将应计入本月产品成本的生产耗费全部归集在"基本生产成本"科目的借方，并在各产品成本明细账的本月发生额中按"直接材料""直接人工""制造费用""废品损失"和"停工损失"等成本项目分别反映。

至此，第二模块第二章第一节所述的第"（四）"界限的划分，亦即生产成本在各种产品之间横向的分配和归集已经介绍完毕。

第五节 期间费用的归集和结转

期间费用是指本期发生的、不计入产品成本而直接计入当期损益的各项费用，包括销售费用、管理费用、财务费用。

一、销售费用的归集和结转

销售费用是指企业销售商品和材料、提供劳务的过程中发生的各种费用，包括保险费、包装费、展览费和广告费、商品维修费、预计产品质量保证损失、运输费、装卸费等以及为销售本企业商品而专设的销售机构（含销售网点、售后服务网点等）的职工薪酬、业务费、折旧费等经营费用。

销售费用的归集和结转是通过"销售费用"总账科目和所属明细账进行的。"销售费用"科目应按费用项目设置明细账，进行明细核算，用以反映和考核各项费用的支出情况。发生上述各项销售费用时，借记"销售费用"科目，贷记"库存现金""银行存款""应付账款""应付职工薪酬""累计折旧"等科目。企业发生的与专设销售机构相关的固定资产修理费用等后续支出，也在"销售费用"科目核算。月末，将归集在"销售费用"总账和明细账借方余额的销售费用，转入"本年利润"科目，结转后"销售费用"总账和所属明细账应无余额。

【例3-15】 根据东方公司20××年9月各种耗费分配表及有关凭证，登记"销售费用"明细账，见表3-29。

表3-29

销售费用明细账

20××年9月　　　　　　　　　　　　　　　　　　　　　　　　　　　单位：元

月	日	摘　　要	职工薪酬	物料消耗	折旧费	修理费	办公费	水电费	……	其他	合计	转出	余额
9	29	[例3-8]付款凭证					2 000				2 000		
9	30	表3-1 材料耗费分配表		600							600		
	30	表3-3 外购动力费分配表						2 040			2 040		
	30	表3-6 职工薪酬分配表	31 700								31 700		
	30	表3-7 折旧费分配表			6 120						6 120		

(续表)

月	日	摘要	职工薪酬	物料消耗	折旧费	修理费	办公费	水电费	……	其他	合计	转出	余额
	30	表3-18 辅助生产成本分配表				5 770		5 676			11 446		
	30	本月合计	31 700	600	6 120	5 770	2 000	7 716			53 906		
	30	转账凭证										53 906	0

月末,将归集在"销售费用"总账和明细账借方余额的销售费用,转入"本年利润"科目,编制如下会计分录:

借:本年利润　　　　　　　　　　　　　　　　　　　　　　　53 906
　　贷:销售费用　　　　　　　　　　　　　　　　　　　　　　　53 906

二、管理费用的归集和结转

管理费用是指企业为组织和管理企业生产经营所发生的管理费用,包括企业在筹建期间内发生的开办费、董事会和行政管理部门在企业的经营管理中发生的或者应由企业统一负担的公司经费(包括行政管理部门职工薪酬、物料消耗、低值易耗品摊销、办公费和差旅费等)、工会经费、董事会费(包括董事会成员津贴、会议费和差旅费等)、聘请中介机构费、咨询费(含顾问费)、诉讼费、业务招待费、技术转让费、矿产资源补偿费、研发费用、排污费等。

管理费用的归集和结转是通过"管理费用"总账科目和所属明细账进行的。"管理费用"科目应按费用项目设置明细账,进行明细核算,用以反映和考核各项费用的支出情况。发生上述各项管理费用时,借记"管理费用"科目,贷记"库存现金""银行存款""应付账款""应付职工薪酬""累计折旧""应交税费""研发支出"等科目。月末,将归集在"管理费用"总账和明细账借方余额的管理费用,转入"本年利润"科目,结转后本科目应无余额。

【例3-16】 根据东方公司20××年9月各种耗费分配表及有关凭证,登记"管理费用"明细账,见表3-30。

表3-30

管理费用明细账

20××年9月　　　　　　　　　　　　　　　　　　　　　　　　单位:元

月	日	摘要	职工薪酬	物料消耗	折旧费	修理费	办公费	水电费	税金	业务招待费	其他	合计	转出	余额
9	29	[例3-7][例3-8]付款凭证				3 000			200	5 000		8 200		

(续表)

月	日	摘要	职工薪酬	物料消耗	折旧费	修理费	办公费	水电费	税金	业务招待费	其他	合计	转出	余额
9	31	表3-1 材料耗费分配表		400								400		
	31	表3-3 外购动力费分配表						2 720				2 720		
	31	表3-6 职工薪酬分配表	39 625									39 625		
	31	表3-7 折旧费分配表			17 136							17 136		
	31	表3-11 预付保险费分配表									1 300	1 300		
	31	表3-13 预提租赁费分配表									1 000	1 000		
	31	表3-18 辅助生产成本分配表				23 084		8 769				31 853		
	31	本月合计	39 625	400	17 136	23 084	3 000	11 489	200	5 000	2 300	102 234		
	31	转账凭证											102 234	0

月末,将归集在"管理费用"总账和明细账借方余额的管理费用,转入"本年利润"科目,编制会计分录如下:

借:本年利润　　　　　　　　　　　　　　　　　　　　　　　　102 234
　　贷:管理费用　　　　　　　　　　　　　　　　　　　　　　　　102 234

三、财务费用的归集和结转

财务费用是指企业为筹集生产经营所需资金等而发生的筹资费用,包括利息支出(减利息收入)、汇兑损益以及相关的手续费、企业发生的现金折扣或收到的现金折扣等。

财务费用的归集和结转是通过"财务费用"总账科目和所属明细账进行的。"财务费用"科目应按费用项目设置明细账,进行明细核算,用以反映和考核各项费用的支出情况。发生上述各项财务费用时,借记"财务费用"科目,贷记"银行存款""未确认融资费用"等科目。发生的应冲减财务费用的利息收入、汇兑损益、现金折扣,借记"银行存款""应付账款"等科目,贷记"财务费用"科目。月末,将归集在"财务费用"总账和明细账借方余额的财务费用,转入"本年利润"科目,结转后本科目应无余额。

【例3-17】 根据东方公司20××年9月各种耗费分配表及有关凭证,登记"财务费用明细账",见表3-31。

表 3-31

财务费用明细账

20××年9月　　　　　　　　　　　　　　　　　　单位:元

月	日	摘　　要	利息支出	汇兑损益	手续费	……	合计	转出	余额
9	30	利息收入	−275*				−275*		
	30	预提利息分配表	1 300				1 300		
	30	本月合计	1 025				1 025		
	30	转账凭证						1 025	0

* 实际工作中,以红字275登记。

月末,将归集在"财务费用"总账和明细账借方余额的财务费用,转入"本年利润"科目,编制会计分录如下:

借:本年利润　　　　　　　　　　　　　　　　　　　　　　　　　　　1 025
　　贷:财务费用　　　　　　　　　　　　　　　　　　　　　　　　　1 025

【思考题】

1. 某项要素耗费如果是几种产品的间接计入耗费,则间接计入耗费的分配标准主要有哪些?举例说明怎样选择适当的分配方法。
2. 分配间接计入耗费的计算公式是怎样概括的?举例说明耗费分配率的直观经济含义。
3. 简述辅助生产成本的主要分配方法及各自的特点、主要优缺点和适用范围。
4. 基本生产车间制造费用分配方法主要有哪几种?简述各自的适用范围。
5. 什么是废品损失?如何进行不可修复废品损失和可修复废品损失的核算?
6. 针对实际生活中常见的产品,举例说明,在几种产品共同耗用同一种原料及主要材料时,哪种情况下应按重量分配?哪种情况下应按体积分配?哪种情况下应按表面积分配?

【实务题】

1. 某企业生产甲、乙两种产品,20××年×月共同耗用某种原材料12 800元。单件产品原材料消耗定额:甲产品10千克,乙产品12千克。本月投产甲产品100件,乙产品50件。按原材料定额消耗量比例分配计算甲、乙产品实际耗用原材料成本。

2. 某企业生产甲、乙两种产品。20××年×月共同耗用原材料52 920元。本月投产甲产品200件，乙产品300件。单件原材料成本定额：甲产品120元，乙产品100元。按定额成本比例分配计算甲、乙产品实际耗用原材料成本。

3. 某工业企业生产甲、乙两种产品，共同耗用A和B两种原材料，耗用量不能按产品直接计入。

   甲产品投产100件，原材料单件消耗定额为：A材料10千克，B材料5千克；乙产品投产200件，原材料单件消耗定额为：A材料4千克，B材料6千克。

   甲、乙两种产品实际消耗总量为：A材料1 782千克，B材料1 717千克。

   原材料计划单价为：A材料2元，B材料3元。原材料成本差异率为−2%。

   要求：按定额消耗量比例分配甲、乙两种产品的原材料耗费，编制原材料耗费分配表和会计分录。

4. 某企业生产甲、乙两种产品。20××年×月30日通过银行支付本月外购电力费43 032元。×月月末查明各车间、部门耗电度数为：基本生产车间耗电35 000度，其中车间照明用电5 000度；辅助生产车间耗电7 900度，其中车间照明用电1 900度；企业管理部门耗电6 000度。

   要求：

   （1）按所耗电度数分配电力费用，A，B产品按生产工时分配电费。A产品生产工时为36 000小时，B产品生产工时为24 000小时。

   （2）编制该月支付外购电费的会计分录。

   （3）编制该月分配外购电费的会计分录。

   （该企业基本车间明细账设有"燃料及动力"成本项目；辅助生产车间明细账设有"燃料及动力"成本项目，且辅助车间设"制造费用"明细账；所编分录列示到成本项目）。

5. 某企业生产甲、乙、丙三种产品，20××年×月实际工时为：甲产品20 000小时，乙产品15 000小时，丙产品25 000小时。根据职工薪酬结算凭证汇总的职工薪酬耗费为：基本生产车间生产工人900 000元，车间管理人员35 000元，企业行政管理部门人员25 000元，专设销售机构人员20 000元。按实际工时比例分配计算甲、乙、丙三种产品的生产工人职工薪酬，并根据分配结果和以上有关资料编制职工薪酬耗费分配的会计分录。

6. 根据第一模块的实训资料，分别采用直接分配法和代数分配法进行辅助生产成本的分配。

7. 某企业设有供水、运输两个辅助生产车间，本月辅助生产车间的辅助生产成本及劳务量见表3-32（辅助车间的制造费用不通过"制造费用"科目核算）。

表 3-32

辅助生产车间的辅助生产成本及劳务量

项目		供水车间	运输车间
待分配辅助生产成本		20 000（元）	2 000（元）
劳务供应数量		20 000（立方米）	40 000（公里）
耗用劳务数量	供水车间		1 500（公里）
	运输车间	1 000（立方米）	
	基本生产车间	16 000（立方米）	30 000（公里）
	企业管理部门	3 000（立方米）	8 500（公里）

要求：采用交互分配法，计算分配辅助生产成本（列示计算过程）；填制"辅助生产成本分配表"（见表 3-33）和编制有关会计分录。

表 3-33

辅助生产成本分配表

（交互分配法）

项目			交互分配			对外分配		
辅助生产车间名称			供水车间	运输车间	合计	供水车间	运输车间	合计
待分配辅助生产成本								
劳务供应数量								
耗费分配率（单位成本）								
辅助生产车间耗用	供水车间	耗用数量						
		分配金额						
	运输车间	耗用数量						
		分配金额						
基本生产车间耗用		耗用数量						
		分配金额						
企业管理部门耗用		耗用数量						
		分配金额						
分配金额合计								

8. 某工业企业制造费用采用按年度计划分配率进行分配，有关资料见表 3-34。

表 3-34

某工业企业制造费用分配有关资料

产品名称	全年计划产量（件）	单位产品工时定额（元）	年度计划产量定额工时（小时）	本月实际产量（件）	本月实际产量的定额工时（小时）
甲	9 600	6.4	61 440	810	5 184
乙	7 680	4.0	30 720	600	2 400
合计	—		92 160		7 584

年度制造费用的计划总额为 829 440 元。

要求：
(1) 计算制造费用年度计划分配率。
(2) 计算本月甲、乙产品各应分配的制造费用。
(3) 计算本月应分配转出的制造费用。

9. 某企业不可修复废品成本按定额成本计价。20××年×月不可修复废品计算表所列甲产品不可修复废品的定额成本资料为：不可修复废品10件，每件原材料耗费定额50元；10件废品的定额工时合计为120小时，每小时的耗费定额为：直接人工14元，制造费用12元。不可修复废品的残料作为某种原材料入库，按计划成本共100元计价；由过失人赔款80元。不可修复废品净损失由当月产品成本负担。

要求：
(1) 计算甲产品不可修复废品的定额成本及净损失。
(2) 编制结转不可修复废品定额成本、残值、赔款和废品净损失的会计分录。

第四章　生产成本在完工产品与在产品之间的分配

第一节　生产成本在完工产品与在产品之间分配的几种情况

一、在产品与完工产品的含义

工业企业的在产品有广义在产品和狭义在产品之分。广义在产品是就整个企业而言的，它是指没有完成全部生产过程，不能作为商品销售的产品，包括正在各生产部门（车间、分厂）加工的在制品和已经完成一个或多个生产步骤，尚未最终完工、需要继续加工的自制半成品。狭义在产品是就某一生产部门或某一生产步骤而言，没有完成某一生产步骤加工过程的产品，其仅指本部门或本步骤正在加工的在制品，不包括本部门或本步骤已经完工转出的自制半成品。在以下有关章节的学习中将会看到，广义在产品和狭义在产品的概念分别适用不同的成本计算方法。

在产品继续加工，完成所有生产过程或生产步骤，验收入库后，可以对外销售时，就成为完工产品，即产成品。

二、生产成本在完工产品与在产品之间分配的几种情况

完工产品成本的计算应视本月产品完工的不同情况而定，一般有以下三种情况：

(1) 该产品本月已经全部完工，没有月末在产品，产品成本明细账中归集的生产成本（如果有月初在产品，还包括月初在产品生产成本，下同）之和，就是该种完工产品的成本。

（2）该产品本月全部没有完工，产品成本明细账中归集的生产成本之和，就是该种在产品的成本。

（3）该产品本月既有完工入库的产成品月末又有在产品，产品成本明细账中归集的生产成本之和，还应采用适当的分配方法，在完工产品与月末在产品之间，进行生产成本的分配和归集，以计算本月完工产品的总成本、单位成本和月末在产品的成本。月初在产品成本、本月发生的生产成本、完工产品成本和月末在产品成本四者之间的关系，可用公式表示如下：

月初在产品成本＋本月发生的生产成本＝本月完工产品成本＋月末在产品成本

以上公式左边两项之和为生产成本合计，又称生产成本累计，其在完工产品与在产品之间分配有两种方法：一是将生产成本合计（生产成本累计）在本月完工产品与月末在产品之间按照一定比例进行分配，计算完工产品成本和月末在产品成本；二是采用一定的方法（如定额成本法、计划成本法等方法）先确定月末在产品成本，然后倒挤出本月完工产品成本。其计算公式为：

本月完工产品成本＝月初在产品成本＋本月发生的生产成本－月末在产品成本

无论采用哪一种方法，都必须正确提供月末在产品数量资料，以便为生产成本在完工产品和月末在产品之间进行分配提供依据。

第二节　在产品的核算

一、在产品收发结存的数量核算

车间在产品收发结存数量的日常核算，通常是通过在产品收发结存账进行的。在实际工作中，这种账簿也称在产品台账，应分别车间并且按照产品的品种和在产品的名称设立，以便用来反映车间各种在产品的转入、转出和结存的数量。根据生产的特点和管理的要求，有的还应进一步按照加工工序组织在产品的数量核算。各车间应认真做好在产品的计量、验收和交接工作，并在此基础上，根据领料凭证、在产品内部转移凭证、产成品检验凭证和产品交库凭证，及时登记在产品收发结存账。其参考格式见表4-1。

表4-1

在产品收发结存账（在产品台账）

20××年

在产品名称、编号：……　　　车间名称：……　　　　　　　单位：件

月	日	摘要	收入		发出			结存		备注
			凭证号	数量	凭证号	合格品	废品	完工	未完工	
9	1	结存						…	…	

(续表)

月	日	摘要	收入		发出			结存		备注
			凭证号	数量	凭证号	合格品	废品	完工	未完工	
合计										

在产品收发结存账应根据领料凭证、在产品内部转移凭证、产品检验凭证和产品交库凭证等及时登记,由车间核算人员审核汇总。

三、在产品清查的核算

在产品的管理与企业其他财产物资一样,应定期和不定期地进行清查,做到账实相符,保证在产品的安全完整。其清查方法、清查结果的处理在基础会计课程"财产清查"中已经介绍过,不再叙述。

第三节 生产成本在完工产品与在产品之间分配的方法

如何既较合理又简便地在完工产品和月末在产品之间分配成本,是产品成本计算工作中又一个重要而复杂的问题,在产品结构复杂、零部件种类和加工工序较多的情况下更是如此。企业应该根据在产品数量的多少,各月在产品数量变化的大小,各项成本比重的大小,以及定额管理基础的好与差等具体条件,采用适当的分配方法。常用的方法有:在产品不计算成本法、在产品按固定成本计价法、在产品按所耗原材料成本计价法、约当产量比例法、在产品按完工产品计算法、在产品按定额成本计价法和定额比例法。

一、在产品不计算成本法

采用这种分配方法时,虽然有月末在产品,但不计算成本。这种方法适用于各月月末在产品数量很少的产品。如果各月月末在产品的数量很少,那么月初和月末在产品成本就很小,月初在产品成本与月末在产品成本的差额更小,算不算各月在产品成本对于完工产品成本的影响很小。因此,为了简化产品成本计算工作,可以不计算在产品成本。就是说,这种产品每月发生的生产成本,全部由该种产品的完工产品负担,其每月生产成本之和也就是每月完工产品成本。例如,煤炭工业的采煤,由于工作面小,在产品数量很少,月末在产品就可以不计算成本。

二、在产品按固定成本计价法

采用这种分配方法,各月末在产品的成本固定不变。这种方法适用于各月末在产品数量较少,或者在产品数量虽大,但各月之间变化不大的产品。这是因为,在这两种情况下,月初在产品成本与月末在产品成本的差额均不大,算不算各月在产品成本的差额对于完工产品成本的影响不大。因此,为了简化产品成本计算工作,符合上述两种情况的产品,每月在产品成本都可以固定不变。

采用这种分配方法的产品,每月发生的生产成本之和仍然就是每月该种完工产品的成本。但对于在产品数量较大,但各月之间变化不大的产品,在年末,应该根据实际盘点的在产品数量,具体计算在产品成本,据以计算 12 月份产品成本,并将算出的年末在产品成本作为下一年度各月固定的在产品成本,以免相隔时间过长,在产品成本与实际出入过大,影响产品生产成本计算的正确性。例如,炼铁企业和化工企业的产品,由于高炉和化学反应装置的容积固定,其在产品成本就可以这样计算。

三、在产品按所耗原材料成本计价法

采用这种分配方法时,月末在产品只计算其所耗用的原材料成本,不计算职工薪酬、制造费用等加工成本,就是说,产品的加工成本全部由完工产品负担。这种方法适用于各月月末在产品数量较大,各月在产品数量变化也较大,但原材料成本在生产成本中所占比重较大的产品。这是因为,各月月末在产品数量较大,各月月在产品数量变化也较大的产品,既不能采用第一种方法,也不能采用第二种方法,而必须具体计算每月月末的在产品成本。但是,由于该种产品的原材料成本比重较大,因而职工薪酬、制造费用等加工成本比重不大,在产品成本中的加工成本,尤其是月初、月末在产品加工成本的差额不大,月初和月末在产品的加工成本基本上可以互相抵销。因此,为了简化计算工作,在产品可以不计算加工成本。这时,这种产品的全部生产成本,减去按所耗原材料成本计算的在产品成本,就是该种完工产品的成本。例如,纺织、造纸和酿酒等工业的产品,原材料成本比重较大,都可以采用这种分配方法。

四、约当产量比例法

约当产量,顾名思义,指月末在产品数量按照完工程度折算为"大约"相当于多少完工产品的产量。约当产量比例法是根据本月完工产品产量(亦即完工程度为 100% 的约当产量)与月末在产品约当产量的比例分配计算完工产品成本和月末在产品成本的一种方法。这种方法适用于月末在产品数量较大,各月月末在产品数量变化也较大,产品成本中原材料成本和职工薪酬、制造费用等各项加工成本的比重相差不多的产品。这是因为:①月末在产品数量较大,而且各月月末在产品数量变化也较大,因而月末在产品成本既不能不算,也不能固定不变,而必须按照月末在产品数量具体计算。②产品成本中的原材料成本比重与职工薪酬、制造费用等各项加工成本比重相差不多,因而月末在产品不能只计算原材料成本,而必须全面地计算各项成本。

约当产量比例法通常分为以下三个步骤:

第一步,计算各个成本项目月末在产品的约当产量。其计算公式是:

$$在产品约当产量=在产品数量×完工率(对于直接材料成本项目,即投料率)$$

第二步,计算单位完工产品所应分配的各个成本项目的金额,将其称为各成本项目的"成本分配率"。其计算公式是:

$$\frac{某项成本}{分配率}=\frac{该项成本总额}{完工产品产量+在产品约当量}$$

第三步,计算本月完工产品成本和月末在产品成本。其计算公式是:

$$完工产品该项成本=完工产品产量×该项成本分配率$$

关于在产品该项成本的计算,从理论上讲,其计算方法是:

$$在产品该项成本=在产品约当产量×该项成本分配率$$

实务操作中,为了消除四舍五入近似计算产生的尾差,在产品该项成本的计算方法是:

$$在产品该项成本=该项成本总额-完工产品该项成本$$

在上述 3 个步骤中,关键(也是难点)在于"某项成本分配率"的计算。相对而言,直接材料成本分配率(投料率)比直接人工、制造费用等成本分配率的计算情况要复杂一些。以下先对约当产量比例法下直接材料成本分配的几种常见情况和相应的分配率的计算方法结合实例进行比较系统、全面的介绍。

(一)直接材料成本在本月完工产品与月末在产品之间的分配

1. 直接材料在生产开始时一次性投入

(1) 在这种情况下,每件完工产品与每件在产品耗用的直接材料成本是相等的,在产品的投料率为 100%。所以:

$$月末在产品的约当产量=月末在产品的实际数量$$

(2) $$\frac{直接材料成本}{分配率}=\frac{本月直接材料成本累计金额}{完工产品产量+月末在产品实际数量}$$

(3) 完工产品直接材料成本=完工产品产量×直接材料成本分配率

月末在产品直接材料成本=本月直接材料累计金额-完工产品直接材料成本

（月末在产品直接材料成本采用倒挤的计算方法，可以消除四舍五入近似计算生产的尾差）

在本教材第一模块分配计算刨床和铣床本月完工产品成本和月末在产品成本时已经针对这种情况进行了实训，此处不另举例。

2. 直接材料在每道工序开始时一次性投入

【例4-1】 东方公司甲产品需经3道工序完成，各道工序直接材料消耗定额、月末在产品数量及直接材料消耗定额资料见表4-2。完工产品数量为2 447件；月初在产品直接材料成本和本月发生的直接材料成本累计金额为60 000元。

表4-2

月末在产品数量及直接材料消耗定额

产品名称：甲产品　　　　　　　　20××年9月

工序	单位产品直接材料消耗定额（千克）	月末在产品数量（件）
1	160	200
2	130	280
3	110	270
合计	400	750

在这种情况下，①应该按工序分别计算各道工序在产品的投料率。②在确定各道工序在产品的投料率时，一般以各道工序的直接材料消耗定额为依据，投料程度按本工序消耗定额的100%折算。

某道工序在产品投料率即某道工序在产品直接材料分配率。

$$某道工序在产品投料率 = \frac{前面各道工序累计材料消耗定额 + 本道工序材料消耗定额}{完工产品材料定额} \times 100\%$$

完工产品和月末在产品直接材料成本计算过程见表4-3。

表4-3

甲产品直接材料成本分配计算表

20××年9月

工序	1	2	3	合计
月末在产品数量（件）	200	280.0	270	750
单位产品直接材料消耗定额	160	130.0	110	400
直接材料投料率（%）	40①	72.5②	100③	—
月末在产品约当产量（件）	80④	203.0⑤	270⑥	553
直接材料成本分配率	60 000÷(2 447+553)=20(元/件)*			
完工产品直接材料成本（元）	20×2 447=48 940			
月末在产品直接材料成本（元）	1 600⑦	4 060.0⑧	5 400⑨	11 060

* 其经济含义就是：本例中每件完工产品的直接材料成本为20元。

在表4-3中,

① 160÷400×100%＝40% (亦即第一道工序每件在产品的直接材料成本等于每件完工产品成本的40%;以下类似)

② (160＋130)÷400×100%＝72.5%

③ (160＋130＋110)÷400×100%＝100%

④ 200×40%＝80(件) (亦即第一道工序200件在产品的直接材料成本等于80件完工产品直接材料成本;以下类似)

⑤ 280×72.5%＝203(件)

⑥ 270×100%＝270(件)

⑦ 20×80＝1 600(元)

⑧ 20×203＝4 060(元)

⑨ 60 000－48 940－1 600－4 060＝5 400(元) (验证:20×270＝5 400)

3. 直接材料在每道工序开始以后逐步投入,其投料程度与加工进度不一致

【例4-2】 沿用[例4-1]的资料,直接材料在每道工序开始以后逐步投入,其投料程度与加工进度不一致。

在这种情况下,①应该按工序分别计算各道工序在产品的投料率。②在确定各道工序在产品的投料率时,一般以各道工序的直接材料消耗定额为依据,投料程度按本工序消耗定额的50%折算。

某道工序在产品投料率即某道工序在产品直接材料分配率。

$$\text{某道工序在产品投料率} = \frac{\text{前面各道工序累计材料消耗定额} + \text{本道工序材料消耗定额} \times 50\%}{\text{完工产品材料定额}} \times 100\%$$

完工产品和月末在产品直接材料成本计算过程见表4-4。

表4-4

甲产品直接材料成本分配计算表

20××年9月

	1	2	3	合　计
月末在产品数量(件)	200.00	280.00	270.000	750.000
单位产品直接材料消耗定额	160.00	130.00	110.000	400.000
直接材料投料率(%)	20.00①	56.25②	86.250③	—
月末在产品约当产量(件)	40.00④	157.50⑤	232.875⑥	430.375
直接材料成本分配率	60 000÷(2 447＋430.375)≈20.852 34(元/件)			
完工产品直接材料成本(元)	20.852 34×2 447＝51 025.68			
月末在产品直接材料成本(元)	834.09⑦	3 284.24⑧	4 855.990⑨	8 974.320

在表 4-4 中，

① 160×50%÷400×100%＝20% （亦即第一道工序每件在产品的直接材料成本等于每件完工产品成本的 20%；以下类似）

② (160＋130×50%)÷400×100%＝56.25%

③ (160＋130＋110×50%)÷400×100%＝86.25%

④ 200×20%＝40(件) （亦即第一道工序 200 件在产品的直接材料成本等于 40 件完工产品直接材料成本；以下类似）

⑤ 280×56.25%＝157.5(件)

⑥ 270×86.25%＝232.875(件)

⑦ 20.852 34×40＝834.09(元)

⑧ 20.852 34×157.5＝3 284.24(元)

⑨ 60 000－51 025.68－834.09－3 284.24＝4 855.99(元)　（验证：20.852 34×232.875≈4 855.99）

4. 直接材料随加工进度陆续投入且直接材料投入的进度与加工进度一致或基本一致

在这种情况下，月末在产品的投料率可采用分配直接人工、制造费用等加工成本的完工率。

(二) 加工成本在本月完工产品与月末在产品之间的分配

(1) 各工序在产品数量和单位产品各工序加工量相差较大，在产品完工程度应按各工序分别计算。其计算公式为：

$$\text{某道工序在产品完工率} = \frac{\text{前面各道工序工时定额之和} + \text{本工序工时定额} \times 50\%}{\text{产品工时定额}} \times 100\%$$

在上述公式中，本工序(即在产品所在工序)的工时定额乘以 50%，是因为该工序中各件在产品的完工程度也不同，为了简化完工率的测算工作，都按平均完工 50% 计算。在产品从上一道工序转入下一道工序时，其上一道工序已经完工，因而前面各道工序的工时定额应按 100% 计算。

【例 4-3】假定某工业企业乙产品的工时定额为 40 小时，经两道工序加工完成。每道工序的工时定额分别为 30 小时和 10 小时。其完工率计算如下：

$$\text{第一工序完工率} = \frac{30 \times 50\%}{40} \times 100\% = 37.5\%$$

$$\text{第二工序完工率} = \frac{30 + 10 \times 50\%}{40} \times 100\% = 87.5\%$$

产品生产各工序的完工率确定以后，每月计算产品成本时，根据各工序的月末在产品数量和确定的完工率，即可计算各工序月末在产品的约当产量及其总数，据以分配成本。

假定乙产品各工序月末在产品的数量为：第一工序 350 件，第二工序 310 件；完工产品数量为 780 件;月初在产品和本月计入的制造费用共为 81 030 元。完工产品和月末在产品的制造费用应分配计算如下:

第一工序在产品约当产量 = 350×37.5% = 131.25(件)

第二工序在产品约当产量 = 210×87.5% = 183.75(件)

月末在产品约当产量总数 = 131.25 + 183.75 = 315(件)

制造费用分配率 = $\frac{81\ 030}{780+315}$ = 74(元/件)

即:每件完工产品分配的制造费用为 74 元。

完工产品制造费用 = 780×74 = 57 720(元)

月末在产品制造费用 = 315×74 = 23 310(元)

(2) 在各工序在产品数量和单位产品各工序的加工量相差不大的情况下,全部在产品完工程度可统统按 50% 计算(最后、次后,等等工序在产品多加工的程度与最前、次前,等等工序在产品少加工的程度互相"填平补齐")。

情况(2)实际上是情况(1)在特殊条件下的简化计算方法。

【例 4-4】 假定某工业企业某产品的工时定额为 40 小时,经 4 道工序加工完成。每道工序的工时定额均为 10 小时。假定该产品 20××年 9 月各工序月末在产品的数量均为 200 件;完工产品数量为 1 600 件。在产品所在工序情况见表 4-5。其完工率应计算如下:

(1) 采用以上情况(1)的计算方法:

第一工序完工率 = $\frac{10×50\%}{40}$×100% = 12.5%

第二工序完工率 = $\frac{10+10×50\%}{40}$×100% = 37.5%

第三工序完工率 = $\frac{10+10+10×50\%}{40}$×100% = 62.5%

第四工序完工率 = $\frac{10+10+10+10×50\%}{40}$×100% = 87.5%

表 4-5

在产品所在工序情况表

20××年 9 月

在产品所在工序	完工率(%)	在产品数量		完工产品产量(件)	产量合计(件)
		结存数量(件)	约当产量(件)		
1	12.5	200	25		
2	37.5	200	75		
3	62.5	200	125		
4	87.5	200	175		
合 计	50.0*	800	400	1 600	2 000

* 400÷800×100% = 50%

(2) 采用情况(2)的计算方法：

本例中,全部在产品完工程度通通按 50% 计算,在产品约当产量为 400 件(800 ×50%)。

这个例子说明的问题不是巧合,实际上可以用数学方法证明(证明从略)。

五、在产品成本按完工产品成本计算法

采用这种分配方法时,将在产品视同完工产品分配成本。这种方法适用于月末在产品已经接近完工,或已经完成全部加工过程只是尚未包装或尚未验收入库。因为这种情况下的在产品成本已经接近完工产品成本,为了简化产品成本计算工作,月末在产品可以视同完工产品,按两者的数量比例分配各项成本。

【例 4-5】 假定某产品的月初在产品成本为：直接材料 24 340 元,直接人工 7 610 元,制造费用 27 890 元,合计 59 840 元；其本月发生的生产成本为：直接材料 62 280 元,直接人工 13 130 元,制造费用 28 230 元,合计 103 640 元。本月完工产品 810 件。月末在产品 410 件,月末在产品都已完工,尚未验收入库,可以视同完工产品分配各项成本。"产品成本计算单"见表 4-6。

表 4-6 中所列各项成本分配率,应根据各该项成本的累计数,除以完工产品数量与月末在产品数量之和计算；以各项成本分配率分别乘以完工产品数量和月末在产品数量,即为各该项目的完工产品成本和月末在产品成本。

表 4-6

产品成本计算单(简化,示意格式)

20××年9月　　　　　　　　　　　　　　　　　　　金额单位:元

成本项目	月初在产品成本	本月生产成本	生产成本累计	成本分配率（元/件）	完工产品 数量(件)	完工产品 成本	月末在产品 数量(件)	月末在产品 成本
直接材料	24 340	62 280	86 620	71		57 510		29 110
直接人工	7 610	13 130	20 740	17		13 770		6 970
制造费用	27 890	28 230	56 120	46		37 260		18 860
合　计	59 840	103 640	163 480	134	810	108 540	410	54 940

六、在产品按定额成本计价法

采用这种分配方法时,月末在产品成本按预先制定的定额成本计算,将该种产品的本月累计生产成本减去按定额成本计算的月末在产品成本的差额,就是完工产品成本。在这种计价法下,每月累计实际生产成本脱离定额的节约差异或超支差异全部计入当月完工产品成本。这种方法适用于各项消耗定额或成本定额比较准确、稳定,而且各月

末在产品数量变化不大的产品。

由于产品的各项消耗定额或成本定额比较准确,因而月初和月末单件在产品成本脱离定额的差异不会大;而且,由于各月末在产品数量变化不大,因而月初在产品成本脱离定额差异总额与月末在产品成本脱离定额差异总额两者相差也不会大。因此,月末在产品不计算成本差异,对完工产品成本的影响不大,为了简化成本计算工作,可以这样分配成本。

但是,在修订消耗定额的月份,月末在产品就按新的定额成本计算,产品本月累计的全部生产成本减去按新定额计算的月末在产品成本以后的余额,全部作为完工产品成本。就是说,完工产品成本中包括了月末在产品按新的定额成本计价所发生的差额,这样做不利于完工产品成本的分析和考核。因此,采用在产品按定额成本计价法,产品的各项消耗定额必须比较稳定,不需要经常修订消耗定额。

如果产品成本中直接材料成本所占比重较大,为了进一步简化成本计算工作,月末在产品成本也可以只计算定额原材料成本。

【例 4-6】某厂生产的甲产品所经过的 3 道工序各项消耗定额都比较准确、稳定,各月月末在产品数量变化不大。月末在产品按定额成本计价。20××年 9 月,甲产品本月生产成本累计 2 434 500 元,其中:直接材料 723 000 元,直接人工 1 467 000 元,制造费用 244 500 元;完工产品产量为 1 000 件;在第一、第二、第三道工序的月末在产品数量分别为 50 件、40 件、10 件;生产甲产品的原材料在各工序生产开始时一次性投入,各道工序单位产品原材料投入成本定额分别为 200 元、300 元、200 元;各道工序单位产品工时定额分别为 40 小时、50 小时、30 小时。各道工序内月末在产品的平均加工工程度均为 50%。直接人工的计划小时薪酬率均为 12 元/小时;制造费用分配率为 2 元/小时。甲产品的月末在产品定额成本计算和产品成本计算单见表 4-7 和表 4-8。

表 4-7　　　　　　　　　　　月末在产品定额成本计算表

产品名称:甲　　　　　　　　　20××年 9 月　　　　　　　　　　单位:元

工序	月末在产品数量(件)	单位产品原材料投入成本定额	定额工时		直接材料定额成本	直接人工定额成本	制造费用定额成本	定额成本合计
			单位产品定额工时(小时)	月末在产品定额工时(小时)				
1	50	200	40	1 000①	10 000④	12 000	2 000	24 000
2	40	300	50	2 600②	20 000⑤	31 200	5 200	56 400
3	10	200	30	1 050③	7 000⑥	12 600	2 100	21 700
合计	100	—	120	4 650	37 000	55 800	9 300	102 100

在表 4-7 中，

① 40×50%×50＝1 000（小时）

② (40+50×50%)×40＝2 600（小时）

③ (40+50+30×50%)×10＝1 050（小时）

④ 200×50＝10 000（元）

⑤ (200+300)×40＝20 000（元）

⑥ (200+300+200)×10＝7 000（元）

表 4-8　　　　　　　　产品成本计算单（简化，示意格式）

产品名称：甲　　　　　　　　20××年9月　　　　　　　　单位：元

摘　要	直接材料	直接人工	制造费用	合计
本月生产成本累计	723 000	1 467 000	244 500	2 434 500
月末在产品定额成本	37 000	55 800	9 300	102 100
本月完工产品成本	686 000	1 411 200	235 200	2 332 400

注：在产品按定额成本计价法的有关计算公式：

　　在产品直接材料定额成本＝在产品数量×材料消耗定额×材料计划单价
　　在产品直接人工定额成本＝在产品数量×工时定额×计划小时薪酬率
　　在产品制造费用定额成本＝在产品数量×工时定额×计划小时费用率
　　完工产品成本＝月初在产品成本＋本月生产成本－月末在产品定额成本

将有关计算公式只作为注，旨在引导学生注重理解计算原理和方法，淡化记忆公式。

七、定额比例法

采用这种分配方法时，产品的生产成本在完工产品与月末在产品之间按照两者的定额消耗量或定额成本比例分配计算。其中直接材料成本，按直接材料的定额消耗量或定额成本比例分配。直接人工成本、制造费用等各项加工成本，可以按定额工时的比例分配，也可以按定额成本的比例分配。这种分配方法适用于各项消耗定额或成本定额比较准确、稳定，但各月月末在产品数量变动较大的产品。这是因为，月初和月末单件在产品成本脱离定额的差异虽然由于产品的消耗定额或成本定额比较准确、稳定而不大，但由于各月月末在产品数量变化较大，因而月初在产品成本脱离定额的差异总额与月末在产品成本脱离定额的差异总额的差额会较大；如果仍采用在产品按定额成本计价法，将月初、月末在产品成本脱离定额差异的差额计入完工产品成本，会对完工产品成本的正确性产生较大的影响，甚至出现完工产品成本是负数的很不合理的现象。例如，某种产品月初没有在产品，月末在产品为 10 000 件，本月完工产品为 1 件，则

10 000件月末在产品的成本差异全部计入完工产品成本,这1件完工产品成本就会很不准确;如果成本差异是节约差异,这1件完工产品成本就可能是负数,而且可能是一个绝对值很大的负数。因此,在上述条件下,不能采用在产品按定额成本计价法,而应采用定额比例法。

采用定额比例法时,如果直接材料成本按定额成本比例分配,各项加工成本均按定额工时比例分配,则其分配计算的公式为:

公式一:

$$\frac{消耗量}{分配率} = \frac{月初在产品实际消耗量+本月实际消耗量}{完工产品定额消耗量+月末在产品定额消耗量}$$

消耗量分配率的经济含义:实际累计消耗量是定额累计消耗量的"倍数"。

完工产品实际消耗量=完工产品定额消耗量×消耗量分配率

(某成本项目)完工产品成本=完工产品实际消耗量×该成本项目的单价*

月末在产品实际消耗量=月末在产品定额消耗量×消耗量分配率

(某成本项目)月末在产品成本=月末在产品实际消耗量×该成本项目的单价*

* 该成本项目的单价分别指:原材料单价、单位工时的直接人工成本、单位工时的制造费用等。

公式一可以提供完工产品和月末在产品的实际成本资料,也可以提供实际消耗量资料,便于考核和分析各项消耗定额的执行情况。但是,在各产品所耗原材料品种较多的情况下,采用这种方法工作量较大。为了简化核算工作也可以采用公式二。

公式二:

$$\frac{直接材料成本}{分配率} = \frac{月初在产品实际直接材料成本+本月发生的实际直接材料成本}{完工产品定额直接材料成本+月末在产品直接材料成本}$$

直接材料成本分配率的经济含义是:当月全部产品的实际直接材料成本是定额直接材料成本的"倍数"。

完工产品直接材料成本=完工产品定额直接材料成本×直接材料成本分配率

月末在产品直接材料成本=月末在产品定额直接材料成本×直接材料成本分配率

或:

月末在产品直接材料成本 = 月初在产品实际直接材料成本 + 本月实际直接材料成本 − 完工产品直接直接材料成本

这是采用"倒挤"的方法计算月末在产品成本,可以消除四舍五入近似计算产生的尾差,实际工作中一般采用该公式。

$$\text{某项加工成本分配率} = \frac{\text{月初在产品该项加工成本的实际金额} + \text{本月该项加工成本发生的实际金额}}{\text{完工产品定额工时} + \text{月末在产品定额工时}}$$

公式二中,该项加工成本指:直接人工、制造费用等成本项目的成本;某项加工成本分配率的经济含义是:单位定额工时所应负担(分配)的成本金额。

完工产品应负担的某项加工成本的金额 = 完工产品定额工时 × 该项加工成本分配率

月末在产品应负担的某项加工成本的实际金额 = 月末在产品定额工时 × 该项加工成本分配率

为了消除四舍五入近似计算产生的尾差,实际工作中一般采用以下"倒挤"的计算公式:

$$\text{月末在产品应负担的某项加工成本的实际金额} = \text{月初在产品该项实际加工成本} + \text{本月该项实际加工成本} - \text{完工产品应负担的该项实际加工成本}$$

【例 4-7】 某厂生产的甲产品所经过的 3 道工序各项消耗定额和成本都比较准确、稳定,各月月末在产品数量变化较大。20××年 9 月,甲产品完工产品产量为 1 000 件,生产甲产品的原材料在生产开始时一次性投入,单位甲产品原材料成本定额为 700 元;本月生产成本累计 2 434 500 元,其中:直接材料 723 000 元,直接人工 1 467 000 元,制造费用 244 500 元;在第一、第二、第三道工序的月末在产品数量分别为 50 件、40 件、10 件;单位产品工时定额分别为 40 小时、50 小时、30 小时。各道工序内月末在产品的平均加工工程度均为 50%。采用定额比例法的第二个成本分配率公式(见上述公式二),分配计算甲产品本月完工产品和月末在产品成本。金额比例法成本分配计算见表 4-9。

表 4-9

定额比例法成本分配计算表

20××年 9 月 单位:元

成本项目	直接材料		直接人工		制造费用	
	定额成本	实际成本	定额工时	实际成本	定额工时	实际成本
本月完工产品	700 000①	657 300④	120 000⑥	1 412 280⑨	120 000	235 380⑫
月末在产品	70 000②	65 700⑤	4 650⑦	54 720⑩	4 650	9 120⑬
成本分配率	0.9390③		11.7690⑧		1.9615⑪	
合 计		723 000		1 467 000		244 500

在表 4-9 中,

① 700×1 000 = 700 000(元)

② 700×100 = 70 000(元)

③ 723 000÷(700 000＋70 000)＝0.939 0

④ 700 000×0.939 0＝657 300(元)

⑤ 723 000－657 300＝65 700(元)　(验证:70 000×0.939 0＝65 730≈65 700)

⑥ 120×1 000＝120 000(小时)

⑦ 4 650(小时)(见[例 4-6]表 4-7)

⑧ 1 467 000÷(120 000＋4 650)＝1 467 000÷124 650＝11.769 0(元/小时)

⑨ 120 000×11.769 0＝1 412 280(元)

⑩ 1 467 000－1 412 280＝54 720(元)　(验证:4 650×11.769 0＝54 725.85≈54 720)

⑪ 244 500÷(120 000＋4 650)＝1.961 5(元/小时)

⑫ 120 000×1.961 5＝235 380(元)

⑬ 244 500－235 380＝9 120(元)　(验证:4 650×1.961 5＝9 120.98≈9 120)

根据以上资料,登记"产品成本计算单",见表 4-10。

表 4-10

产品成本计算单（简化,示意格式）

产品名称:甲　　　　　　　　　　20××年9月　　　　　　　　　　单位:元

摘　　要	直接材料	直接人工	制造费用	合计
本月生产成本累计	723 000	1 467 000	244 500	2 434 500
本月完工产品成本	657 300	1 412 280	235 380	2 304 960
月末在产品成本	65 700	54 720	9 120	129 540

第四节　完工产品成本的结转

　　工业企业生产产品发生的各项生产成本,已在各种产品之间进行了分配,在此基础上又在同种产品的完工产品和月末在产品之间进行了分配,计算出各种完工产品的成本,从"基本生产成本"科目(或"辅助生产成本"科目,如辅助生产车间生产的工具、模具主要供本企业基本生产车间使用)及所属明细科目贷方,记入有关科目的借方。完工入库产成品的成本,借记"库存商品"科目;完工的自制材料、工具、模具等的成本,分别借记"原材料""周转材料"(或"低值易耗品")等科目,贷记"基本生产成本"科目。"基本生产成本"科目月末借方余额就是基本生产中的在产品的成本,即占用在基本生产过程中的生产资金。

　　如[例 4-7],根据完工验收入库的甲产品入库单等(完工验收入库多种产成品的,可编制产成品成本汇总表),编制会计分录如下:

```
借：库存商品——甲产品                                    2 304 960
    贷：基本生产成本——某车间——甲产品                        2 304 960
```

至此，第二模块第二章第一节所述的第"(五)"方面界限的划分，亦即生产成本在当月完工产品与月末在产品之间的分配和归集已经介绍完毕。

【思考题】
1. 结合第一模块模拟实训过程，举例说明广义在产品的概念在成本核算中的作用。
2. 在确定生产成本在完工产品和月末在产品之间分配的方法时，应考虑哪些方面的问题？
3. 在约当产量比例法下，分配原材料成本时，如何计算在产品的完工率？分配加工成本时，如何计算在产品的完工率？
4. 采用在产品按定额成本计价法时，怎样计算分配完工产品和月末在产品成本？这种方法适用于什么样的情况？
5. 采用定额比例法时，怎样计算分配完工产品和月末在产品成本？这种方法适用于什么样的情况？

【实务题】
1. 某企业生产甲产品，本月完工产品产量10 000件，期末在产品数量500件。期初在产品成本为500 000元，本期发生生产成本4 507 500元。原材料在生产开始时一次投入，在产品单件材料成本定额200元；单件人工工时定额为30小时，每小时直接人工16元，每小时制造费用10元；单件机器工时定额为5小时，每小时3元（耗用外购动力电）。
   要求：在产品按定额成本计价法，计算本月完工产品成本和期末在产品成本。
2. 某车间生产B产品，本月完工产品7 200件，月末在产品600件，原材料系生产开始时一次投入，月末在产品完工程度均为50%，完工产品单位定额耗用量为20千克，定额工时为10小时，本月生产成本累计（月初在产品实际成本与本月发生的实际成本之和）：直接材料成本累计为4 212 000元，直接人工成本累计为1 200 000元，制造费用累计为780 000元。
   要求：采用定额比例法分配计算完工产品成本和在产品成本。
3. 某企业生产B产品需经过3道工序，原材料在生产开始时一次投入。第一道工序工时定额为10小时，第二道工序工时定额为20小时，第三道工序工时定额为20小时，各道工序在产品所完成的累计定额工时，按上道工序累计定额工时加上本道工序工时定额的50%计算。本月B产品完工400件，各道工序在产品数量：第一道工序40

件,第二道工序20件,第三道工序30件。月初在产品及本月生产成本累计为:直接材料147 000元,直接人工109 000元,制造费用87 200元。

要求:

(1) 分工序计算完工率。

(2) 分工序计算在产品约当产量。

(3) 计算成本分配率。

(4) 计算完工产品成本和月末在产品成本。

(5) 编制完工产品入库的会计分录。

4. 某企业生产C产品由2道工序组成,原材料在每道工序开始时一次性投入。第一道工序投入原材料定额成本为300千克,月末在产品数量150件;第二道工序投入原材料定额成本为200千克,月末在产品数量110件,完工产品为800件,月初在产品和本月发生的实际原材料成本累计64 000元。

要求:

(1) 分别计算两道工序按原材料消耗程度表示的在产品投料率。

(2) 分别计算两道工序按原材料消耗程度表示的在产品约当产量。

(3) 按约当产量比例法分配完工产品和月末在产品的直接材料成本。

5. 某工业企业A产品每月月末在产品数量较大,但各月月末在产品数量变化不大,在产品按固定成本计价。其固定成本为:原材料4 000元,工资及福利费2 000元,制造费用2 300元,10月份的生产成本为:原材料9 000元,工资及福利费4 000元,制造费用5 000元,该月完工产品400件,月末在产品190件。

要求:

(1) 计算10月A种完工产品的总成本和单位成本。

(2) 登记A产品成本明细账(10月份)。

第五章 产品成本计算方法概述

第一节 生产特点和管理要求对产品成本计算的影响

在第二章讲到成本核算的要求时已经述及,计算产品成本是为成本管理提供资料,应该满足成本管理对于成本资料的要求。而产品成本又是在生产过程中形成的,成本管理需要哪些成本资料,在很大程度上受生产特点的影响。因此,每一个工业企业或车间,在计算产品成本时,都应根据生产的特点和管理的要求来确定具体的成本计算方法。从本章开始就来讲述如何将成本核算的一般程序与企业生产特点和管理要求结合起来,确定产品成本计算所应采用的方法。

一、生产特点和管理要求对产品成本计算的影响

工业企业的生产按照生产组织的特点,可以划分为大量生产、成批生产和单件生产三种类型。成批生产又可按照批量大小,分为大批生产和小批生产两种类型。

大量生产,如纺织、化肥、食糖和面粉等的生产,要求连续不断地重复生产相同的产品,因而管理上只要求,而且也只能够要求按照产品的品种计算成本。

对于大批生产,由于这种生产类型生产的产品批量大,往往会在几个月内不断地重复生产一种或若干种产品,因而往往也同大量生产一样,只要求按照产品品种计算成本。此外,大批生产的产品品种一般比较稳定,为了经济合理地组织生产,对耗用量较少的零部件,往往把几批产品所需要的相同零部件集中起来,一次投产,以供应几批产品耗用;对于耗用量较多的零部件,则可以另行分批投产。这样,零部件的批别与产品生产的批别往往不一致,因而也就不可能按照产品的批别计算成本,而只能按照产品品种计算成本。

小批生产。例如,服装生产。产品批量小,一批产品一般可以同时完工,因而有可能按照产品的批别归集生产费用,计算各批产品的成本。同时,从管理的要求看,为了分析和考核各批产品的成本水平,也有必要按照产品批别计算产品成本。

单件生产。例如,造船和重型机械制造。其生产按件组织,因而有可能也有必要按照产品件别计算成本。单件生产也可以说是小批生产;按件计算产品成本,也可以说是按批计算产品成本。

二、工艺过程和管理要求对产品成本计算的影响

工业企业的生产按照工艺过程划分,可以分为单步骤生产和多步骤生产两种类型。

单步骤生产,如发电、采煤,其工艺过程不可能或者不需要划分为几个生产步骤,因而也就不可能或者不需要按照生产步骤计算产品成本,而只要求按照产品的品种计算成本。

多步骤生产又称复杂生产,其工艺过程由若干个可以间断的、分散在不同地点进行的生产步骤组成。多步骤生产按产品的加工方式,又可以分为连续式生产和装配式生产。连续式生产是指原材料投入生产后,要依次经过若干个生产步骤的连续加工才能成为产成品的生产(如纺织、钢铁等工业生产)。装配式生产是指先将原材料分别在各个加工车间平行加工成零件、部件,然后再将零件、部件装配成产成品的生产(如机械、车辆、仪表制造等工业生产)。为了计算各个生产步骤的成本,加强对各个生产步骤的成本管理,企业往往不仅要求按照产品的品种或批别计算成本,而且还要求按照生产的步骤计算成本。但是,如果企业或车间的规模比较小,管理上又不要求按照生产的步骤

考核生产耗费、计算产品成本，也可以不按照生产的步骤计算成本，而只按照产品的品种或批别计算成本。

第二节　产品成本计算的基本方法

为适应各种类型生产的特点和与之相联系的管理要求，在产品成本计算工作中，应该分别确定三种不同的成本计算对象，分别采用以产品成本计算对象为标志的三种不同的产品成本计算方法。

1. 品种法

品种法是以产品品种为成本计算对象，按照产品的品种（不分步、不分批）归集产品生产过程中发生的生产成本、计算产品成本的方法。品种法适用于单步骤的大量生产，如发电、采掘等；也可用于不需要分步骤计算成本的多步骤的大量、大批生产，如小型造纸厂造纸、水泥厂生产水泥等。

2. 分批法

分批法是以产品的批别或订单为成本计算对象，按照产品的批别或订单（分批、不分步）归集产品生产过程中发生的生产成本、计算产品成本的方法。分批法适用于单件、小批的单步骤生产或管理上不要求分步骤计算成本的多步骤生产，如修理作业、专用工具模具制造、重型机械制造、船舶制造等。

3. 分步法

分步法是以产品的生产步骤为成本计算对象，按照产品的生产步骤（分步、不分批）归集产品生产过程中发生的生产成本、计算产品成本的方法。分步法适用于大量、大批的多步骤生产，如纺织、冶金、机械制造等。

这三种方法，与不同生产类型的特点有着直接联系，而且涉及成本计算对象的确定，是计算产品实际成本必不可少的方法，因而是产品成本计算的基本方法。由于产品成本计算对象不外乎分品种、批次和步骤三种，因而产品成本计算的基本方法总的说来只有这三种。

下一章将详细分别地叙述产品成本计算的三种基本方法。现将三种产品成本计算的基本方法的概况归纳如下，见表5-1。

表 5-1

产品成本计算的基本方法

产品成本计算方法	生产特点	生产工艺过程和成本管理要求	成本计算期	成本计算对象	适用产业
品种法	大量大批单步骤生产或大量大批装配式多步骤生产	管理上不要求分步也不要求分批计算产品成本	每月月末定期计算产品成本	产品品种	发电、采掘、化肥、面粉、食糖、水泥、砖瓦、供水等

(续表)

产品成本计算方法	生产特点	生产工艺过程和成本管理要求	成本计算期	成本计算对象	适用产业
分批法	单件小批单步骤生产或单件小批多步骤生产	管理上不要求分步但要求分批计算产品成本	完工月份计算成本，不定期	产品批别或订单、件别	船舶、重型机械、专用设备、试制新产品、服装、家具、修理作业等
分步法	大量大批连续式多步骤生产	管理上要求分步计算产品成本	每月月末定期计算产品成本	各步骤的半成品和产成品	纺织、冶金、汽车、自行车、化工、钢铁、造纸等

第三节 产品成本计算的辅助方法

在实际工作中，除了上述三种基本方法以外，还有一些其他的成本计算方法。

在产品的品种、规格繁多的工业企业中，如针织厂、灯泡厂等，为了简化成本计算工作，还采用一种简便的产品成本计算方法——分类法；在定额管理工作有一定基础的工业企业中，为了配合和加强定额管理，加强成本控制，还采用一种将符合定额的成本和脱离定额的差异分别核算的产品成本计算方法——定额成本法。此外，在一些发达国家，为了加强成本控制和分析，实现成本的标准化管理，还采用一种只计算产品的标准成本，而将成本差异直接计入当期损益的标准成本法。为了更好地为企业的生产经营决策提供数据，还有些企业采用一种只计算产品的变动成本，而将固定成本直接计入当期损益的变动成本法。标准成本法和变动成本法是管理会计的组成部分。分类法、定额成本法、标准成本法和变动成本法，从计算产品实际成本的角度来说，都不是必不可少的，因而通称辅助方法。但是，这些方法也很重要。例如，定额成本法和标准成本法对于控制生产耗费、加强成本分析，有着重要的作用；又如，变动成本法对于加强企业短期的生产经营预测和决策，也能发挥很好的作用。

上述产品成本计算的辅助方法，与产品生产类型的特点没有直接联系，且不涉及成本计算对象，它们的应用或是为了简化成本计算工作，或是为了加强成本管理，只要具备条件，在各种生产类型的企业均可采用。从计算产品实际成本的角度来说，它们并不是必不可少的（但不能说其不重要），所以称之为产品成本计算的辅助方法。产品成本计算的辅助方法必须与产品成本计算的基本方法结合起来使用，不能单独使用。

从以上叙述可以看出，不论什么生产类型的企业，不论采用什么成本计算方法，最终都必须按照产品品种计算出产品成本。因此，按照产品品种计算成本，是产品成本计算的最起码的要求，所以说，品种法是上述三种基本方法中最基本的成本计算方法。

本模块的第六章、第七章将分别讲述这些成本计算方法（标准成本法和变动成本法是管理会计的内容，本课程不重复讲述这两种方法）。

【思考题】

1. 企业生产特点和管理要求对产品成本计算的影响，主要表现哪些方面？
2. 产品成本计算的基本方法有哪几种？为什么说品种法是最基本的成本计算方法？
3. 产品成本计算的辅助方法有哪几种？产品成本计算的辅助方法与基本方法有些什么区别？
4. 某制药厂只有一个生产车间，生产几种药品，其生产工艺均属于单步骤生产，其生产组织均属于小批量生产。你认为该厂生产车间生产的产品应该采用什么方法进行成本核算？

第六章　产品成本计算的基本方法

第一节　产品成本计算的品种法

产品成本计算的品种法，是按照产品品种归集生产耗费，计算产品成本的一种方法，采用这种方法计算产品成本，既不要求按照产品批别计算成本，也不要求按照产品生产步骤计算成本。

不论什么工业企业，不论什么生产类型的产品，也不论管理要求如何，最终都必须按照产品品种算出产品成本。这就是说，按照产品品种计算成本，是产品成本计算最一般、最起码的要求，品种法是最基本的成本计算方法。

一、品种法的适用范围和特点

（一）品种法的适用范围

品种法适用于大量大批生产的单步骤生产。例如，发电、供水、采掘等生产。在大量大批生产的多步骤生产中，如果生产规模小或者车间是封闭式的（从原材料投入到产品出产的全部生产过程，都在一个车间内进行），或者生产是按流水线组织的，如果管理上不要求按照生产步骤计算产品成本，也可以采用品种法计算产品成本。例如，砖瓦厂、小型水泥厂、造纸厂等的生产，虽然是多步骤生产，但也可以采用品种法计算产品成本。又如，大量大批生产的铸件熔铸和玻璃制品的熔制等，如果管理上不要求划分熔炼与铸造或制造两个生产步骤计算产品成本,也可以采用品种法计算产品成本。此外,辅助生产,如供水、供气、供电等单步骤的大量生产,也采用品种法计算成本。

(二) 品种法的特点

1. 成本计算对象

在采用品种法计算产品成本的企业或车间中,如果只生产一种产品,成本计算对象就是这种产品的产成品成本。计算产品成本时,只需要为这种产品开设一本产品成本明细账,账内按照成本项目设立专栏或专行。在这种情况下,发生的全部生产耗费都是直接计入耗费,可以直接记入该产品成本明细账,而不存在在各成本计算对象之间分配耗费的问题。如果生产的产品不止一种,就要按照产品的品种分别开设产品成本明细账,发生的生产耗费中,能分清是哪种产品耗用的,应直接记入该产品成本明细账的有关成本项目;不能分清是哪种产品耗用的,而是属于几种产品共同消耗的耗费,则要采用适当的分配方法,在各成本计算对象之间进行分配,然后分别记入各产品成本明细账的有关成本项目。

2. 成本计算期

在大量大批、单步骤生产的企业中,由于不间断地重复生产一种或几种产品,不能在产品制造完工时立即计算出成本,因此,成本计算一般于每月月末定期进行。在多步骤生产企业中,如果采用品种法计算成本,成本计算一般也都是于每月月末定期进行。

3. 生产成本在完工产品与在产品之间的分配

(1) 在单步骤生产中,月末计算成本时,一般不存在尚未完工的在产品,或者在产品数量很小,因而可以不计算在产品成本。在这种情况下,产品成本明细账中按成本项目归集的生产成本,就是该产品的总成本,用其除以该产品的产量,就可得到该产品的平均单位成本。

(2) 在规模较小、管理上又不要求按照生产步骤计算成本的大量大批、多步骤生产中,月末一般都有在产品,而且数量较多,这就需要将产品成本明细账归集的生产成本选择适当的分配方法,在完工产品与在产品之间进行分配,以计算完工产品与月末在产品成本。

二、品种法的成本计算程序和账务处理举例

现结合一个案例,对品种法的成本计算程序和账务处理进行叙述。

【例 6-1】 第三章例子中的东方公司大量生产甲、乙两种产品,其生产工艺过程属于单步骤生产。根据生产特点和管理要求,确定采用品种法计算产品成本。东方公司产品的消耗定额比较准确、稳定,甲、乙产品各月在产品数量变化不大,采用在产品按定额成本计价法进行完工产品与在产品之间的成本分配。其有关定额资料及20××年9月月末在产品定额成本计算见表6-1。

表6-1

东方公司月末在产品定额成本计算表

20××年9月

| 产品名称 | 在产品数量（件） | 直接材料 | | 在产品定额工时（小时） | 燃料及动力（每小时定额1.18元） | 直接人工（每小时定额38元） | 制造费用（每小时定额8.5元） | 定额成本合计（元） |
		成本定额（元/件）	定额成本合计（元）					
①	②	③	④*	⑤	⑥	⑦	⑧	⑨**
甲产品	10.00	330.00	3 300.00	160.00	188.80	6 080.00	1 360.00	10 928.80
乙产品	5.00	613.00	3 065.00	150.00	177.00	5 700.00	1 275.00	10 217.00

注：燃料及动力成本中的外购动力成本通常按机器工时分配计算,此处是为了简化。

* ④＝②×③,其中,③的单位是：元/件；④的单位是"元"。

** ⑨＝④+⑥+⑦+⑧,等式左右各项的计量单位都是"元"。

以下以该公司20××年9月的各项成本资料为例,说明品种法下产品成本计算的程序和账务处理。

（1）编制各种耗费分配表。根据耗费分配表和有关付款凭证编制会计分录（记账凭证）并据以登记有关总账和明细账。各种耗费分配表分别见表3-1"材料耗费分配表"、表3-2"燃料耗费分配表"、表3-3"外购动力费分配表"、表3-5"工资耗费分配表"、表3-7"固定资产折旧费分配表"、表3-11"预付财产保险费分配表"、表3-13"预提经营租赁费分配表"等。

（2）分配辅助生产成本。见表3-18辅助生产成本分配表及相关账务处理。

（3）计算在产品盘盈、盘亏或毁损价值。东方公司本月未发生在产品盘盈、盘亏或毁损的情况。

（4）分配制造费用。见表3-22制造费用分配表及相关账务处理。

（5）结转销售费用、管理费用、财务费用（见本模块第三章）。

（6）根据各项成本项目有关定额资料和月末在产品盘存资料,编制"东方公司月末在产品定额成本计算表",作为"倒挤"计算本月完工产品成本的依据（见表6-1）。

（7）根据基本生产成本明细账（即产品成本计算单）计算本月完工产品产品成本。见表6-2、表6-3（表6-2、表6-3中,甲、乙产品上月月末在产品定额成本资料分别根据上月甲、乙产品"基本生产成本"明细账的月末在产品成本数据而来）。

表 6-2

基本生产成本明细账

产品名称:甲　　　　　　　　　20××年9月　　　　　　　完工产量:299 件　　在产品数量:11 件

月	日	摘要	成本项目				成本合计（元）
			直接材料（元）	燃料与动力（元）	直接人工（元）	制造费用（元）	
8	31	在产品成本(定额成本)	2 970	169.92	5 472	1 224	9 835.92
9	30	表3-1 材料耗费分配表	110 000				110 000
		表3-2 燃料耗费分配表		11 760			11 760
		表3-3 外购动力费分配表		24 000			24 000
		表3-6 薪酬耗费分配表			356 625		356 625
		表3-23 制造费用分配表				115 744	115 744
		本月生产成本	110 000	35 760	356 625	115 744	618 129
		生产成本累计	112 970	35 929.92	362 097	116 968	627 964.92
		完工产成品成本　总成本	109 670	35 741.12	356 017	115 608	617 036.12
		单位成本	366.79	119.54	1 190.69	386.65	2 063.67
		在产品成本(定额成本)	3 300	188.80	6 080	1 360	10 928.80

表 6-3

基本生产成本明细账

产品名称:乙　　　　　　　　　20××年9月　　　　　　　完工产量:100 件　　在产品数量:5 件

月	日	摘要	成本项目				成本合计（元）
			直接材料（元）	燃料与动力（元）	直接人工（元）	制造费用（元）	
8	31	在产品成本(定额成本)	3 065	177	5 700	1 275	10 217
9	30	表3-1 材料耗费分配表	90 000				90 000
		表3-2 燃料耗费分配表		7 840			7 840
		表3-3 外购动力费分配表		20 064			20 064
		表3-6 薪酬耗费分配表			245 675		245 675
		表3-23 制造费用分配表				69 447	69 447
		本月生产成本	90 000	27 904	245 675	69 447	433 026
		生产成本累计	93 065	28 081	251 375	70 722	443 243
		完工产成品成本　总成本	90 000	27 904	245 675	69 447	433 026
		单位成本	900	279.04	2 456.75	694.47	4 330.26
		在产品成本(定额成本)	3 065	177	5 700	1 275	10 217

(8) 结转完工入库产成品成本。根据表 6-2、表 6-3,编制会计分录如下:

借:库存商品——甲产品　　　　　　　　　　　　　　　　617 036.12
　　　　　　——乙产品　　　　　　　　　　　　　　　　433 026.00
　贷:基本生产成本——甲产品　　　　　　　　　　　　　617 036.12
　　　　　　　　　——乙产品　　　　　　　　　　　　　433 026.00

月末计算产品成本时,如果没有在产品,或者在产品数量很少,则不需要计算月末在产品成本。这样,各种产品成本明细账中按照成本项目归集的全部生产成本,就是各产品的产成品总成本;除以产品产量,就是各产品的单位成本。如果有在产品,而且数量较多,还需要将产品成本明细账中归集的生产成本,采用适当的分配方法,在完工产品和月末在产品之间进行分配,以便计算完工产品成本和月末在产品成本。

在生产组织是大量大批生产、工艺过程是单步骤生产的企业或车间中,如果产品单一,没有在产品,或者在产品很少,可以不计算在产品成本,其所采用的品种法也称单一法、简单法或简化的品种法。

由于品种法是最基本的成本计算方法,品种法的计算程序也就是产品成本计算的一般程序,前面各章所述的产品成本计算的程序和举例,就是按产品品种计算的品种法的计算程序和举例,因而对品种法的计算程序不再详述,也不再举例。

第二节　产品成本计算的分批法

一、分批法的适用范围和特点

(一) 分批法的适用范围

分批法适用于小批(单件)生产、管理上不要求分步骤计算成本的多步骤生产。例如,精密仪器生产、专用设备生产、重型机械和船舶的制造,以及服装业的生产、印刷业的生产;某些特殊或精密铸件的熔铸,新产品的试制和机器设备的修理,以及辅助生产的工具模具制造等。

(二) 分批法的特点

1. 成本计算对象

在分批法下,成本计算对象就是产品的批别(单件生产为件别)。按照产品批别组织生产时,生产计划部门要签发生产通知单下达车间,并通知会计部门。在生产通知单中应对该批生产任务进行编号,该编号称为产品批号或生产令号。会计部门应根据生产计划部门下达的产品批号,也就是产品批别,设立产品成本明细账。产品成本明细账的设立和结账,应与生产通知单的签发和结束密切配合,协调一致,以保证各批产品成本计算的正确性。

在小批单件生产的企业中,产品的品种和每批产品的批量往往根据采购单位的订单确定,因而按照产品批别计算产品成本,往往也就是按照订单计算产品成本。所以产品成本计算的分批法,亦称订单法。如果在一张订单中规定的产品不止一种,为了分析和考核各种产品成本计划的执行情况,并便于生产管理,还要按照产品的品种划分批别组织生产,计算成本。如果一张订单中只规定了一种产品,但这种产品数量较大,不便于集中一次投产,或者购买单位要求分批交货,也可以分为数批组织生产,计算成本。如果在一张订单中只规定了一件产品,但这件产品属于大型复杂的产品,价值较大,生产周期较长(如大型船舶),也可以按产品的组成部分分批组织生产,计算成本。如果同一时期内,在几张订单中规定有相同的产品,为了更加经济合理地组织生产,也可以将相同产品合为一批组织生产,计算成本。对于同一种产品也可能进行分批轮番生产,这也要求分批计算产品成本。由于各批产品往往耗用相同的原材料和半成品,在填列领料单、记录生产工时、进行在产品转移核算时,都应分清批别,防止"串批"。

2. 成本计算期

为了保证各批产品成本计算的正确性,各批产品成本明细账的设立和结算,应与生产任务通知单的签发和结束密切配合,协调一致,各批或各订单产品的成本总额,在其产品完工以后(完工月份的月末)计算确定。因而完工产品成本计算是不定期的,其成本计算期与产品的生产周期基本一致,而与会计报告期不一致。

3. 生产成本在完工产品与在产品之间的分配

如果是单件生产,产品完工以前,产品成本明细账所记的生产成本,都是在产品成本;产品完工时,产品成本明细账所记的生产成本,就是完工产品的成本,因而在月末计算成本时,不存在在完工产品与在产品之间成本分配的问题。

如果是小批生产,批内产品一般都能同时完工。月末计算成本时,或是全部已经完工,或是全部没有完工,因而一般也不存在在完工产品与在产品之间成本分配的问题。但在批内产品跨月陆续完工的情况下,月末计算成本时,一部分产品已完工,另一部分产品尚未完工,这时就要在完工产品与在产品之间分配成本,以便计算完工产品成本和月末在产品成本。

由于小批生产的批量不大,批内产品跨月陆续完工的情况不多,因而可以采用简便的分配方法,即按计划单位成本、定额单位成本或最近一期相同产品的实际单位成本计算完工产品成本;从产品成本明细账中转出完工产品成本后,各项成本余额之和即为在产品成本。为了正确地分析和考核各批产品成本计划的执行情况,在各批产品全部完工时,还应计算各批产品的实际总成本和实际单位成本;但对已经转账的完工产品成本,不作账面调整。如果批内产品跨月完工的情况较多,月末批内完工产品的数量占全部批量的比重较大,为了提高成本计算的正确性,则应根据具体条件采用适当的分配方法,在完工产品和月末在产品之间分配生产成本,计算完工产品成本和月末在产品成本。

为了减少在完工产品与月末在产品之间成本分配的工作,提高成本计算的正确性和及时性,在合理组织生产的前提下,也可以适当缩小产品批量,以较小的批量分批投产,尽量使同一批的产品能够同时完工,避免跨月陆续完工的情况。但是缩小产品批量,应有一定的限度。如果批量过小,不仅会使生产组织不合理、不经济,而且会使设立的产品成本明细账过多,从而加大核算工作量。

在实际工作中,还采用一种按产品所用零件的批别计算成本的零件分批法:先按零件生产的批别计算各批零件的成本,然后按照各批产品所耗各种零件的成本,加上装配成本,计算各该批产品的成本。采用零件分批法,由于一批零件一般都能同时完工,因而也能减少在完工产品与月末在产品之间成本分配的工作;而且还能及时、深入地进行成本分析;还便于根据各个购买单位在订购产品时对于某些零部件的不同要求,组合计算不同订货的成本,拟订不同订货的价格。但是,这种方法的计算工作量较大,因而只能在自制零件种类不多或者成本计算工作已经实现电算化的情况下采用。

此外,在同一月份内投产的产品批数很多的企业中,还可以采用一种简化的分批法(后面将述及)。

二、分批法的计算程序

分批法的计算程序主要包括按照产品批别开设产品成本明细账(产品成本计算单)、归集各批产品成本、计算完工产品成本等。现以进行小批生产的某工业企业的产品成本计算为例,说明分批法的计算程序。

【例6-2】 某工业企业按照购买单位的订单小批生产甲、乙、丙三种产品,采用分批法计算各批产品成本。20××年9月相关资料如下:

(1)该企业8月份投产甲产品8件,批号为110801,9月(本月)份尚未完工。8月份投产乙产品6件,批号为110802,9月份全部完工验收入库。9月份投产丙产品18件,批号为110901,月末完工验收入库10件,在产品8件。

(2)以上三种产品原材料都是生产开始时一次性投入,其完工产品与月末在产品之间,原材料成本按完工产品与月末在产品实际数量分配,其他成本按约当产量比例分配。该三批产品的成本明细账和有关资料见表6-4至表6-7。

表 6-4

产品成本明细账

批号:110801　　　　　　　　　产品名称:甲　　　　　　　　　投产日期:8月15日
　　　　　　　　　　　　　　　　　　　　　　　　　　　　　　完工日期:
购买单位:蓉城公司　　　　　　批量:8件　　　　　　　　　　　金额单位:元

月	日	摘要	直接材料	燃料及动力	直接人工	制造费用	成本合计
〜	〜	〜	〜	〜	〜	〜	〜
8	31	生产成本累计	61 200	7 320	9 320	27 310	105 150
9	30	材料耗费分配表	158 100	2 800			160 900
		外购动力耗费分配表		13 410			13 410
		职工薪酬耗费分配表			16 410		16 410
		制造费用分配表				51 830	51 830
		本月生产成本合计	158 100	16 210	16 410	51 830	242 550
		生产成本累计	219 300	23 530	25 730	79 140	347 700

表 6-5

产品成本明细账

批号:110802　　　　　　　　　产品名称:乙　　　　　　　　　投产日期:8月17日
　　　　　　　　　　　　　　　　　　　　　　　　　　　　　　完工日期:9月26日
购买单位:光明公司　　　　　　批量:6件　　　　　　　　　　　金额单位:元

月	日	摘要	直接材料	燃料及动力	直接人工	制造费用	成本合计
〜	〜	〜	〜	〜	〜	〜	〜
8	31	生产成本累计	14 800.00	1 520.00	2 010	5 350.00	23 680.00
9	30	材料耗费分配表	27 130.00	780.00			27 910.00
		外购动力耗费分配表		2 840.00			2 840.00
		职工薪酬耗费分配表			4 110		4 110.00
		制造费用分配表				9 780.00	9 780.00
		本月生产成本合计	27 130.00	3 620.00	4 110	9 780.00	44 640.00
		生产成本累计	41 930.00	5 140.00	6 120	15 130.00	68 320.00
		转出6件完工产品成本	41 930.00	5 140.00	6 120	15 130.00	68 320.00
		产成品单位成本	6 988.33	856.67	1 020	2 521.67	11 386.67

表 6-6

第 110901 批产品丙有关资料及加工成本月末在产品约当产量计算表

工序	完工率(%)	盘存数	约当产量计算
1	12.5	2	12.5%×2=0.25
2	35.0	1	35%×1=0.35
3	55.0	2	55%×2=1.1
4	82.5	3	82.5%×3=2.475
合　计		8	4.175

表 6-7

产品成本明细账

批号:110901　　　　　　产品名称:丙　　　　　　投产日期:9 月 1 日

　　　　　　　　　　　　　　　　　　　　　　　　完工日期:9 月 29 日

购买单位:宏达公司　　　　批量:18 件　　　　　　完工 10 件

月	日	摘　要	直接材料(元)	燃料及动力(元)	直接人工(元)	制造费用(元)	成本合计(元)
9	30	材料耗费分配表	252 900	5 420			258 320
		外购动力耗费分配表		22 930			22 930
		职工薪酬耗费分配表			42 525		42 525
		制造费用分配表				56 700	56 700
		本月生产成本合计	252 900	28 350	42 525	56 700	380 475
		完工产品单位成本	14 050①	2 000②	3 000③	4 000④	23 050
		转出 10 件产成品成本	140 500	20 000	30 000	40 000	230 500
		在产品(8 件)成本	112 400	8 350	12 525	16 700	149 975

注:① 252 900÷18=14 050　　② 28 350÷14.175=2 000

　　③ 42 525÷14.175=3 000　　④ 56 700÷14.175=4 000

(3)假定第 110901 批产品丙由 4 道工序加工而成,其各工序月末在产品的数量、完工率,以及据以编制的在产品约当产量计算见表 6-6。

月末在产品各成本项目的金额可以用完工产品该成本项目单位成本乘以月末在产品约当产量 4.175;为了避免四舍五入计算导致的尾差,可以用生产成本累计(本例无月初在产品,所以亦即本月生产成本合计)减去完工转出产成品成本计算(即采用"倒挤"的方法)。

批号为 110801 的 8 件甲产品 9 月末全部没有完工,其产品成本明细账上生产成本累计全部是该批号的 8 件甲产品 9 月末在产品成本;批号为 110802 的 6 件乙产品 9 月份全部完工验收入库,其产品成本明细账上生产成本累计全部是该批号当月完工的6件乙产品的总成本,将总成本除以该产品产量(6件),就可以计算出该批次产品的单位成本;批号为110901的18件丙产品9月末完工入库10件,先将该10件产成品成本从产品成本明细账中转出。

根据以上计算,编制如下会计分录:

借:库存商品——乙产品　　　　　　　　　　　　　　　　　　68 320
　　　　　　——丙产品　　　　　　　　　　　　　　　　　　230 500
　　贷:基本生产成本——乙产品　　　　　　　　　　　　　　68 320
　　　　　　　　　　——丙产品　　　　　　　　　　　　　　230 500

在同批或同订单产品有跨月陆续完工交货的情况下,如果跨月陆续完工的情况不多,月末完工产品数量占批量比重较小时,也可以先按完工数量和单位计划成本、定额单位成本或最近一期相同产品的实际单位成本计算先期完工产品成本,将其从产品成本明细账(产品成本计算单)中转出,剩余数额即为在产品成本。在该批产品全部完工时,还应计算该批产品的实际总成本和实际单位成本,但对已经转账的完工产品成本不作账面调整,已经转账的完工产品成本与按该批产品的实际单位成本计算的成本的差额计入该批产品全部完工时的产品成本中。这种分配方法核算工作简单,但分配结果不够准确。因而,如果批内产品跨月陆续完工情况较多,月末完工产品数量占批量比重较大时(如[例6-2]中,批号为110901的丙产品),为了提高成本计算的准确性,应采用适当的方法,在完工产品与月末在产品之间分配成本,计算完工产品和月末在产品成本。为了使同一批产品尽量同时完工,避免发生跨月陆续完工的情况,在合理组织生产的前提下,可以适当缩小产品的批量。

以上举例只列示了三批产品成本明细账的格式和金额,其计算程序和计算工作都比较简便,但不能因此得出产品成本计算的分批法比品种法简单的结论。实际上,前面所述品种法的全部计算程序和各项计算工作,在分批法中都可能进行。以上举例只列举了这些结构比较简单的产品成本明细账及其登记方法,目的是突出分批法的特点,也为了节省教材篇幅,避免重复。

三、简化的分批法

在小批单件生产的企业或车间中,同一月份内投产的产品批数往往很多,有的多至几十批,甚至几百批。在这种情况下,各种间接计入耗费在各批产品之间按月进行分配的工作就极为繁重。因此,在投产批数繁多而且月末未完工批数较多的企业(如属于这种情况的机械修配厂)中,还可以采用一种简化的分批法,又称为间接计入耗费累计分批法、不分批计算在产品成本的分批法。采用这种方法,对于每月发生的间接计入耗费,不是按月在各批产品之间进行分配,而是将其先累计在基本生产成本二级账上,在某批(某几批)产品完工的月份,按照完工产品累计工时的比例向其进行分配,即采用累计间接计入耗费分配率来分配完工产品的间接计入耗费(间接计入耗费的概念见第二模块第二章第二节"生产耗费按计入产品成本的方法分类")。

(一) 简化分批法的计算程序

采用这种方法,仍应按照产品批别设立产品成本明细账,但在各该批产品完工以前,账内只需按月登记直接计入耗费(如原材料耗费)和生产工时,因而不必按月分配、登记各项间接计入耗费,计算各批在产品的成本;只是在有完工产品的那个月份,才分配间接计入耗费,计算、登记各该批完工产品的成本。各批全部产品的在产品成本只按成本项目以总数登记在专门设置的基本生产成本二级账中。从计算产品实际成本的角度来说,采用其他的成本计算方法,可以不设立基本生产成本二级账,但采用简化的分批法,则必须设立这种二级账。

【例 6-3】 某工业企业小批生产多种产品,产品批数繁多,为了简化产品成本计算工作,采用简化的分批法计算成本。该企业 8 月(本月)份各批产品的情况是(本例只是示意,因为四批产品远称不上"批数繁多"):

第 110625 批:A 产品 5 件,6 月投产,本月完工。

第 110701 批:B 产品 10 件,7 月投产,本月完工 7 件。

第 110702 批:C 产品 9 件,7 月投产,尚未完工。

第 110801 批:D 产品 4 件,8 月投产,尚未完工。

表 6-8

基本生产成本二级账

(各批全部产品总成本)   金额单位:元

月	日	摘要	直接材料	生产工时	直接人工	制造费用	成本合计
			～～～	～～～	～～～	～～～	～～～
7	31	在产品成本	240 060.00	24 608	50 180	69 640	359 880.00
8	31	本月发生生产成本	74 496.00	24 216	53 571	70 729	198 796.00
8	31	累计生产成本	314 556.00	48 824	103 751	140 369	558 676.00
8	31	全部产品累计间接计入耗费分配率			2.125 (元/小时)	2.875 (元/小时)	
8	31	本月完工转出成本	220 603.20	31 416	66 759	90 321	377 683.20
8	31	在产品成本	93 952.80	17 408	36 992	50 048	180 992.80

在表 6-8 所示的"基本生产成本"二级账中,8 月 31 日在产品的生产工时和各项成本系上月月末根据上月的生产工时和生产成本资料计算所登记的;本月发生的原材料成本和生产工时应根据本月原材料耗费分配表、生产工时记录,与各批产品成本明细账平行登记;本月发生的各项间接计入耗费(成本),应根据各该项耗费分配表或汇总表汇总登记。全部产品累计间接计入耗费分配率计算如下:

$$直接人工成本累计分配率 = \frac{103\ 751}{48\ 824} = 2.125(元/小时)$$

$$制造费用累计分配率 = \frac{140\ 369}{48\ 824} = 2.875(元/小时)$$

"基本生产成本"二级账中本月完工转出产品的直接材料成本和生产工时,应根据各批产品的产品成本明细账(见表 6-9 至表 6-12)中完工产品的直接材料成本和生产工时汇总登记。完工产品的各项间接计入耗费,可以根据账中完工产品生产工时分别乘以各项成本的累计分配率计算登记,也可以根据各批产品成本明细账中完工产品的各该项成本分别汇总登记。基本生产成本二级账中累计行的各栏数字分别减去本月完工产品转出数,即为 9 月月末在产品的直接材料成本、生产工时和各项间接计入耗费(成本)。月末在产品的直接材料成本和生产工时,也可以根据各批产品成本明细账中月末在产品的直接材料耗费和生产工时分别汇总登记;各项间接计入成本,可以根据其生产工时分别乘以各该项耗费累计分配率计算登记,也可以根据各该项耗费的累计数分别减去完工产品的相应耗费(成本)计算登记。两种方法的计算结果理论上应该相符(实际工作中可能会因为累计分配率等近似计算四舍五入而产生尾差)。

在"基本生产成本"二级账中,8 月月末在产品的直接材料成本和生产工时,如果根据各批产品成本明细账月末在产品的直接材料成本和生产工时分别汇总登记,则应汇总计算如下:

"基本生产成本"二级账月末在产品原材料成本 = 29 440.8+28 644+10 452+25 416
$$= 93\ 952.8(元)$$

"基本生产成本"二级账月末在产品生产工时 = 3 088+5 784+3 432+5 104
$$= 17\ 408(小时)$$

该企业所设置的各批产品成本明细账见表 6-9 至表 6-12。

表 6-9

产品成本明细账

批号:110625　　产品名称:A　　投产日期:6月20日
订货单位:天源公司　　产品批量:5件　　完工日期:8月15日
　　　　　　　　　　　　　　　　　　　金额单位:元

月	日	摘要	直接材料	生产工时（小时）	直接人工	制造费用	成本合计
6	30	本月发生	78 456.00	7 856			
7	31	本月发生	42 588.00	5 056			
8	31	本月发生	30 864.00	7 872			
8	31	累计数及累计间接计入耗费分配率	151 908.00	20 784	2.125（元/小时）	2.875（元/小时）	
8	31	本月转出完工产品成本	151 908.00	20 784	44 166.00	59 754.00	255 828.00
8	31	完工产品单位成本	30 381.60	—	8 833.20	11 950.80	51 165.60

表 6-10

产品成本明细账

批号:110701　　产品名称:B　　投产日期:7月8日
　　　　　　　　　　　　　　　　　　完工日期:8月31日完工7件
订货单位:建平公司　　产品批量:10件　　金额单位:元

月	日	摘要	直接材料	生产工时	直接人工	制造费用	成本合计
7	31	本月发生	90 372	5 912			
8	31	本月发生	7 764	7 808			
8	31	累计数及累计间接计入耗费分配率	98 136	13 720	2.125（元/小时）	2.875（元/小时）	
8	31	本月转出完工产品成本	68 695.2	10 632	22 593①	30 567②	121 855.20
8	31	完工产品单位成本	9 813.6	—	3 227.57	4 366.71	17 407.88
8	31	在产品	29 440.8	3 088*			

在表 6-10 中：

＊ 假定该批产品的月末在产品工时按工时定额计算,其定额工时共计 3 088 小时,则其完工产品的工时应为 10 632 小时(13 720－3 088)。以该工时分别乘以各项累计间接计入费用分配率,即可计算、登记该批产品成本明细账中的各该间接计入耗费。

① 10 632×2.125＝22 593(元)
② 10 632×2.875＝30 567(元)

表 6-11

产品成本明细账

批号:110702　　产品名称:C　　投产日期:7月25日
　　　　　　　　　　　　　　　　　　完工日期:
订货单位:长城公司　　产品批量:9件　　金额单位:元

月	日	摘要	直接材料	生产工时（小时）	直接人工	制造费用	成本合计
7	31	本月发生	28 644	5 784			
8	31	本月发生	10 452	3 432			

表 6-12

产品成本明细账

批号:110801　　　　　　　　产品名称:D　　　　　　　　投产日期:8 月 10 日
　　　　　　　　　　　　　　　　　　　　　　　　　　　　完工日期:
订货单位:先明公司　　　　　　产品批量:4 件　　　　　　　金额单位:元

月	日	摘　要	直接材料	生产工时 (小时)	直接人工	制造费用	成本合计
8	31	本月发生	25 416	5 104			

编制会计分录如下:

借:库存商品——A 产品　　　　　　　　　　　　　　　 255 828.00
　　　　　　——B 产品　　　　　　　　　　　　　　　 121 855.20
　　贷:基本生产成本——110625 批次　　　　　　　　　 255 828.00
　　　　　　　　　——110701 批次　　　　　　　　　 121 855.20

在各批产品成本明细账中,对于没有完工产品的月份,只登记当月原材料耗费(一般只有原材料耗费是直接计入耗费)和生产工时。在各批产品成本明细账中,属于在产品的各个月份的原材料耗费或生产工时发生额之和,应该等于基本生产成本二级账所记在产品的直接材料成本或生产工时。

在上述各批产品成本明细账中,对于有完工产品(包括全批完工或批内部分完工)的月份,除了登记发生的原材料耗费和生产工时,以及它们的累计数以外,还应根据"基本生产成本"二级账登记各项累计间接计入耗费的分配率。

第 110625 批产品,月末全部完工,因而其累计的原材料成本和生产工时就是完工产品的直接材料成本和生产工时,以其生产工时分别乘以各项间接计入耗费累计分配率,即为完工产品的各该间接计入耗费(成本)。

第 110701 批产品,月末部分完工、部分仍为在产品,因而还应在完工产品与月末在产品之间分配成本。该种产品所耗原材料在生产开始时一次投入,因而原材料耗费按完工产品与月末在产品的数量比例分配:

$$原材料耗费分配率 = \frac{98\ 136}{7+3} = 9\ 813.6(元/件)$$

完工产品直接材料成本 = $9\ 813.6 \times 7 = 68\ 695.2$(元)

月末在产品直接材料成本 = $9\ 813.6 \times 3 = 29\ 440.8$(元)

各批产品成本明细账登记完毕,其中完工产品的直接材料成本和生产工时应分别汇总记入"基本生产成本"二级账,并据以计算、登记各批全部完工产品的总成本。

(二) 简化分批法的特点

简化分批法与一般的分批法比较,具有以下特点。

1. 必须设置"基本生产成本"二级账

采用简化的分批法在按照产品批别设置产品成本明细账的同时,必须设置"基本生产成本"二级账。其作用在于:

(1) 按月提供企业或车间全部产品的累计生产成本(包括直接计入耗费、间接计入耗费)和生产工时资料。

(2) 有产品完工的月份,按照以下计算公式计算和登记全部产品累计间接计入耗费分配率。

$$\text{全部产品某项累计间接计入耗费分配率} = \frac{\text{全部产品该项累计间接计入耗费}}{\text{全部产品累计生产工时}}$$

(3) 根据完工产品累计生产工时和某项累计间接计入耗费分配率,计算和登记完工产品应负担的各项间接计入耗费,并计算完工产品总成本。计算公式如下:

$$\text{某批完工产品应负担的某项间接计入耗费} = \text{该批完工产品累计生产工时} \times \text{全部产品该项累计间接计入耗费分配率}$$

(4) 以全部产品累计生产成本减去本月完工产品总成本,计算和登记月末各批在产品的总成本。

2. 不分批计算在产品成本

简化的分批法每月发生的间接计入耗费,不是按月在各批产品之间进行分配,而是先在"基本生产成本"二级账中累计起来,在有产品完工的月份,才按以上公式在各批完工产品之间进行分配,计算完工产品成本;对未完工的在产品则不分配间接计入耗费,间接计入耗费只以总数反映在"基本生产成本"二级账中,即不分批计算在产品成本。显而易见,简化分批法简化了间接耗费的分配和登记工作,月末未完工产品的批数越多,核算工作就越简化。

3. 采用累计间接计入耗费分配率计算分配耗费

简化的分批法各批产品之间分配间接计入耗费的工作以及完工产品与月末在产品之间分配间接计入耗费的工作,即生产耗费的横向分配工作和纵向分配工作,都是利用累计间接计入耗费分配率,在产品完工时合并在一起进行分配的。也就是说,各项累计间接计入耗费分配率,既是在各批完工产品之间,也是在完工产品批别与月末在产品批别之间,以及某批产品的完工产品与月末在产品之间分配各该成本的依据。成本计算工作中的横向分配工作与纵向分配工作,在有完工产品时,根据同一个耗费分配率一次分配完成。

综上所述,采用简化分批法核算产品成本,每月发生的各项间接计入耗费,不是按月在各批产品之间进行归集和分配,而是将这些间接计入耗费先在"基本生产成本"二级账中累计起来,等到有产品完工时,才在各批完工产品之间按照完工产品累计生产工时的比例,进行间接计入耗费的分配。按批次设置的产品成本明细账只登记:①发生的直接材料成本、生产工时。②等到有产品完工时,除了计算和结转完工产品应负担的直接材料成本外,还要按照完工产品累计生产工时和某项累计间接计入耗费分配率,计算和结转完工产品应负担的各项间接计入耗费,即计算和结转完工产品成本。

(三)简化分批法的应用条件

月末未完工产品的批数越多,采用简化分批法核算工作就越简化。但是,这种方法只宜在各月间接计入耗费的水平相差不多的情况下采用,否则就会影响各月产品成本的正确性。例如,前几个月的间接计入耗费水平比本月低,而某批产品本月投产,当月完工。在这种情况下,按累计间接计入耗费分配率分配计算的该批完工产品的成本与实际相比就会偏低。另外,如果月末未完工产品的批数不多,也不宜采用这种方法。因为在这种情况下,绝大多数产品的批号仍然要分配登记各项间接计入费用,核算工作量减少不多,但计算的正确性却会受到影响。

第三节 产品成本计算的分步法

产品成本计算的分步法内容较多,其内容框架见表6-13。

表6-13

产品成本计算的分步法内容框架

产品成本计算的分步法	逐步结转分步法	综合结转法	按照半成品实际成本结转	主要学习内容:适用范围、特点、成本计算程序、优缺点
			按照半成品计划成本结转	
			综合结转法成本还原	
		分项结转法	按照半成品实际成本结转	
			按照半成品计划成本结转(计算工作量较大,采用较少,本教材介绍从略)	
	平行结转分步法			

一、分步法的适用范围和特点

(一)分步法的适用范围

产品成本计算的分步法,是按照产品的生产步骤归集生产耗费、计算产品成本的一种方法。这种方法比较广泛地应用于大量大批的多步骤生产。例如,冶金、纺织、造纸,以及大量大批生产的机械制造等。在这些生产企业中,产品生产可以分为若干个生产步骤进行。例如,钢铁企业的钢铁生产可分为炼铁、炼钢、轧钢等步骤;纺织企业的纺织可分为纺纱、织布等步骤;造纸企业的造纸可分为制浆、制纸、包装等步骤;机械企业的制造可分为铸造、加工、装配等步骤。为了加强对各生产步骤的成本管理,往往不仅要求按照产品品种计算成本,而且还要求按照生产步骤计算成本,以便为考核和分析各种产品及其各生产步骤的成本计划的执行情况提供资料。

(二)分步法的特点

1. 成本核算的对象是各种产品及其生产步骤

在采用分步法计算产品成本时,成本计算对象应该是各种产品及其生产步骤,因此,产品成本明细账应按照产品品种和生产步骤设置。需要指出的是,产品成本计算的分步与实际的生产步骤不一定完全一致。一般情况下,企业是按步骤设立车间的,分步骤计算成本也就是分车间计算成本。但是,如果企业生产规模很大,车间生产时又分为几个生产步骤,而管理上又要求分步骤计算成本时,也可以以车间为单位再分步骤计算成本;反之,如果企业生产规模小,管理上也不要求分车间计算成本,也可以将几个车间合并为一个步骤计算成本。例如,造纸企业的包装步骤,如果耗费不大,为了简化成本计算工作,也可以与制纸步骤合并在一起计算成本。因此,分步计算成本不一定就是分车间计算成本。

2. 成本计算期与会计报告期一致

由于大量大批多步骤生产的产品通常生产过程较长,往往跨月陆续完工,因此,成本计算一般都是按月、定期进行。在分步法下,成本计算期与会计报告期一致,而与产品的生产周期不一致。

3. 生产成本月末要在完工产品与在产品之间进行分配

由于大量大批多步骤生产的产品往往跨月陆续完工,月末各步骤一般都有未完工的在产品。因此,采用分步法计算产品成本时,记入各种产品、各生产步骤成本明细账中的生产成本,月末一般都要采用适当的分配方法在完工产品和在产品之间进行分配,计算各该产品、各该生产步骤的完工产品成本和月末在产品成本。

4. 各步骤之间需要进行半成品成本的结转

由于分步法适用于大量大批多步骤生产的企业,这些企业的生产是分步骤进行的,上一步骤生产的半成品是下一步骤的加工对象。因此,为了计算各种产品的成本,还需要按照产品品种,采用一定的结转方式,结转各步骤半成品成本。

根据成本管理对于各生产步骤成本资料的不同要求和对简化成本计算工作的考虑,各生产步骤成本的计算和结转,有逐步结转和平行结转两种方法。这样,分步法也就分为逐步结转分步法和平行结转分步法两种。

二、逐步结转分步法

逐步结转分步法也称顺序结转分步法、计列半成品成本的分步法。它是根据产品连续加工的先后顺序,按照产品的生产步骤逐步计算并结转半成品成本,最后计算出产品成本的一种分步法。

在这种分步法下,各步骤耗用的上一步骤所产半成品的成本,要随着半成品实物的转移,从上一步骤的产品成本明细账转入下一步骤相同产品的成本明细账中,以便逐步计算各步骤的半成品成本和最后一个步骤的产成品成本。如果半成品完工后需要通过半成品库收发,则逐步结转分步法计算程序见图6-1。

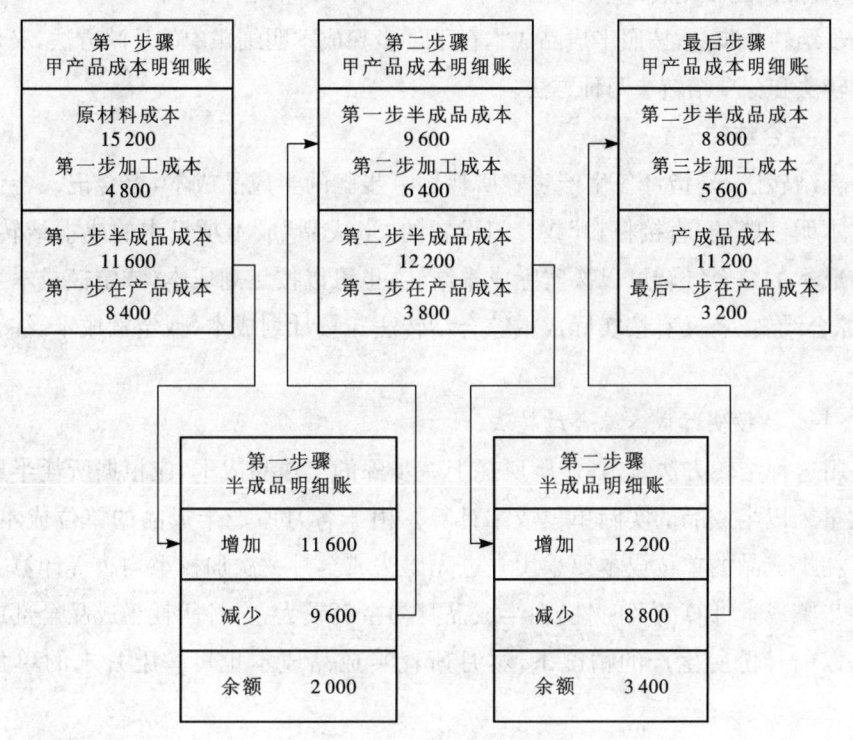

图 6-1　逐步结转分步法计算程序图

第一步骤、第二步骤完工半成品在验收入库(半成品库)时,应根据完工转出的半成品成本分别编制借记"自制半成品"科目,贷记"基本生产成本"科目的会计分录;下一步骤从自制半成品库领用半成品时,按照领用的半成品成本,编制相反的会计分录。如果半成品完工后,不通过半成品库收发,而是在验收合格后就直接移送给下一步骤使用,半成品成本就只在各步骤的产品成本明细账之间直接结转(本教材第一模块刨床的成本核算就属于这种情况),而不编制上述会计分录。

每月月末,各项生产成本(包括所耗上一步骤半成品成本)在各步骤产品成本明细账中归集以后,如果该步骤既有完工的半成品(最后步骤为产成品),又有正在加工中的在产品,则应将各步骤产品成本明细账中归集的生产成本,采用适当的分配方法在其完工半成品(最后步骤为产成品)与正在加工中的在产品之间进行分配,以便计算新的完工半成品成本(最后步骤为产成品)。这样,通过半成品成本的逐步结转,在最后一个步骤的产品成本明细账中,即可计算出完工产品的成本。

从以上所述可以看出,逐步结转分步法实际上就是品种法的多次连续应用。即在采用品种法计算上一步骤的半成品成本以后,按照下一步骤的耗用数量转入下一步骤成本;下一步骤再一次采用品种法归集所耗半成品的成本和本步骤其他成本,计算其半成品成本;如此逐步结转,直至最后一个步骤算出产成品成本。

逐步结转分步法,按照半成品成本在下一步骤成本明细账中的反映方法,又可分为综合结转法和分项结转法两种方法。

(一) 综合结转法

综合结转法,是指将各生产步骤所耗用上步骤的半成品成本,综合记入各该步骤产品成本明细账的"直接材料"或专门设置的"半成品"成本项目中的成本结转方法。半成品成本的综合结转可以按实际成本结转,也可以按计划成本(或定额成本)结转。因此,综合结转法,又有按实际成本综合结转法与按计划成本(或定额成本)综合结转法之分。

1. 半成品按实际成本综合结转法

采用这种结转方法时,各步骤所耗上一步骤的半成品成本,应根据所耗半成品的实际数量乘以半成品的实际单位成本计算。由于各月所产半成品的单位成本不同,因而所耗半成品的单位成本要采用先进先出法或全月一次加权平均法等计算。为了提高各步骤成本计算的及时性,在半成品月初余额较大,本月所耗半成品全部或者大部分是以前月份所生产的情况下,本月所耗半成品成本也可按上月末的单位成本计算。

【例 6-4】碧海公司生产的甲产品由三个基本生产车间连续加工制成,第一车间生产完工的 A 半成品,不经过仓库收发,验收合格后直接转入第二车间加工成 B 半成品,B 半成品也不经过仓库收发,验收合格后直接转入第三车间继续加工成甲产品。其中,1 件甲产品耗用 1 件 B 半成品,1 件 B 半成品耗用 1 件 A 半成品。

生产甲产品所需的原材料于第一车间生产开始时一次性投入,第二、第三车间不再投入原材料。此外,该公司由于生产进度比较均衡,各基本生产车间的月末在产品完工率均为 50%。

各车间的生产成本在完工产品和在产品之间的分配,采用约当产量法。

碧海公司 20××年 8 月生产甲产品的有关成本资料如下:

(1) 本月各车间产量资料见表 6-14。

表 6-14

产 量 资 料

20××年 8 月　　　　　　　　　　　　　　　　　　　单位:件

摘　要	第一车间	第二车间	第三车间
月初在产品数量	30	80	60
本月投产或上步转入	270	240	280
本月完工产品数量	240	280	300
月末在产品数量	60	40	40
在产品完工程度(%)	50	50	50
投料方式	生产开始时一次投料		

(2) 各车间月初及本月成本资料见表 6-15。

表 6-15

各车间月初及本月生产成本资料

20××年 8 月　　　　　　　　　　　　　　　　　　　单位:元

	摘　要	直接材料	半成品	直接人工	制造费用	合　计
第一车间	月初在产品成本	15 000		1 620	610	17 230
	本月生产成本	135 000		27 000	11 000	173 000
第二车间	月初在产品成本		50 400	4 800	1 600	56 800
	本月生产成本			36 000	12 000	48 000
第三车间	月初在产品成本		47 400	3 300	1 050	51 750
	本月生产成本			35 200	11 200	46 400

根据上述资料,编制各步骤成本计算单,采用综合结转法计算各步骤半成品成本及产成品成本。计算过程见表 6-16、表 6-17、表 6-18。

表 6-16

产品成本计算单

车间名称:第一车间　　　　　　完工产量:240

产品名称:A 半成品　　　　　　在产品数量:60　　完工率:50%　　　　　　单位:元

月	日	摘　要	成本项目			成本合计
			直接材料	直接人工	制造费用	
7	31	月末在产品成本	15 000	1 620	610	17 230
8	31	本月生产成本	135 000	27 000	11 000	173 000
		生产成本累计	150 000	28 620	11 610	190 230

(续表)

月	日	摘要		成本项目			成本合计
				直接材料	直接人工	制造费用	
		产品产量	完工产品产量	240	240	240	—
			在产品约当产量	60	30	30	—
			合计	300	270	270	—
		完工A半成品单位成本(分配率)		500①	106②	43③	649
		完工A半成品成本转出		120 000	25 440	10 320	155 760
		月末在产品成本		30 000	3 180	1 290	34 470

注:① 直接材料分配率=150 000÷300=500(元/件)
　　完工A半成品直接材料成本=500×240=120 000(元)
　　月末在产品直接材料成本=500×60=30 000(元)
② 直接人工分配率=28 620÷270=106(元/件)
　　完工A半成品直接人工成本=106×240=25 440(元)
　　月末在产品直接人工成本=106×30=3 180(元)
③ 制造费用分配率=11 610÷270=43(元/件)
　　完工A半成品制造费用成本=43×240=10 320(元)
　　月末在产品制造费用成本=43×30=1 290(元)

以上的计算过程,后面的表不再说明。如前所述,应用分配率计算有关成本(或费用),不必死记硬背相关公式,有效的学习方法注重理解,实际上理解也并不难。

根据表6-16产品成本计算单,编制如下会计分录,并据以登记有关明细账。

　　借:基本生产成本——第二车间(半成品)　　　　　　　　　　　　　155 760
　　　　贷:基本生产成本——第一车间(A半成品)　　　　　　　　　　　155 760

表 6-17

产品成本计算单

车间名称:第二车间　　　　　　　完工产量:280
产品名称:B半成品　　　　　在产品数量:40　　完工率:50%　　　　金额单位:元

月	日	摘要		成本项目			成本合计
				半成品A	直接人工	制造费用	
10	31	月末在产品成本		50 400	4 800	1 600	56 800
11	30	本月生产成本			36 000	12 000	48 000
		上一步骤转入		155 760			155 760
		生产成本累计		206 160	40 800	13 600	260 560
		产品产量	完工产品产量(件)	280	280	280	
			在产品约当产量(件)	40	20	20	
			合计	320	300	300	—

(续表)

月	日	摘要	成本项目			成本合计
			半成品A	直接人工	制造费用	
		完工B半成品单位成本(分配率)	644.25	136.00	45.33	825.58
		完工半成品成本转出	180 390	38 080	12 692.40	231 162.40
		月末在产品成本	25 770	2 720	907.60*	29 397.60

* 13 600－12 692.40＝907.60 元(45.33×20＝906.60≈907.60),由于制造费用分配率 45.33 是四舍五入近似值,按其计算的完工半成品成本和月末在产品成本都可能导致近似计算的尾差,为了保证本月完工产品成本与月末在产品成本之和恰好等于生产成本累计数,实际工作中宜采用这种"倒挤"的方法(为谨慎起见,可以进行验证。以下同,不再说明)。

根据以上产品成本计算单,编制如下会计分录:

借:基本生产成本——第三车间(半成品)   231 162.40
    贷:基本生产成本——第二车间(B半成品)   231 162.40

表 6-18

产品成本计算单

车间名称:第三车间   完工产量:300
产品名称:甲   在产品数量:40   完工率:50%   金额单位:元

月	日	摘要		成本项目			成本合计
				半成品B	直接人工	制造费用	
10	31	月末在产品成本		47 400.00	3 300.00	1 050.00	51 750.00
11	30	本月生产成本			35 200.00	11 200.00	46 400.00
		上一步骤转入		231 162.40			231 162.40
		生产成本累计		278 562.40	38 500.00	12 250.00	329 312.40
		产品产量	完工产品产量(件)	300.00	300.00	300.00	—
			在产品约当产量(件)	40.00	20.00	20.00	—
			合计	340.00	320.00	320.00	—
		完工产品单位成本(分配率)		819.30	120.312 5	38.281 25	977.894
		完工产成品成本转出		245 790.00	36 093.75	11 484.38	293 368.13
		月末在产品成本		32 772.40*	2 406.25	765.62	35 944.27

* 278 562.40－245 790＝32 772.4≈819.30×40＝32 772(元)

根据产品成本计算单和产成品入库单,编制结转完工入库产品生产成本的会计分录,并据以登记有关总账和明细账。

借：库存商品——甲产品　　　　　　　　　　　　　　293 368.13
　　　贷：基本生产成本——第三车间——甲产品　　　　　　　293 368.13

2. 半成品按计划成本综合结转法

采用这种结转方法时，半成品日常收发的明细核算均按计划成本计价；在半成品实际成本计算出来以后，再计算半成品的成本差异率，调整所耗半成品的成本差异额。半成品收发的总分类核算则按实际成本计价。

半成品按计划成本综合结转法所用账表的特点在于：

（1）为了调整所耗半成品的成本差异，自制半成品明细账不仅要反映半成品收发和结存的数量和实际成本，而且要反映其计划成本；"本月累计"还要反映成本差异额和成本差异率。其格式见表6-20。

表6-19

产品成本明细账

车间：第一车间　　　　　　　产品：丙半成品　　　　　　　金额单位：元

月	日	摘要	产量（件）	直接材料	直接人工	制造费用	成本合计
10	31	在产品成本（定额成本）		58 000	4 000	32 100	94 100
11	30	本月生产成本		154 600	13 100	10 400	271 700
		生产成本累计		212 600	17 100	136 100	365 800
		完工转出半成品	1 200	143 000	12 100	95 975	251 075
		半成品单位成本		119.17	10.8	79.98	20 923
		在产品成本（定额成本）		69 600	5 000	40 125.	114 725

（2）在产品成本明细账中，对于所耗半成品，可以按照调整成本差异后的实际成本登记；为了分析上一步骤半成品成本差异对本步骤成本的影响，也可以按照所耗半成品的计划成本和成本差异分别登记。在后一种登记方法下，产品成本明细账中的"半成品"项目，要分设"计划成本""成本差异"和"实际成本"三栏。其格式见表6-20。

表6-20

自制半成品明细账

半成品：丙半成品　　　　　　单位：件　　　　　计划单位成本：190元　　　　金额单位：元

月份	月初余额			本月增加			本月累计					本月减少		
	数量	计划成本	实际成本	数量	计划成本	实际成本	数量	计划成本	实际成本	成本差异	差异率	数量	计划成本	实际成本
11	300	57 000	59 575	1 200	228 000	251 075	1 500	285 000	310 650	+25 650	+9%	1 100	209 000	227 810
12	400	76 000	82 840											

【例6-5】 假定某工业企业的丙产品生产分两个步骤，分别由两个车间进行。第一车间生产半成品，交半成品库验收；第二车间按照所需数量向半成品库领用。第二车间所耗半成品成本按全月一次加权平均单位成本计算。两个车间的月末在产品均按定额成本计价。其成本计算程序如下：

(1) 根据上月第一步骤产品成本明细账所记录的月末在产品成本和本月发生的各项生产耗费分配表分别登记第一车间丙半成品明细账中月初在产品成本和本月生产成本两行的有关数据以及生产成本累计数，并采用在产品按定额成本计价法将生产成本累计数在完工半成品与月末在产品之间进行分配（分配计算过程从略）。其登记结果见表6-19。

(2) 根据第一车间的半成品交库单中所列交库数量和该车间产品成本明细账中完工转出的半成品成本，编制结转半成品成本的会计分录：

借：自制半成品——丙半成品　　　　　　　　　　　　　　251 075
　　贷：基本生产成本——第一车间——丙半成品　　　　　　　251 075

(3) 根据计价后的第一车间半成品交库单和第二车间领用半成品的领用单，登记自制半成品明细账，见表6-20。

在表6-20所列自制半成品明细账中，月初余额应根据上月有关数据计算登记；本月增加的数量和实际成本，应根据计价后的半成品交库单登记；累计的单位成本是全月一次加权平均单位成本，应根据累计的实际成本除以累计的数量计算登记；本月减少的数量，应根据第二车间领用半成品的领用单登记；本月减少的实际成本，应根据本月减少数量乘以累计单位成本计算登记。例如，表6-20中，"本月减少实际成本"227 810（元）是由以下计算得来：310 650÷1 500×1 100＝207.10×1 100＝227 810；式中，207.10是按全月一次加权平均单位成本计算而来。

在表6-20所列自制半成品明细账中，本月增加和本月减少的计划成本，应根据半成品的交库单和领用单所列数量，乘以计划单位成本（190元/件）之积登记。本月增加的实际成本，应根据第一车间甲产品成本明细账中完工转出的半成品成本登记；累计的成本差异、成本差异率和本月减少的实际成本的计算公式如下：

$$累计成本差异＝累计实际成本－累计计划成本$$

本例中，累计成本差异＝310 650－285 000＝＋25 650

$$累计成本差异率＝\frac{累计成本差异}{累计计划成本}\times 100\%＝\frac{＋25\,650}{285\,000}\times 100\%＝＋9\%$$

本月减少的实际成本＝本月减少的计划成本×(1＋成本差异率)
　　　　　　　　　＝209 000×(1＋9%)＝227 810（元）

编制会计分录如下：

借：基本生产成本——第二车间——丙产品　　　　　　　　　　　227 810
　　贷：自制半成品——丙半成品　　　　　　　　　　　　　　　　　　227 810

在第二车间甲产品成本明细账中，如果"半成品"或"直接材料"成本项目按调整成本差异后的实际成本登记，其格式和金额与表 6-19 的方法相同。如果"半成品"或"直接材料"成本项目按"计划成本""成本差异"和"实际成本"分列三栏，其格式和金额见表6-21。

在表 6-21 所列产品成本明细账中，本月所耗按计划单位成本计算的半成品成本，应根据按计划单位成本计价的半成品领用单登记；本月所耗半成品的成本差异，应根据所耗半成品的计划成本乘以自制半成品明细账中的成本差异率计算登记。

本月所耗半成品应分配的成本差异＝本月所耗半成品的计划成本×成本差异率
$$=209\,000×9\%=+18\,810(元)$$

表 6-21

产品成本明细账

车间：第二车间　　　　　　　　产品：丙　　　　　　　　　金额单位：元

摘　　要	产量（件）	半成品			直接人工	制造费用	成本合计
		计划成本	成本差异	实际成本			
月初在产品成本（定额成本）		190 000	0.00	190 000.00	9 900.00	49 500.00	249 400.00
本月生产成本		209 000	+18 810.00	227 810.00	15 700.00	76 900.00	320 410.00
生产成本累计		399 000	+18 810.00	417 810.00	25 600.00	126 400.00	569 810.00
完工转出产品成本	1 400	266 000	+18 810.00	284 810.00	20 800.00	102 400.00	408 010.00
产成品单位成本		190	+13.44	203.44	14.86	73.14	291.44
月末在产品成本（定额成本）		133 000	0.00	133 000.00	4 800.00	24 000.00	161 800.00

编制会计分录如下：

借：库存商品——丙产品　　　　　　　　　　　　　　　　　　408 010
　　贷：基本生产成本——第二车间　　　　　　　　　　　　　　　　408 010

由于该企业规定在产品按定额成本计价，因而月初在产品成本和月末在产品成本都没有成本差异。也正因此，本月所耗半成品的成本差异全部计入本月产成品成本。

按计划成本综合结转半成品成本与按实际成本综合结转半成品成本相比较，前者有以下两个方面优点：

(1) 简化、加速核算工作。按计划成本结转半成品成本,可以简化和加速半成品收发的凭证计价和记账工作。在半成品种类较多,按类计算半成品成本差异率、调整所耗半成品成本差异时,更可以省去按品种、规格设立产品成本明细账,逐一计算所产半成品的实际成本和成本差异,逐一调整所耗半成品成本差异的大量计算工作;如果月初半成品结存量较大,本月耗用的半成品大部分甚至全部是以前月份生产的,这时,本月所耗半成品成本差异也可以根据上月半成品的成本差异率,即月初结存半成品的成本差异率调整计算。这样,各生产步骤都可以根据本步骤所耗上一步骤半成品的计划成本乘以月初半成品成本差异率,同时计算所耗半成品的成本差异和实际费用,而不必等到月末算出上一步骤本月半成品的实际成本、成本差异和成本差异率以后,再来计算所耗半成品的成本差异和实际成本,成本计算不必逐步等待,因而可以加速成本计算工作。

(2) 便于进行成本考核和分析。按计划成本结转半成品成本,可以在各步骤的产品成本明细账中分别反映所耗半成品的计划成本和成本差异,因而在考核和分析各步骤产品成本时,可以剔除上一步骤半成品成本节约或超支的影响,便于成本考核和分析工作的进行。如果各步骤所耗半成品的成本差异,不是调整计入各步骤成本,而是直接调整计入最后的产成品成本,不仅可以进一步简化和加速各步骤的成本计算工作,而且可以防止各步骤的产品成本受上一步骤半成品成本节约或超支的影响,从而更加便于成本考核和分析工作的进行。

3. 综合结转法的成本还原

从以上举例(尤其是[例6-4])可以看出:采用逐步综合结转法计算产品成本,产成品成本中的大部分甚至绝大部分是最后一个生产步骤所耗半成品的成本[参见以下的表6-24(原表6-17)],而直接人工、制造费用成本只是最后一个生产步骤所耗直接人工、制造费用分配的金额,在产品成本中所占比重很小,在生产步骤较多的情况下,这种现象尤为突出。显然,这不符合产品成本构成的实际情况,因为它没有包括最后一个生产步骤所耗半成品中的直接人工、制造费用成本,也不能反映产品成本中的直接材料成本。因此,在管理上要求从整个企业角度分析和考核产品成本的构成及其水平时,需要将逐步综合结转法计算的产品成本进行成本还原。所谓成本还原,就是从最后一个步骤起,将本月产品成本中所耗上一步骤半成品的综合成本逐步进行成本还原,直到求得按原始成本项目(直接材料、直接人工、制造费用等)反映的产成品成本资料。

要进行成本还原必须确定按照怎样的成本结构进行还原。通常采用的成本还原方法是:按照本月所产半成品的成本结构进行还原。具体还原方法有成本还原率还原法和项目比重还原法两种,从以下的介绍将会知道,这两种还原方法,原理同条共贯,只不过具体计算方法途径不一而已。

现结合一个简例对这两种还原方法进行介绍。

【例6-6】 沿用[例6-4]的资料。为学习方便,将[例6-4]有关内容摘录如下:

碧海公司生产的甲产品经过三个基本生产车间连续加工制成,第一车间生产完工的A半成品,不经过仓库收发,验收合格后直接转入第二车间加工成B半成品,B半成品也不经过仓库收发,验收合格后直接转入第三车间继续加工成甲产品。其中,1件甲产品耗用1件B半成品,1件B半成品耗用1件A半成品。

生产甲产品所需的原材料于第一车间生产开始时一次性投入,第二、第三车间不再投入原材料。此外,该公司由于生产进度比较均衡,各基本生产车间的月末在产品完工率均为50%。

各车间的生产成本在完工产品和在产品之间的分配,采用约当产量法。

碧海公司20××年8月生产甲产品的有关成本资料见表6-22、表6-23、表6-24、表6-25。

表6-22(同表6-14)

产量资料

20××年8月　　　　　　　　　　　　　　　　　　　　　　　单位:件

摘　要	第一车间	第二车间	第三车间
月初在产品数量	30	80	60
本月投产或上步转入	270	240	280
本月完工产品数量	240	280	300
月末在产品数量	60	40	40
在产品完工程度(%)	50	50	50
投料方式	生产开始时一次投料		

表6-23(同表6-16)

产品成本计算单

车间名称:第一车间　　　　　　完工产量:240

产品名称:A半成品　　　　　　在产品数量:60　　完工率:50%　　　　　　单位:元

月	日	摘　要	成本项目			成本合计
			直接材料	直接人工	制造费用	
7	31	月末在产品成本	15 000	1 620	610	17 230
8	31	本月生产成本	135 000	27 000	11 000	173 000
		生产成本累计	150 000	28 620	11 610	190 230

(续表)

月	日	摘要		成本项目			成本合计
				直接材料	直接人工	制造费用	
		产品产量	完工产品产量(件)	240	240	240	—
			在产品约当产量(件)	60	30	30	—
			合计	300	270	270	—
		完工 A 半成品单位成本(分配率)		500	106	43	649
		完工 A 半成品成本转出		120 000	25 440	10 320	155 760
		月末在产品成本		30 000	3 180	1 290	34 470

表 6-24(同表 6-17)　　　　　　　　　产品成本计算单

车间名称:第二车间　　　　　完工产量:280

产品名称:B 半成品　　　　　在产品数量:40　　完工率:50%　　　　单位:元

月	日	摘要		成本项目			成本合计
				半成品	直接人工	制造费用	
10	31	月末在产品成本		50 400	4 800	1 600	56 800
11	30	本月生产成本			36 000	12 000	48 000
		上一步骤转入		155 760			155 760
		生产成本累计		206 160	40 800	13 600	260 560
		产品产量	完工产品产量(件)	280	280	280	—
			在产品约当产量(件)	40	20	20	—
			合计	320	300	300	—
		完工 B 半成品单位成本(分配率)		644.25	136	45.33	825.58
		完工 B 半成品成本转出		180 390	38 080	12 692.40	231 162.40
		月末在产品成本		25 770	2 720	907.60	29 397.60

表 6-25(同表 6-18)　　　　　　　　　产品成本计算单

车间名称:第三车间　　　　　完工产量:300

产品名称:甲　　　　　　　　在产品数量:40　　完工率:50%　　　　金额单位:元

月	日	摘要	成本项目			成本合计
			半成品	直接人工	制造费用	
10	31	月末在产品成本	47 400	3 300	1 050	51 750
11	30	本月生产成本		35 200	11 200	46 400

(续表)

月	日	摘要		成本项目			成本合计
				半成品	直接人工	制造费用	
		上一步骤转入		231 162.40			231 162.40
		生产成本累计		278 562.40	38 500	12 250	329 312.40
		产品产量	完工产品产量(件)	300	300	300	—
			在产品约当产量(件)	40	20	20	
			合计	340	320	320	—
		完工产品单位成本(分配率)		819.30	120.3125	38.28125	977.894
		完工产成品成本转出		245 790	36 093.75	11 484.38	293 368.13
		月末在产品成本		32 772.40*	2 406.25	765.62	35 944.27

根据以上成本计算单的资料，进行成本还原。

采用逐步综合结转方式计算成本时，进行成本还原是本部分学习中的重难点所在。如果学习方法不当则会觉得学习难度较大，进行成本还原的相关知识和技能很容易混淆而且也容易遗忘。在学习中需要注重理解要点、避免死记硬背理论教学部分介绍的公式，是解决问题的关键所在。要掌握其要点关键在于清晰、牢固地掌握以下三要点（尤其是后两点）：①成本还原的基本步骤是：从最后一个步骤（本案例的"步骤"就是车间）起，将完工产成品中的半成品成本从最后一个步骤起依次向前一个步骤逐步还原。②按照本月所产半成品的成本结构进行还原，即从倒数第二个步骤起，本步骤本月完工的半成品（总）成本及各个成本项目的金额，构成了成本还原的成本结构的"比照标准"，必须比照这个成本结构"比照标准"按比例计算还原。③需要还原的半成品成本是完工产成品中的半成品成本。②和③要十分注意，不要混淆。成本还原的具体方法有以下两种：

(1) 半成品成本比率还原法。半成品成本比率还原法就是计算出需要还原的半成品综合成本占本月所产该种半成品总成本的比率，按此比率进行成本还原的一种方法。这种方法需要经过三个计算步骤：①计算出成本还原分配率；②进行成本还原；③计算出还原后本月完工产品各成本项目的成本和总成本、单位成本。三个步骤的成本还原情况分别见表 6-26、表 6-27、表 6-28。

表 6-26
第一次成本还原（还原半成品 B 的成本）

项 目	总成本	第一步骤 半成品（A）	直接人工	制造费用
需要还原的对象： 本月完工产成品中的半成品 B 的成本	245 790 (见表 6-25)	X_1	X_2	X_3
成本还原的成本结构的"比照标准"： 第二车间本月完工半成品 B 的成本	231 162.40	180 390	38 080	12 692.40
	(见表 6-24)			

表 6-27

第二次成本还原(还原半成品 A 的成本)

项 目	总成本	直接材料	直接人工	制造费用
需要还原的对象： 本月完工产成品中的半成品 A 的成本	191 804.80 (以上计算的 X_1)	Y_1	Y_2	Y_3
成本还原的成本结构的"标准"： 第一车间本月完工半成品 A 的成本	155 760	120 000	25 440	10 320
	(见表 6-15)			

表 6-28

产品成本还原计算表(成本还原率还原法)

产品名称:甲　　　　20××年11月30日　　　　　　　　单位:元

项目	还原分配率	第二步骤半成品 B	第一步骤半成品 A	直接材料	直接人工	制造费用	合计
还原前产成品成本		245 790			36 093.75 (第三车间发生的)	11 484.38 (第三车间发生的)	293 368.13
第二步骤完工半成品成本	(成本结构比照标准)	180 390.00			38 080.00	12 692.40	231 162.40
第一次成本还原	1.063 278 46		191 804.80		40 489.64 (第二车间发生的)	13 495.56 (第二车间发生的)	245 790.00
第一步骤完工半成品成本	(成本结构比照标准)			120 000.00	25 440.00	10 320.00	155 760.00
第二次成本还原	1.231 412 43			147 769.49 (第一车间发生的)	31 327.13 (第一车间发生的)	12 708.18 (第一车间发生的)	191 804.80
还原后产成品成本				147 769.49	107 910.52	37 688.12	293 368.13 (完工产品产量:300 件)
产成品单位成本				492.57	359.70	125.63	977.90

$$成本还原分配率 = \frac{需要还原的半成品综合成本}{上一步骤本月所产该种半成品的成本合计}$$

按成本结构的"比照标准"构成的比例关系:

$$\frac{245\ 790}{231\ 162.40} = \frac{X_1}{180\ 390} = \frac{X_2}{38\ 080} = \frac{X_3}{12\ 692.40}$$

由

$$\frac{245\ 790}{231\ 162.40} = \frac{X_1}{180\ 390}$$

解这个一元一次方程,得

$$X_1 = \frac{245\ 790}{231\ 162.40} \times 180\ 390 = 1.063\ 278\ 46 \times 180\ 390 = 191\ 804.80(元)$$

式中,1.063 278 46 称为第二步骤半成品成本还原分配率,其经济含义可以理解为:相应项目的还原金额是"比照标准"的"1.063 278 46 倍"。

同理可得

$$X_2 = 1.063\ 278\ 46 \times 38\ 080 = 40\ 489.64(元)$$
$$X_3 = 245\ 790 - 191\ 804.80 - 40\ 489.64 = 13\ 495.56(元)$$

(倒挤,避免四舍五入近似计算导致的尾差)

检验:$X_3 = 1.063\ 278\ 46 \times 12\ 692.40 = 13\ 495.56(元)$

按成本结构的"比照标准"构成的比例关系:

$$\frac{191\ 804.80}{155\ 760} = \frac{Y_1}{120\ 000} = \frac{Y_2}{25\ 440} = \frac{Y_3}{10\ 320}$$

由

$$\frac{191\ 804.80}{155\ 760} = \frac{Y_2}{120\ 000}$$

解这个一元一次方程,得

$$Y_1 = \frac{191\ 804.80}{155\ 760} \times 120\ 000 = 1.231\ 412\ 43 \times 120\ 000 = 147\ 769.49(元)$$

式中,1.231 412 43 称为第一步骤半成品成本还原分配率,其经济含义可以理解为:相应项目的还原金额是"比照标准"的"1.231 412 43 倍"。

同理可得

$$Y_2 = 1.231\ 412\ 43 \times 25\ 440 = 31\ 327.13(元)$$
$$Y_3 = 191\ 804.80 - 147\ 769.49 - 31\ 327.13 = 12\ 708.18(元)$$

(倒挤,避免四舍五入近似计算导致的尾差)

检验:$Y_3 = 1.231\ 412\ 43 \times 10\ 320 = 12\ 708.18(元)$

将以上计算的有关数据登记到表 6-28 中,并检查甲产品还原后的总成本与还原前的总成本是否一致。

(2) 成本项目比重还原法。成本项目比重还原法就是计算上一步骤所产半成品各成本项目占其总成本的比重,并按该比重进行成本还原的一种方法。这种方法也同样需要经过前述三个计算步骤。根据[例6-6]的资料,具体计算如下。

$$成本还原分配率=\frac{上一步骤完工半成品各成本项目的金额数}{上一步骤完工半成品的成本合计数}$$

第一、第二次成本还原情况分别见表6-29、表6-30。

表6-29

第一次成本还原(还原半成品B的成本)

项　　目	总成本	第一步骤半成品(A)	直接人工	制造费用
第二车间本月完工半成品B的成本	231 162.40	180 390	38 080	12 692.40
半成品B各成本项目占总成本的比重(%)	100	78.036 047①	16.473 267②	5.490 686③
本月完工产成品中的半成品B的成本	245 790	Z_1	Z_2	Z_3

注:① $\frac{180\ 390}{231\ 162.40}=78.036\ 047\%$　② $\frac{38\ 080}{231\ 162.40}=16.473\ 267\%$　③ $\frac{12\ 692.40}{231\ 162.40}=5.490\ 686\%$

在表6-29中,78.036 047%、16.473 267%、5.490 686%分别表示第一次成本还原相应成本项目的成本还原分配率。成本还原分配率的经济含义可以理解为:相应成本项目的还原金额应该是需要还原的半成品成本的百分之几。

$$Z_1=245\ 790\times78.036\ 047\%=191\ 804.80(元)$$
$$Z_2=245\ 790\times16.473\ 267\%=40\ 489.64(元)$$
$$Z_3=245\ 790\times5.490\ 686\%=13\ 495.56(元)$$

与按表6-25还原的结果 X_1、X_2、X_3 分别一致。

表6-30

第二次成本还原(还原半成品A的成本)　　金额单位:元

项　　目	总成本	直接材料	直接人工	制造费用
第一车间本月完工半成品A的成本	155 760	120 000	25 440	10 320
半成品A各成本项目占总成本的比重(%)	100	77.041 602	16.332 820	6.625 578
本月完工产成品中的半成品A的成本	191 804.80	W_1	W_2	W_3

在表 6-30 中,77.041 602%、16.332 820%、6.625 578%分别表示第二次成本还原相应成本项目的成本还原分配率。成本还原分配率的经济含义为:相应成本项目的还原金额应该是本月完工产品成本的百分之几。

$$W_1 = 191\,804.80 \times 77.041\,602\% = 147\,769.49(元)$$

$$W_2 = 191\,804.80 \times 16.332\,820\% = 31\,327.13(元)$$

$$W_3 = 191\,804.80 \times 6.625\,578\% = 12\,708.18(元)$$

与按表 6-26 还原的结果 Y_1、Y_2、Y_3 分别一致。

产品成本还原计算表(成本项目比重还原法)从略。

综上所述,可以看出,综合结转法的优点是:可以在各生产步骤的产品成本明细账中反映各该步骤完工产品所耗半成品成本的水平和本步骤加工成本的水平,有利于各个生产步骤的成本管理。例如,可以从钢铁工业企业轧钢步骤的产品(钢材)成本明细账中看出完工产品(钢材)所耗半成品钢锭的成本水平和轧钢成本的水平,有利于轧钢步骤的成本管理。缺点是:进行成本还原,会增加核算工作量。这种结转方法只宜在半成品具有独立的国民经济意义、管理上要求计算各步骤完工产品所耗半成品成本,但不要求进行成本还原的情况下采用。

(二) 分项结转法

分项结转法,是指将各生产步骤所耗用的上一步的半成品成本,按照原始成本项目分项转入各该步骤产品成本明细账的各个成本项目的成本结转法。如果半成品通过半成品库收发,那么,在自制半成品明细账中登记半成品成本时,也要按照成本项目分别登记。

分项结转,既可以按照半成品的实际成本结转,也可以按照半成品的计划成本结转,然后按成本项目分项调整成本差异。由于后一种做法的计算工作量较大。因此,一般采用按实际成本分项结转的方法。本教材只介绍采用按实际成本分项结转的方法。

1. 分项结转法下的成本计算程序

【例 6-7】 假定某工业企业的丙产品生产分两个步骤,分别由两个车间进行。第一车间生产丙半成品,交半成品库验收;第二车间按照所需数量向半成品库领用。第二车间所耗半成品成本按全月一次加权平均单位成本计算。两个车间的月末在产品均按定额成本计价。其成本计算程序如下:

(1) 根据上月第一车间丙产品成本明细账月末在产品成本和本月各种生产耗费分配表、半成品交库单和第一车间在产品定额成本资料,登记第一车间丙产品"产品成本明细账",见表 6-31。

表 6-31

产品成本明细账

车间：第一车间　　　　　　　产品：丙半成品　　　　　　　　金额单位：元

月	日	摘要	产量(件)	直接材料	直接人工	制造费用	成本合计
10	31	在产品成本(定额成本)		58 000.00	4 000.00	32 100.00	94 100
11	30	本月生产成本		154 600.00	13 100.00	104 000.00	271 700
		生产成本累计		212 600.00	17 100.00	136 100.00	365 800
		完工转出半成品	1 200	143 000.00	12 100.00	95 975.00	251 075
		半成品单位成本		119.17	10.80	79.98	20 923
		在产品成本(定额成本)		69 600.00	5 000.00	40 125.00	114 725

（2）根据计价后的半成品交库单和第二车间领用半成品的领用单，登记"自制半成品明细账"，见表 6-32。

表 6-32

自制半成品明细账

半成品：丙半成品　　　　　　　　　　　　　　　　　　　　　金额单位：元

月	日	摘要	产量(件)	实际成本			
				直接材料	直接人工	制造费用	成本合计
10	31	月末余额	200	24 000.000	2 200.000	16 200.000	42 400.00
11	30	本月增加	1 200	143 000.000	12 100.000	95 975.000	251 075.00
		合计	1 400	167 000.000	14 300.000	112 175.000	293 475.00
		单位成本		119.286	10.214	80.125	209.63
		本月减少	1 250	149 107.500	12 767.500	100 156.250	262 031.25
		月末余额	150	17 892.500	1 532.500	12 018.750	31 443.75

根据第一车间的半成品交库单中所列交库数量和该车间丙产品成本明细账中的完工转出半成品成本，编制如下会计分录：

　　借：自制半成品——丙半成品(直接材料)　　　　　　　　143 000
　　　　　　　　　　——丙半成品(直接人工)　　　　　　　　 12 100
　　　　　　　　　　——丙半成品(制造费用)　　　　　　　　 95 975
　　　贷：基本生产成本——第一车间——丙半成品　　　　　　251 075

表 6-31 所列的"自制半成品明细账"中,10 月月末余额即 11 月月初余额;本月增加的数量和实际成本,应根据计价后的半成品交库单登记;丙半成品单位成本的各成本项目,都是按全月一次加权平均法计算的(即根据表中"合计"行实际成本各栏目的金额分别除以合计的产量计算);本月减少的数量,应根据第二车间领用半成品的领料单登记;本月减少的实际成本,应根据本月减少数量分别乘以单位成本有关栏目的金额计算登记。

根据第二车间半成品领用单,编制如下会计分录:

借:基本生产成本——第二车间——丙产品(直接材料)   149 107.50
　　　　　　　　　　　　　　——丙产品(直接人工)   12 767.50
　　　　　　　　　　　　　　——丙产品(制造费用)   100 156.25
　　贷:自制半成品——丙半成品   262 031.25

(3) 根据上月第二车间丙产品"产品成本明细账"月末在产品成本和本月各种生产耗费分配表、第二车间半成品领用单、第二车间在产品定额成本等资料,登记第二车间丙产品"产品成品明细账",见表 6-33。

表 6-33

产品成本明细账

车间:第二车间　　　　　　　产品:丙　　　　　　　　　　　　　金额单位:元

月	日	摘　要	产量(件)	直接材料	直接人工	制造费用	成本合计
10	31	在产品成本(定额成本)		65 000.000	16 000.000	40 000.000	121 000.00
11	30	本月耗用半成品成本		149 107.500	12 767.500	100 156.250	262 031.25
		本月发生的加工成本		—	120 000.000	128 000.000	248 000.00
		生产成本累计		214 107.500	148 767.500	268 156.250	631 031.25
		完工转出半成品	1 280	154 107.500	136 767.500	238 156.250	529 031.25
		半成品单位成本		120.396	106.850	186.050	413.30
		在产品成本(定额成本)		60 000.000	12 000.000	30 000.000	102 000.00

根据第二车间的完工丙产品交库单中所列交库数量和表 6-33 中该车间丙产品"产品成本明细"账中的完工转出丙产品成本,编制如下会计分录:

借:库存商品——丙产品   529 031.25
　　贷:基本生产成本——第二车间——丙产品   529 031.25

2. 分项结转法的优缺点

从以上介绍可以看出，采用分项结转法结转半成品成本，可以直接、正确地提供按原始成本项目反映的企业产品成本资料，便于从整个企业的角度考核和分析产品成本计划的执行情况，不需要进行成本还原。但是，这一方法的成本结转工作比较麻烦，而且在各步骤完工产品成本中看不出所耗上一步骤半成品成本是多少，本步骤加工成本是多少，不便于进行各步骤完工产品的成本分析。例如，钢铁工业企业的炼钢步骤所产半成品钢锭的成本，如果分项转入轧钢步骤产品成本明细账各个成本项目，那么，在其完工转出的产成品钢材成本中就看不出所耗钢锭成本有多少，本步骤的轧钢成本有多少，因而不便于进行轧钢步骤的成本管理。在表6-33第二车间丙产品成本明细账中，虽然分行分成本项目登记了本月本步骤加工成本和本月所耗半成品成本，但在完工转出的产成品成本中，就看不出其中所耗半成品成本是多少，本步骤加工成本是多少。因此，分项结转法一般适用于在管理上不要求计算各步骤完工产品所耗半成品成本和本步骤加工成本，而只要求按原始成本项目计算产品成本的企业。这类企业，对各生产步骤的成本管理要求不高，实际上只是按生产步骤分工计算成本，其目的主要是编制按原始成本项目反映的企业产品成本报表。

（三）逐步结转分步法的优缺点和适用范围

综上所述，逐步结转（不论是综合结转，还是分项结转）分步法的优点是：①能够提供各个生产步骤的半成品成本资料。②由于半成品的成本随着实物转移而结转，因而能为半成品和在产品的实物管理和资金管理提供数据。③能够全面地反映各生产步骤所耗上一步骤半成品成本和本步骤加工成本，有利于对各个生产步骤的成本管理。

逐步结转分步法的缺点是：①各生产步骤的半成品成本要逐步结转，在加速成本计算工作方面有一定的局限性。②在综合结转半成品成本的情况下，往往要进行成本还原；在分项结转半成品成本的情况下，各步成本的结转工作又比较复杂，因而核算工作量比较大。

与上述优缺点相联系，逐步结转分步法一般适宜在半成品的种类不多、逐步结转半成品成本的工作量不是很大的情况下，或者半成品的种类较多，但管理上要求提供各个生产步骤半成品成本数据的情况下采用。

三、平行结转分步法

（一）平行结转分步法的含义及其适用范围

在采用分步法的大量大批多步骤生产的企业中，有的企业各生产步骤所产半成品的种类很多，但并不需要计算半成品成本。为了简化和加速成本计算工作，可以不计算各步骤所产半成品成本,也不计算各步骤所耗上一步骤的半成品成本,而只计算本步骤发生的各项其他成本以及这些成本中应计入产成品成本的"份额"。将相同产品的各步骤成本明细账中的这些份额平行结转、汇总,即可计算出该种产品的产成品成本。这种结转各步成本的方法,称为平行结转分步法,也称不计列半成品成本分步法。

平行结转分步法主要适用于不对外销售半成品的大量大批装配式多步骤生产和管理上不要求计算半成品成本的生产,如机械制造、汽车制造等企业的产品生产。这类企业的生产,先由各生产步骤对各种原材料平行加工,形成产成品必需的半成品(零件、部件),然后由最后生产步骤将零件、部件装配成各种产成品。半成品种类很多且对外出售业务很少的企业,为简化成本计算,也可以采用这种方法。

(二) 平行结转分步法的特点

(1) 平行结转分步法以最终产成品品种作为成本计算对象,并按生产步骤和产成品品种设置产品成本计算单。各生产步骤不计算半成品成本,因而也就不存在各步骤之间半成品成本的结转事项。不论半成品实物是在各生产步骤之间直接转移,还是通过半成品库收发,半成品成本不随半成品实物的转移而结转。在平行结转分步法下,各生产步骤不计算半成品成本,虽然各步骤耗用了前面步骤生产完工转移过来的半成品,但是,本步骤只计算"自己"发生的生产成本。

(2) 为了计算各生产步骤发生的成本中应计入产成品成本的份额,必须将每一生产步骤发生的成本划分为耗用于产成品部分的成本和尚未最后制成产成品的在产品部分的成本。这里的在产品包括:①尚在本步骤加工中的在产品,即狭义在产品。②本步骤已完工转入半成品库的半成品(采用平行结转分步法,不需要设置"自制半成品"科目进行总分类核算)。③已从半成品库转移到以后各步骤进一步加工、尚未最后制成产成品的在产品。这是就整个企业而言的广义在产品。因此,平行结转分步法下的在产品成本,是指这三个部分广义在产品的成本。其中后两部分的实物虽然已经从本步骤转出,但其成本仍然留在本步骤产品成本计算单(产品成本明细账)中,尚未转出。在平行结转分步法下,各步骤的生产成本都要在产成品与广义在产品之间进行分配,计算这些成本在产成品成本中所占的份额和在广义在产品成本中所占的份额。

(3) 月末,需要将各步骤成本中应计入产成品的份额进行平行结转、汇总计算该种产成品的总成本和单位成本。平行结转分步法的成本计算程序见图6-2。

对于初学者来说,平行结转方式计算成本学习难度相对较大一些,学习过后也容易遗忘、混淆。只要在学习过程中理解掌握计算要点,就能化难为易、理清思路、准确掌握相关知识。这些要点主要包括:①采用平行结转方式计算成本时,各步骤只记录

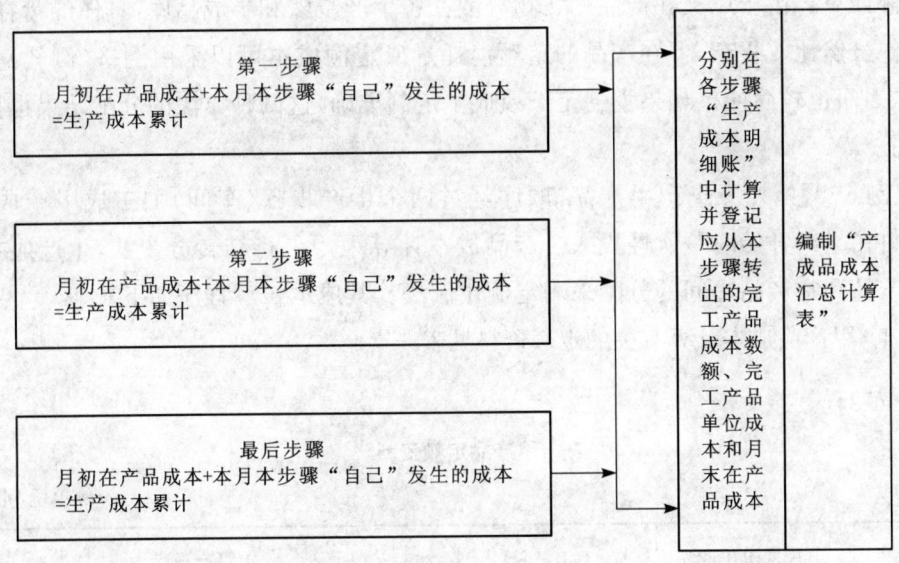

图 6-2　平行结转分步法成本计算程序图

本步骤"自己"发生的成本,虽然耗用了前面各步骤生产的半成品,这些半成品中别的步骤发生的成本,本步骤"不要管"。②采用平行结转方式计算成本时,某步骤完工半成品实物虽然已经转移到了后面的各步骤,但是对整个企业而言,只要产品尚未完工,在该步骤发生的成本仍然"保留"在该步骤产品成本明细账(又称产品成本计算单)上,物质运动和价值运动相脱离。也就是说,除了最后一个步骤外,某步骤的半成品成本的分布"空间",除了分布在该步骤外,还分布在后续的所有步骤中,后续的所有步骤中的半成品也是该步骤的半成品,只不过是这些半成品在该步骤的完工程度都是100%。③对整个企业而言,完工的产成品验收入库后,完工产成品成本中属于各步骤的成本"份额"都分别从各步骤的"基本生产成本"科目的贷方一并汇总转入"库存商品"科目的借方。

(三) 平行结转分步法应用举例

如何正确确定各步骤生产成本中应计入产成品成本的份额(即图 6-2 中各步骤生产成本明细账中应从本步骤转出的完工产品成本数额),将每一生产步骤的生产成本在完工产成品和月末在产品之间进行分配,是采用平行结转分步法正确计算产成品成本的关键所在。各企业应根据具体情况,选用第四章第三节所述的某种分配方法进行这种分配(本教材第一模块模拟实训,采用的是约当产量比例法,以下不再举例)。在实际工作中,除了采用约当产量比例法外,通常还采用在产品按定额成本计价法或定额比例法,因为采用这两种方法,作为分配成本标准的定额资料比较容易取得。例如,产成品的定额消耗量或定额成本,可以根据产成品数量乘以消耗定额或成本定额计算。由于广义在产品的实物分散在各生产步骤和半成品库,具体的盘存、计算工作虽然比较复杂,但在产品的定额消耗量或定额成本可以采用倒挤(倒轧)方法计算,因而也较简便。如果消耗定额或成本定额准确,这两种方法的分配结果也比较合理。

【例6-8】某厂生产甲产品,顺序经过两个生产步骤(车间)加工成甲产成品。原材料在生产开始时一次性投入。产品成本计算采用平行结转分步法,生产成本在完工产品和在产品之间的分配采用定额比例法。其成本核算程序如下。

(1) 甲产品成本计算有关的定额资料见表6-34。

表6-34

甲产品定额资料

金额单位:元

项目	11月月初在产品		本月(11月)投入		本月产成品				
	定额原材料成本	定额工时	定额直接材料成本	定额工时	单位定额		产量(件)	定额直接材料成本	定额工时(小时)
					直接材料成本	定额工时(小时)			
第一车间	200 000	12 500	1 000 000	125 000	800	100		1 040 000	130 000
第二车间		9 000		75 000		60	1 300		78 000
合计									

(2) 登记账簿。根据表6-34中甲产品定额资料,以及各种耗费分配表和产成品交库单,登记第一、第二车间甲种产品"产品成本明细账",见表6-35、表6-36。

表6-35

产品成本明细账

车间:第一车间　　　　　产品:甲产品　　　产成品产量:1 300件　　金额单位:元

月	日	摘要	直接材料		定额工时(小时)	直接人工	制造费用	实际成本合计
			定额	实际				
11	1	月初在产品	200 000	196 000	12 500	225 000	112 500	533 500
11	30	本月生产成本	1 000 000	980 000	125 000	2 250 000	1 125 000	4 355 000
		生产成本累计	1 200 000	1 176 000	137 500	2 475 000	1 237 500	4 888 500

(续表)

月	日	摘要	直接材料		定额工时（小时）	直接人工	制造费用	实际成本合计
			定额	实际				
		耗费分配率		0.98①		18②	9③	—
		产成品成本中本车间份额	1 040 000④	1 019 200⑤	130 000⑥	2 340 000⑦	1 170 000⑧	4 529 200
		月末在产品	160 000	156 800	7 500	135 000	67 500	359 300

在表 6-35 中：
①＝1 176 000÷1 200 000＝0.98（其直观经济含义是：实际直接材料成本是定额直接材料成本的0.98倍）。
②＝2 475 000÷137 500＝18（其直观经济含义是：每个定额工时分配的直接人工成本为18元）。
③＝1 237 500÷137 500＝9（其直观经济含义是：每个定额工时分配的制造费用为9元）。
④见表 6-33。
⑤＝1 040 000×0.98＝1 019 200。
⑥＝单位定额工时×产成品产量＝100×1 300＝130 000（表 6-33，"第一车间"行最右边的一栏目的数据）。
⑦＝130 000×18＝2 340 000。
⑧＝130 000×9＝1 170 000。

在表 6-35 中，"月初在产品"行各栏目的数据就是上月月末在产品各栏目的数据；"本月生产成本"行的定额直接材料成本和定额工时两个栏目的数据见表 6-34"本月（11 月）投入"的定额直接材料成本和定额工时；"本月生产成本"行的其他栏目的数据根据各种生产耗费分配表登记。该企业月末没有进行在产品盘点，月末在产品各科目的数据，可以根据"生产成本累计"行和"产成品成本中本车间份额"行相应栏目采用"倒挤"（"倒轧"）的方法计算求出；其中，直接材料、直接人工和制造费用项目的金额，也可以分别用各成本项目的耗费分配率乘以其相应的定额数据计算求得。

月末在产品直接材料实际成本：

$$1\ 176\ 000 - 1\ 019\ 200 = 156\ 800（元）$$

或

$$0.98 \times 160\ 000 = 156\ 800（元）$$

月末在产品直接人工实际成本：

$$2\ 475\ 000 - 2\ 340\ 000 = 135\ 000（元）$$

或

$$18 \times 7\ 500 = 135\ 000（元）$$

月末在产品制造费用实际成本：

$$1\ 237\ 500 - 1\ 170\ 000 = 67\ 500(元)$$

或

$$9 \times 7\ 500 = 67\ 500(元)$$

表 6-36

产品成本明细账

车间:第二车间　　　　　产品:甲产品　　产成品产量:1 300 件　金额单位:元

月	日	摘要	直接材料 定额	直接材料 实际	定额工时（小时）	直接人工	制造费用	实际成本合计
10	31	在产品成本			9 000	180 000	90 000	270 000
11	30	本月生产成本			75 000	1 500 000	750 000	2 250 000
		生产成本累计			84 000	1 680 000	840 000	2 520 000
		耗费分配率				20	10	—
		产成品成本中本车间份额			78 000	1 560 000	780 000	2 340 000
		在产品成本			6 000	120 000	60 000	180 000

（三）编制完工甲产品成本汇总表

根据第一、第二车间产品成本明细账中计算登记的各该车间的产成品成本份额，平行汇总完工甲产品成本，编制完工甲产品成本汇总表见表 6-37。

表 6-37

完工产品成本汇总表

产品名称:甲　　　　　20××年 11 月 30 日　　　　完工产量:1 300 件　单位:元

摘　要	直接材料	直接人工	制造费用	成本合计
第一车间转入	1 019 200	2 340 000	1 170 000	4 529 200
第二车间转入		1 560 000	780 000	2 340 000
总成本	1 019 200	3 900 000	1 950 000	6 869 200
单位成本	784	3 000	1 500	5 284

（四）平行结转分步法的优缺点

平行结转分步法的优点在于：①各步骤可以同时计算产品成本，然后将应计入完工产品成本的份额平行结转、汇总计入产成品成本，不必逐步结转半成品成本，从而可以简化和加速成本计算工作。②采用这一方法，一般按成本项目平行结转、汇总各步骤成本中应计入产成品成本的份额，因而能够直接提供按原始成本项目反映的产成品成本资料，不必进行成本还原，省去了大量繁琐的计算工作。

在平行结转分步法下，由于各步骤不计算和结转半成品成本，则存在着以下缺点：

① 不能提供各个步骤的半成品成本资料及各步骤所耗上一步骤半成品的成本资料，因而不能全面反映各步骤生产耗费水平，不利于对各步骤的成本管理。② 在产品的成本在产成品完工以前，不随实物转出而转出，即不按其所在的地点登记，而按其发生的地点登记，半成品的实物转移与成本结转脱节，因而不能为各个生产步骤在产品的实物管理和资金管理提供资料。由于平行结转分步法存在上述缺点，所以平行结转分步法一般只宜在半成品种类较多，逐步结转半成品成本的工作量较大，管理上又不要求提供各步骤半成品成本资料的情况下采用。而且在采用时，应该加强各步骤在产品收发结存的数量核算，以便为在产品的实物管理和资金管理提供资料。此外，还应加强各步骤废品损失的核算和在产品的清查工作，以便及时发现在产品的报废、短缺和毁损情况，及时反映在产品加工报废、盘亏和毁损造成的损失，借以弥补这种分步法由于在产品成本与在产品实物脱节的缺点。

【思考题】
1. 比较品种法、分批法、分步法各自的适用范围、特点和优缺点。
2. 简述简化分批法核算方法的特点、优缺点和应用条件。
3. 你认为，在平行结转分步法下，计算在产品的数量和在产品的成本必须明确哪些要点？

【实务题】
1. 采用品种法计算产品成本。
   大恒工厂生产甲、乙两种产品，都是单步骤的大量生产，采用品种法计算产品成本。该厂设有一个基本生产车间，供电和供水两个辅助生产车间。辅助生产车间的制造费用不通过"制造费用"核算。该厂20××年3月份的生产耗费资料如下：
   (1) 各项货币支出。根据3月份付款凭证汇总的各项货币支出(假定均用银行存款支付)为：
   基本生产车间：办公费3 933元，运输费1 370元，取暖费4 260元，其他支出9 260元。
   供电车间：外购动力费31 210元，办公费430元，其他支出320元。
   供水车间：办公费550元，其他支出50元。
   (2) 材料耗费。根据3月份材料领退凭证汇总的材料耗费为：
   基本生产车间：
   甲产品：直接材料耗费7 600元。
   乙产品：直接材料耗费38 500元。

机物料消耗 4 962 元,劳动保护费 3 830 元。

辅助生产车间：

供电车间：辅助材料耗费 3 200 元,各种备件消耗 990 元。

供水车间：辅助材料耗费 2 500 元,各种备件消耗 700 元。

(3) 工资耗费。

基本生产车间：生产工人工资 569 500 元,管理人员工资 7 250 元。

供电车间：生产工人工资 21 000 元,管理人员工资 3 600 元。

供水车间：生产工人工资 25 000 元,管理人员工资 4 200 元。

基本生产车间生产工人工资系计时工资,在甲、乙两种产品之间按产品的实用工时比例分配。实用工时为：甲产品 60 000 小时,乙产品 40 000 小时。分配通过工资耗费分配表进行。为了简化习题,按工资总额一定比例提取的其他职工薪酬略。

(4) 固定资产折旧耗费。3 月份的折旧额为：基本生产车间 6 000 元,供电车间 500 元,供水车间 800 元。3 月份增加的固定资产折旧额为：基本生产车间 500 元。

(5) 辅助生产成本。该厂规定辅助生产成本按计划成本分配。辅助生产车间的计划单位成本为：电每度 0.35 元,水每吨 1.6 元。辅助生产的成本差异全部计入管理费用。

供电车间供电 176 000 度。各单位耗用数量为：供水车间用 15 500 度；基本生产车间动力用 148 500 度,照明用 4 500 度；行政管理部门用 7 500 度。

供水车间供水 21 500 吨。各单位耗用数量为：供电车间 1 500 吨,基本生产车间 18 000 吨,行政管理部门 2 000 吨。

基本生产车间的动力耗费,按照产品的实用工时比例,在甲、乙两种产品之间进行分配。

(6) 制造费用。该厂规定制造费用按产品的实用工时比例,在甲、乙两种产品之间进行分配。

(7) 完工产品和月末在产品之间的耗费分配。甲产品的消耗定额比较准确、稳定,但各月在产品数量变动较大,因而采用定额比例法分配完工产品成本和月末在产品成本。原材料耗费按定额原材料耗费比例分配,其他各项耗费均按定额工时比例分配。

甲产品 3 月初在产品的定额资料为：定额直接材料耗费 14 500 元,定额工时 30 500 小时,其实际耗费为：直接材料 16 050 元,直接燃料及动力 7 740 元,直接人工 134 050 元,制造费用 17 506 元,合计 175 346 元。

甲产品 3 月份投入的定额直接材料耗费 7 000 元,定额工时为 56 000 小时。

甲产品3月份完工180件,单件直接材料耗费定额为90元,单件工时定额410小时。

该厂乙产品各月在产品的数量较大,但各月数量比较稳定,因而规定各月在产品成本均按年初数固定不变,到年末时才根据实际情况进行调整。其年初在产品成本为:直接材料7 600元,直接燃料及动力2 200元,直接人工4 500元,制造费用3 290元,合计17 590元。乙产品3月份完工100件。

要求:

(1) 根据上述资料,编制银行存款付款凭证汇总表和各种生产耗费分配表。

(2) 根据银行存款付款凭证汇总表和各种生产耗费分配表,登记各种成本费用明细账和产品成本明细账(管理费用明细账略),计算各种产品的生产成本。

(3) 编制有关生产耗费分配和产品成本结转的会计分录。

(注:需要使用的相关表格在教材下册,仅供参考)

2. 某企业采用分批法计算产品成本。某批丁产品20××年7月5日投产,批量为10台。本月(8月)完工6台。原材料是在生产开始时一次投入,原材料成本可以按照完工产品和月末在产品实际数量比例分配;其他成本采用约当产量比例法在完工产品与月末在产品之间进行分配,在产品完工程度为60%。"产品成本明细账"及有关成本的资料见表6-38。

表6-38

产品成本明细账

20××年8月

产品名称:丁　　　　批号:××　　　　批量:10台　　　　购货单位:鸿达公司
投产日期:7月5日　　完工日期9月20日　本月完工6台　　　　单位:元

项　目	直接材料	燃料及动力	直接人工	制造费用	合计
月初在产品成本	192 900	154 200	88 050	58 350	493 500
本月生产成本		57 300	91 800	40 950	190 050
生产成本累计	192 900	211 500	179 850	99 300	683 550
完工6台产品总成本					
完工产品单位成本					
月末在产品成本					

要求:将生产成本在完工产品和在产品之间进行分配并将计算结果填入表内。

3. 某企业小批生产多种产品,产品批数繁多,为了简化产品成本计算工作,该企业采用简化的分批法计算成本。该企业9月份各批产品的生产资料及全部产品成本资料分别见表6-39、表6-40、表6-41、表6-42、表6-43。

(1) 生产记录见表6-39。

表 6-39

生产记录表

批号	产品名称	产量	开工日期	完工日期
♯708	甲	100 件	7 月	本月全部完工
♯807	乙	20 件	8 月	本月完工 4 件

（2）累计耗费和生产工时见表 6-40。

表 6-40

累计耗费和生产工时表

金额单位：元

批号	产品名称	累计原材料耗费	累计生产工时	完工产品生产工时（小时）	累计直接人工	累计制造费用
♯708	甲	40 000	2 600	2 600		
♯807	乙	10 000	1 400	400		
合计		50 000	4 000	3 000	64 000	36 000

甲、乙产品耗费的原材料均是生产开始时一次性投入。

（3）假设完工的 4 件乙产品原材料成本 2 000 元，消耗生产工时 400 小时。

要求：登记"基本生产成本二级账"和各批"产品成本明细账"见表 6-41、表 6-42、表 6-43。

表 6-41

基本生产成本二级账

（各批产品总成本） 金额单位：元

月	日	摘要	直接材料	生产工时	直接人工	制造费用	合计
		生产耗费及工时累计数	50 000	4 000	64 000	36 000	
9	30	累计间接计入耗费分配率	—				
9	30	本月完工产品成本转出					
9	30	月末在产品成本					

表 6-42

产品成本明细账

产品批号：♯708　　　　　　　　开工日期：20××年7月

产品名称：甲　　产量：100 件　完工日期：20××年9月　　金额单位：元

月	日	摘要	直接材料	生产工时	直接人工	制造费用	合计
		7月份、8月份记录略	—	—	—	—	
9	30	直接耗费及工时累计数					
9	30	间接计入费用分配率					
9	30	本月完工转出成本及工时					
9	30	完工产品单位成本					

表 6-43

产品成本明细账

工作批号：#807　　　　　　开工日期：20××年8月

产品名称：乙　　产量：20件　　完工日期：20××年9月完工4件　　金额单位：元

月	日	摘　要	直接材料	生产工时	直接人工	制造费用	合计
		8月份记录略	—	—	—	—	—
9	30	直接耗费及工时累计数			—		
9	30	间接计入费用分配率	—	—			—
9	30	本月完工转出成本及工时					
9	30	完工产品单位成本		—			
9	30	月末在产品成本					

4. 某企业采用简化分批法计算产品成本。3月份各批产品成本明细账中有关资料如下：

1023批号：1月份投产22件。本月全部完工，累计直接材料成本79 750元，累计耗用工时8 750小时。

2011批号：2月份投产30件。本月完工20件，累计直接材料成本108 750元，累计耗用工时12 152小时；原材料在生产开始时一次投入；月末在产品完工程度为80%，采用约当产量比例法分配所耗工时。

3015批号：本月投产15件。全部未完工，累计直接材料成本18 125元，累计耗用工时2 028小时。

"基本生产成本"二级账归集的累计间接计入耗费为：直接人工36 688元，制造费用55 032元。

要求：根据以上资料计算累计间接计入耗费分配率和甲产品各批完工产品成本（列出计算过程）

5. 某企业大量生产甲产品，生产过程分两个步骤，分别由两个车间进行。第一车间为第二车间提供半成品，第二车间将半成品加工为产成品，采用逐步结转分步法计算产品成本。

本月第一、第二车间发生的生产成本（不包括所耗半成品的成本）为：第一车间：直接材料12 600元，直接人工 600元，制造费用12 200元。第二车间：直接人工7 400元，制造费用17 700元。

本月初半成品库结存半成品400件，其实际成本为20 600元。本月第一车间完工入库半成品500件，第二车间从半成品库领用甲半成品700件。

本月第二车间完工入库产成品350件，在产品按定额成本计价，月初在产品定额成本：第一车间：直接材料3 800元，直接人工2 200元，制造费用4 600元；第二车间：

半成品成本12 200元,直接人工2 400元,制造费用5 000元。月末在产品定额成本:第一车间:直接材料5 600元,直接人工2 600元,制造费用5 200元;第二车间:半成品成本5 200元,直接人工1 000元,制造费用2 800元。

要求:根据上述资料,登记"产品成本明细账"和"自制半成品明细账",按实际成本综合结转半成品成本(库存半成品成本采用全月一次加权平均法计算),计算产成品成本并进行成本还原。

6. 某工厂生产甲产品需要经过三个基本生产车间连续加工,原材料在生产开始时一次性投入;各车间的在产品完工程度均按50%计算。半成品不通过半成品库收发,上一步骤半成品经检验合格后直接转入下一步骤。20××年×月有关资料分别见表6-44、表6-45、表6-46。

表6-44

产品产量

产品名称:甲　　　　　　　　　20××年×月　　　　　　　　　单位:件

摘　要	第一车间	第二车间	第三车间
月初结存	60	100	150
本月投入	440	400	450
本月完工	400	450	500
月末结存	100	50	100

表6-45

月初在产品成本

产品名称:甲　　　　　　　　　20××年×月　　　　　　　　　单位:元

成本项目	直接材料	直接人工	制造费用	合　计
第一车间	12 000	3 000	2 400	17 400
第二车间	20 000	6 000	5 000	31 000
第三车间	30 000	6 750	5 250	42 000
合　计	62 000	15 750	12 650	90 400

表6-46

本月本步骤发生的生产成本

产品名称:甲　　　　　　　　　20××年×月　　　　　　　　　单位:元

成本项目	直接材料	直接人工	制造费用	合　计
第一车间	88 000	42 000	33 600	163 600
第二车间		51 000	42 500	93 500
第三车间		42 750	33 250	76 000
合　计	88 000	135 750	109 350	333 100

注:生产成本累计=月初在产品成本+本月本步骤(发生的)生产成本+上步骤转入(半成品成本)。

根据以上资料,采用分项结转分步法计算甲产品成本,并分别编制相关会计分录。

7. 某企业采用平行结转分步法计算产品成本。该企业生产 A 产品顺序经过三个生产步骤(不经过半成品库),原材料在开始生产时一次投入,在产品成本按约当产量法计算。各步骤月末在产品的完工程度为 50%。

(1) 产量资料见表 6-47。

表 6-47

产量资料表

单位:件

项 目	一步骤	二步骤	三步骤
月初在产品数量	80	40	120
本月投产数量	120	140	160
本月完工数量	140	160	200
月末在产品数量	60	20	80

(2) 成本资料见表 6-48。

表 6-48

成本资料表

单位:元

项目	一步骤		二步骤	三步骤
	直接材料	加工成本		
月初在产品成本	6 240	1 000	980	120
本月生产成本	3 120	650	1 050	360
合　　计	9 360	1 650	2 030	480

要求:

(1) 计算各步骤应计入 A 产品成本的"份额",将计算结果直接填入各步骤生产成本明细账内。

(2) 将各步骤应计入 A 产品成本的"份额"平行结转、汇总,编制 A 产品成本汇总表。

第七章 产品成本计算的辅助方法

在成本会计实际工作中,除了产品成本计算的基本方法以外,为了简化成本计算工作,或者为了配合和加强对生产耗费及产品成本的定额管理,还常常采用分类法、定额法等方法计算产品成本。这些方法,从计算产品成本的角度而言,不是必不可少的,因而通称为产品成本计算的辅助方法。

第一节 产品成本计算的分类法

一、分类法的特点

在一些工业企业中,生产的产品品种(或规格,下同)繁多,如果按照产品的品种归集生产耗费、计算生产成本,计算工作就极为繁重。产品成本计算的分类法,就是在产品品种繁多,但可以按照一定标准分类的情况下,为了简化计算工作而采用的一种成本计算方法。

产品成本计算分类法的特点是:按照产品类别归集生产耗费,计算成本;同一类产品内不同品种产品的成本采用一定的分配方法分配确定。在采用这种成本计算方法时,先要根据产品的结构、所用原材料和工艺过程的不同,将产品划分为若干类,按照产品的类别设置产品成本明细账,归集产品的生产耗费,计算各类产品成本;然后选择合理的分配标准,在每类产品内的各种产品之间分配生产成本,计算每类产品内各种产品的成本。

同类产品内各种产品之间分配成本的标准,有定额消耗量、定额成本、售价,以及产品的体积、长度和重量等。选择分配标准时,主要应考虑与产品生产耗费的关系,应选择与产品各项耗费有密切联系的分配标准。在类内各种产品直接分配成本时,各成本项目可以采用同一分配标准分配,也可以根据各成本项目的性质,分别采用不同的分配标准进行分配,以使分配结果更加合理。例如,直接材料成本可按直接材料定额消耗量或直接材料定额成本比例进行分配,直接人工、制造费用等加工成本可按定额工时比例进行分配。

为了简化分配工作,也可以将分配标准折算成相对固定的系数,按照固定的系数分配同类产品内各种产品的成本。确定系数时,一般是在同类产品中选择一种产量较大、生产比较稳定或规格折中的产品作为标准产品,把这种产品的分配标准额的系数定为"1";用其他各种产品的分配标准额与标准产品的分配标准额相比较,计算出其他产品的分配标准额与标准产品的分配标准额的比率,即系数。在分类法中,按照系数分配同类产品内各种产品成本的方法,也叫系数法。系数一经确定,在一定时期内应保持相对稳定,不应随意变更。

在实际工作中,也可采用按照标准产品产量比例分配类内各种产品成本的方法,即将各种产品的产量按照系数进行折算,折算成标准产品产量,然后,按照标准产品产量的比例分配类内各种产品成本,这也是一种系数分配法(见表7-4)。

二、分类法的计算程序举例

分类法的特点说明了分类法的成本计算程序:首先,合理确定产品类别,按产品类别开设产品成本明细账。这一程序主要是根据产品生产所耗用的原材料和工艺技术过程的不同等标志,将产品划分成若干类别。比如,鞋厂可以按耗用的不同原材料,将产品分为皮鞋、布鞋、塑料鞋等类别;轧钢厂可以将产品分为圆钢、角钢、钢管、钢板等类别。以产品类别归集产品的生产耗费,计算各类产品的成本;然后,选择合理的分配标准,分别将各类产品的成本在类内的各种产品之间进行分配,计算每类产品中的各种产品的成本。现以某工业企业的产品成本计算为例,说明分类法的计算程序。

【例7-1】 某厂生产A,B,C,D,E五种产品,这五种产品的结构、所用原材料和工艺过程相似。该厂将这五种产品合并为甲类(选择A产品为标准产品),采用分类法计算成本。类内各种产品之间分配成本的标准为:直接材料成本按照各种产品的直接材料耗费系数分配;直接材料耗费系数按照直接材料成本定额确定;其他成本按定额工时比例分配。

有关数据以及成本计算过程如下:

(1) 根据各产品所耗各种直接材料的消耗定额、计划单价以及成本定额,编制直接材料耗费系数计算表,见表7-1。

表 7-1

甲类各种产品直接材料耗费系数计表算

20××年×月　　　　　　　　　　　　　　　　金额单位:元

产品名称	单位(件)产品直接材料成本				直接材料耗费系数
	直接材料名称或编号	消耗定额(千克)	计划单价	成本定额	
A(标准产品)	1011	100	21	2 100	1
	2022	80	30	2 400	
	3033	200	40	8 000	
	合计	—		12 500	

(续表)

产品名称	单位(件)产品直接材料成本				直接材料耗费系数
	直接材料名称或编号	消耗定额（千克）	计划单价	成本定额	
B	1011	80	21	1 680	$\dfrac{7\,980}{12\,500}=0.6384$（即每件B产成品的直接材料成本等于0.638 4件A产成品的直接材料成本）
	2022	50	30	1 500	
	3033	120	40	4 800	
	合计	—		7 980	
C	1011	60	21	1 260	$\dfrac{6\,360}{12\,500}=0.5088$（直接材料耗费系数的直观经济含义同B产品的系数，下同）
	2022	50	30	1 500	
	3033	90	40	3 600	
	合计	—		6 360	
D	1011	120	21	2 520	$\dfrac{10\,320}{12\,500}=0.8256$
	2022	60	30	1 800	
	3033	150	40	6 000	
	合计	—		10 320	
E	1011	160	21	3 360	$\dfrac{12\,960}{12\,500}=1.0368$
	2022	80	30	2 400	
	3033	180	40	7 200	
	合计	—		12 960	

（2）在按产品类别开设的产品成本明细账上月末在产品成本（定额成本）资料的基础上，根据本月各项生产耗费分配表登记产品成本明细账，计算该类产品成本，见表7-2。

表7-2

产品成本明细账

产品名称：甲类　　　　　　　　　20××年×月　　　　　　　　　　单位：元

月	日	摘　　要	直接材料	直接人工	制造费用	成本合计
10	31	在产品成本（定额成本）	407 660	28 980	16 100	452 740
11	30	本月生产成本	3 246 180	458 730	254 850	3 959 760
		生产成本累计	3 653 840	487 710	270 950	4 412 500
		完工转出产成品成本	3 208 400	456 120	253 400	3 917 920
		在产品成本（定额成本）	445 440	31 590	17 550	494 580

在表7-2中，完工转出产成品成本各成本项目的金额可用生产成本累计各成本项目的金额减去在产品成本（定额成本）各成本项目的金额倒轧出来。

(3) 分别计算 A，B，C，D，E 五种产品的产成品成本。根据各种产品的产量、原材料耗费系数和工时消耗定额，分别计算甲类 A，B，C，D，E 五种产品的产成品成本，见表 7-3 和表 7-4。

表 7-3

类内各种产成品成本计算表

产品类别：甲类　　　　　　　20××年×月　　　　　　　金额单位：元

项目	产量（件）	直接材料耗费 系数	直接材料耗费 总系数*	工时定额（小时）	定额工时**（小时）	直接材料	直接人工	制造费用	成本合计
分配率						12 500	18	10	—
A产成品	100	1	100	100	10 000	1 250 000	180 000	100 000	1 530 000
B产成品	60	0.638 4	38.304	60	3 600	478 800	64 800	36 000	579 600
C产成品	70	0.508 8	35.616	50	3 500	445 200	63 000	35 000	543 200
D产成品	50	0.825 6	41.28	80	4 000	516 000	72 000	40 000	628 000
E产成品	40	1.036 8	41.472	106	4 240	518 400	76 320	42 400	637 120
合计	—		256.672	—	25 340	3 208 400	456 120	253 400	3 917 920

*某产成品直接材料耗费总系数＝该产成品产量×直接材料耗费系数。
某产成品直接材料耗费总系数的直观经济含义是：类内一定完工数量的某产成品的直接材料成本等于多少数量的标准产成品的直接材料成本。
**某产成品定额工时＝该产成品产量×该产成品工时定额。
该产成品工时定额即单位该产成品按定额规定的工时。

通过以上简例可以体会到，弄清了直接材料耗费系数和总系数的经济含义，成本计算过程就不难理解了。

在表 7-3 中，"合计"行的"直接材料""直接人工""制造费用""成本合计"栏分别按表 7-2 的"完工转出产成品成本"行相对应栏目的金额填列；再用表 7-3"合计"行的"直接材料"栏的金额除以本行直接材料耗费总系数的合计数，得到直接材料分配率，所以说，直接材料分配率的直观经济含义就是：单位标准产品的直接材料成本。用该分配率分别乘以各产成品的直接材料耗费总系数，就可以得到各产成品的直接材料成本；用表 7-3"合计"行的"直接人工"（或"制造费用"）栏的金额除以本行的"定额工时"栏的合计数，就可以得到直接人工（或制造费用）分配率，该分配率的直观经济含义就是：类内各产品单位定额工时应分配的直接人工（或制造费用）成本；用该分配率分别乘以各产成品的定额工时，就可以得到各产成品的直接人工（或制造费用）成本。

以下按照标准产品产量比例分配类内各种产品的加工成本，以验证系数分配法分配加工成本的另一种方法。

表 7-4

类内各种产成品加工成本计算表

产品类别：甲类　　　　　　　　　　20××年×月　　　　　　　　　　金额单位：元

产品名称	产量（件）	工时定额	系数	总系数（标准产品数）	直接人工（分配率：1 800*）	制造费用（分配率：1 000*）
A产成品	100	100	1.00	100.0	180 000	100 000
B产成品	60	60	0.60	36.0	64 800	36 000
C产成品	70	50	0.50	35.0	63 000	35 000
D产成品	50	80	0.80	40.0	72 000	40 000
E产成品	40	106	1.06	42.4	76 320	42 400
合计	—	—	—	253.4	456 120	253 400

在表7-4中，总系数253.4表示类内全部完工产品的直接人工（或制造费用）成本等于253.4件完工标准产成品（A产成品）的直接人工（或制造费用）成本。

$$*\ 直接人工分配率 = \frac{456\ 120}{253.4} = 1\ 800\quad（表示单位标准产品的直接人工成本）$$

$$制造费用分配率 = \frac{253\ 400}{253.4} = 1\ 000\quad（表示单位标准产品的制造费用成本）$$

表7-4中A、B、C、D、E五种产品的完工产品成本中的直接人工和制造费用成本的计算结果与表7-3完全一致。

综上所述，分类法下产品成本计算的基本程序可归纳为：①合理确定产品类别，按产品类别开设产品成本明细账。②在开设的产品成本明细账内，按照规定的成本项目汇集生产耗费，计算类内完工产品和在产品的总成本。③采用适当的方法计算类内各种产成品按成本项目列示的成本和总成本。

三、分类法的适用范围、优缺点和应用条件

（一）分类法的适用范围

如前所述，凡是产品的品种繁多，而且可以按照前述要求将产品划分为若干类别的企业或车间，均可采用分类法计算成本。分类法与产品生产的类型没有直接联系，因而可以在各种类型的生产中应用。例如，食品工业企业的各种糖果、饼干、面包的生产，针织工业企业各种不同种类和规格的针织品的生产，制鞋业各种不同种类（如塑料鞋类、皮鞋类、布鞋类）和不同规格的鞋的生产，照明工业企业不同类别和瓦数灯泡的生产，无线电元件工业企业各种不同类别和规格的无线电元件的生产，以及钢铁工业企业各种牌号和规格的生铁、钢锭和钢材的生产等。它们的生产类型虽然不同，但都可以采用分类法计算其产品成本。

有一些工业企业，特别是化工企业，在生产过程中对同一原料进行加工，可以生

产出几种主要产品。例如,原油经过提炼,可以炼出各种汽油、煤油和柴油等产品,这些产品称为联产品。联产品所用的原料和工艺过程相同,因而最宜于并且也只能够归为一类,采用分类法计算成本。分类法对于一般的可以分类的产品来说,可以采用,也可以不采用;采用这种方法只是为了简化各种产品成本的计算工作(比如,制鞋业生产的各种皮鞋,品种规格繁多,采用分类法只需要开设皮鞋类一种产品成本明细账即可)。但对于联产品来说,由于其生产耗费都是间接计入耗费,各种产品的各项耗费都必须通过间接分配的方法分配确定,因而必须采用分类法计算各种产品的成本。

有一些工业企业,除了生产主要产品以外,还可能生产一些零星产品。例如,为协作企业生产少量的零部件,或者自制少量材料和工具等。这些零星产品,虽然内部结构、所耗原材料和工艺过程不一定完全相近,但是它们的品种、规格多,而且数量少,成本比重小。为了简化成本计算工作,这些零星产品也可以归为几类,采用分类法计算成本。

有一些工业企业,特别是轻工业企业,有时可能生产出品种相同、但质量不同的产品。如果这些产品的结构、所用的原材料和工艺过程完全相同,产品质量上的差别是由于工人操作而造成的,这些产品称为等级产品。不同等级产品的单位成本,应该是相同的,因而不能将分类法的原理应用到这些产品的成本计算中去。次级产品由于售价较低造成的损失,正好能说明企业在提高产品质量上还存在着需要改进的空间。如果产品质量的不同,是由于内部结构、所用原材料的质量或工艺技术上的要求不同而造成的,那么,这些产品应是同一品种不同规格的产品,也可以归为一类,采用分类法计算成本。

(二)分类法的优缺点和应用条件

采用分类法计算产品成本,每类产品内各种产品的生产耗费,不论是间接计入耗费还是直接计入耗费,都采用分配方法分配计算,因而领料凭证、工时记录和各种费用分配表都可以按照产品类别填列,产品成本明细账也可以按照产品类别设立,从而简化了成本计算工作;而且还能够在产品品种、规格繁多的情况下,分类掌握产品成本的水平。但是,由于同类产品内各种产品的成本都是按照一定比例分配计算得来的,计算结果有一定的假定性。因此,产品的分类和分配标准(或系数)的确定是否适当,是采用分类法时能否做到既简化成本计算工作,又能使成本计算相对正确的关键。在进行产品分类时,类距既不宜定得过小,使成本计算工作复杂;也不能定得过大,造成成本计算的"大锅烩",影响成本计算的准确性。在分配标准的选定上,要选择与成本水平高低有密切联系的分配标准分配费用。当产品结构、所用原材料或工艺过程发生较大变动时,应该修订分配系数或考虑另选分配标准,以提高成本计算的准确性。

第二节 联产品、副产品、等级品的成本计算

联产品、副产品、等级品的成本计算,也属于分类法的范畴,因其内容较多,所以单列一节进行介绍。

一、联产品成本的计算

(一) 联产品的含义

联产品是指使用同种原料,经过同一加工过程,同时生产出的具有同等地位的不同用途的主要产品。例如,炼油厂用原油经过同一生产过程加工提炼出的汽油、煤油、柴油等产品;奶制品厂同时生产出的牛奶、奶油等产品。联产品所经过的同一加工过程,称为联产过程。在联产过程中所发生的成本,称为联合成本。

(二) 联产品的成本计算

联产品的成本计算一般有两种情况(见图7-1)。

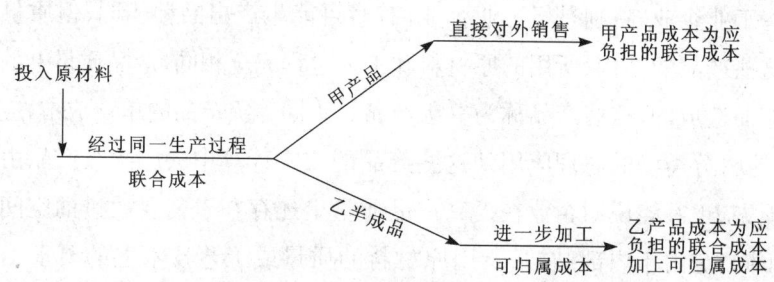

图7-1 联产品的成本构成

如果有些联产品经过联产过程后即可出售,这些联产品应分摊的联合成本就是该种联产品的全部成本;如果有些联产品经过联产过程分离出来后还需要进一步加工后才能出售,这些联产品的成本是分离前的成本(即应分摊的联合成本)加上分离后的加工成本(即加上可归属成本)。

在联产品的成本计算中,联合成本的计算和分配采用分类法,以联产品为一类,归集生产成本计算联产品联合成本,并采用适当的方法将联合成本在各种联产品之间进行分配,计算各种联产品应分摊的联合成本;对于分离后还需要进一步加工的联产品,还需要采用适当的方法分配计算其由于继续加工而应负担的成本,从而计算其全部成本。在联产品成本的计算中,各种联合成本的分配,可以按各种联产品的产量比例、售价比例或定额成本比例等标准进行分配,也可以将这些分配标准预先折算为系数,再按系数进行分配。

【例7-2】 某化工厂用某种原料经过同一工艺过程同时生产出甲、乙、丙三种联产品,三种联产品均可直接对外销售。20××年11月完工产品产量分别为2 500千克、

1 000 千克、1 500 千克；均无期初、期末在产品；本月生产这些联产品的联合成本分别为：原材料 300 000 元，直接人工 180 000 元，制造费用 60 000 元。三种联产品每千克售价分别为 300 元、240 元、260 元。

（1）根据以上资料，采用产量比例分配法计算甲、乙、丙三种联产品的成本（见表 7-5）。

表 7-5

联产品成本计算表（产量比例分配法）

20××年 11 月　　　　　　　　　　　　　　　　　　　金额单位：元

产品	产量（千克）	直接材料		直接人工		制造费用		合计
		分配率	分配额	分配率	分配额	分配率	分配额	
甲	2 500		150 000		90 000		30 000	270 000
乙	1 000		60 000		36 000		12 000	108 000
丙	1 500		90 000		54 000		18 000	162 000
合计	5 000	60	300 000	36	180 000	12	60 000	540 000
(本行为表外附注)	第一步，计算直接材料分配率：$\frac{300\ 000}{5\ 000}=60(元／千克)$ 第二步，计算各产品分配额：各产品产量×60			第一步，计算直接人工分配率：$\frac{180\ 000}{5\ 000}=36(元／千克)$ 第二步，计算各产品分配额：各产品产量×36		第一步，计算制造费用分配率：$\frac{300\ 000}{5\ 000}=60(元／千克)$ 第二步，计算各产品分配额：各产品产量×12		各产品产量比例：50％，20％，30％；与成本比例一致

（2）根据以上资料，采用售价比例分配法计算甲、乙、丙三种联产品的成本（见表 7-6）。

表 7-6

联产品成本计算表（售价比例分配法）

20××年 11 月　　　　　　　　　　　　　　　　　　　金额单位：元

产品	总售价（单价×产量）	直接材料		直接人工		制造费用		合计
		分配率	分配额	分配率	分配额	分配率	分配额	
甲	750 000		163 043.25		97 826.25		32 608.50	293 478
乙	240 000		52 173.84		31 304.40		10 434.72	93 912.96
丙	390 000		≈84 782.91		≈50 869.35		≈16 956.78	152 609.04
合计	1 380 000	见表外附注	300 000	见表外附注	180 000	见表外附注	60 000	540 000
表外附注	第一步，计算直接材料分配率：$\frac{300\ 000}{1\ 380\ 000}=0.217\ 391$ 第二步，计算各产品分配额：各产品总售价×0.217 391			第一步，计算直接人工分配率：$\frac{180\ 000}{1\ 380\ 000}=0.130\ 435$ 第二步，计算各产品分配额：各产品总售价×0.130 435		第一步，计算制造费用分配率：$\frac{60\ 000}{1\ 380\ 000}=0.043\ 478$ 第二步，计算各产品分配额：各产品总售价×0.043 478		各产品总售价比例与成本比例一致*：54.347 8％，17.391 3％，28.260 9％

表 7-6 中，"≈"表示消化了四舍五入近似计算的尾差。

＊注意到存在四舍五入近似计算导致的尾差。

【例 7-3】 某厂用某种原料经过同一工艺过程同时生产出甲、乙、丙三种联产品，三种联产品均可直接对外销售。本月完工产品产量分别为 600 件、200 件、400 件，均无期初、期末在产品；企业对三种联产品采用系数法分配联合成本，以甲产品为标准产品，以售价作为折算标准。联产品丙作为本企业的自制半成品，除了可以直接对外销售外，还可以继续加工成为 A 产品。丙自制半成品的收发通过自制半成品库进行，其成本计算采用综合结转法，丙自制半成品发出存货成本按全月一次加权平均法计价。本月生产的这些联产品的联合成本各成本项目分别为：直接材料 200 000 元，直接人工 120 000 元，制造费用 80 000 元。三种联产品每千克售价分别为 400 元、200 元、100 元。A 产品 11 月月初、11 月月末在产品定额成本见表 7-10。本月将丙自制半成品继续加工成为 A 产品，领用丙自制半成品 300 件，另发生的可归属成本为直接人工成本 12 200 元，制造费用 3 600 元。要求：根据以上资料，作相关账务处理。

(1) 将甲、乙、丙三种联产品的实际产量按照折算系数折算为标准产品产量。其折算过程和结果见表 7-7。

表 7-7
折算系数和标准产品产量计算表

产品类别：某类联产品　　　　　　　　　　20××年 11 月

产品名称	产量(件)	单位售价(元)	折算系数	标准产品产量
甲产品	600	400	1.00	600
乙产品	200	200	0.50	100
丙产品	400	100	0.25	100
合计				800
表外附注			200÷400＝0.50 100÷400＝0.25	200×0.50＝100 400×0.25＝100

(2) 将联合成本在甲、乙、丙三种联产品之间进行分配，见表 7-8，并编制有关会计分录。

表 7-8
联合成本分配计算表

20××年 11 月　　　　　　　　　　　　　　　　金额单位：元

产品名称	标准产量(件)	直接材料		直接人工		制造费用		合计
		分配率	分配额	分配率	分配额	分配率	分配额	
甲产品	600		150 000		90 000		60 000	300 000
乙产品	100		25 000		15 000		10 000	50 000
丙产品	100		25 000		15 000		10 000	50 000
合计	800	250①	200 000	150②	120 000	100③	80 000	400 000

注：①＝200 000÷800＝250　　②＝120 000÷800＝150　　③＝80 000÷800＝100

各产品各成本项目分配额等于该产品该成本项目分配率与该产品标准产量的乘积。

根据产品验收入库单和表 7-8,编制会计分录:

借:库存商品——甲产品　　　　　　　　　　　　　　　　300 000
　　　　　　——乙产品　　　　　　　　　　　　　　　　 50 000
　　自制半成品——丙　　　　　　　　　　　　　　　　　 50 000
　　贷:基本生产成本——某类联产品　　　　　　　　　　400 000

（3）根据丙自制半成品入库单、将丙自制半成品继续加工为 A 产品的领用单,登记丙"自制半成品明细账"（假设丙自制半成品上月末结存 50 件,实际成本 6 700 元）,见表 7-9。

表 7-9
自制半成品明细账

半成品名称:丙半成品　　　　　　　数量单位:件　　　　　　　金额单位:元

月份	月初余额		本月增加		本月累计		本月减少	
	数量	实际成本	数量	实际成本	数量	实际成本	数量	实际成本
11	50	6 700	400	50 000	450	56 700	300	*37 800
12	150	18 900						

*丙自制半成品 11 月份全月一次加权平均单位成本为:$\frac{56\,700}{450}=126$（元）;本月实际领用成本为:$126 \times 300 = 37\,800$（元）。

根据生产 A 产品耗用的丙自制半成品领用单,编制会计分录:

借:基本生产成本——A 产品　　　　　　　　　　　　　　37 800
　　贷:自制半成品——丙　　　　　　　　　　　　　　　37 800

根据以上有关假设结果登记 A"产品成本明细账",见表 7-10。

表 7-10
产品成本明细账

产品名称:A　　　　　　　　　　　　　　　　　　　　　金额单位:元

月	日	摘要	产量(件)	直接材料	直接人工	制造费用	成本合计
10	31	在产品成本(定额成本)		10 000	6 000	2 000	18 000
11	30	本月生产成本		37 800	12 200	3 600	53 600
		生产成本累计		47 800	18 200	5 600	71 600
		完工转出产成品成本	420	38 800	13 200	3 900	55 900
		单位成本		92.38	31.43	9.29	133.100
		在产品成本(定额成本)		9 000	5 000	1 700	15 700

根据 A 产品验收入库单，编制会计分录：

借：库存商品——A 产品　　　　　　　　　　　　　　　　　　55 900
　　贷：基本生产成本——A 产品　　　　　　　　　　　　　　　　55 900

二、副产品成本的计算

（一）副产品成本概述

有一些工业企业，在主要产品的生产过程中，还会附带生产出一些非主要产品，这些非主要产品称为副产品。例如，炼铁生产中产生的高炉煤气；提炼原油过程中产生的渣油、石油焦；制皂生产中产生的甘油等。如果副产品的比重较大，为了正确计算主、副产品的成本，应该将主、副产品视同联产品采用分类法计算成本。如果副产品的比重不大，为了简化成本计算工作，可以采用与分类法相类似的方法计算成本，即将副产品与主产品合为一类设立产品成本明细账，归集费用，计算成本；然后将副产品按照一定的方法计价，从总成本中扣除，以扣除后的成本作为主产品的成本。

副产品的合理计价，是正确计算主副产品的成本的关键。副产品计价既不能过高，以免把主产品的超支转嫁到副产品上；也不能过低，以免把销售副产品的亏损转嫁到主产品上。如果副产品的售价不能抵偿其销售费用，则副产品不应计价，也就是说不从主产品成本中扣除副产品价值。

（二）副产品的成本计算

副产品的计价（即副产品的成本计算）通常有以下几种情况：

（1）与主产品分离后不再加工且与主产品相比，其价值甚微，可不负担分离前的联合成本，其销售收入可直接作为其他业务收入处理。

（2）与主产品分离后不再加工但价值较高的副产品，一般以其销售价格作为计价的依据。通常按售价减去销售费用、营业税金及附加和按正常利润率计算的销售利润后的余额计价，从联合成本中扣除。扣除方法，可以全部从材料成本项目中扣除，也可以按比例从各成本项目中扣除。

（3）对于分离后仍需进一步加工才能出售的副产品的计价。①如果价值较小，可考虑只负担可归属成本。②如果价值较高，则需同时负担可归属成本和分离前的联合成本，以保证主要产品成本计算的合理性。

【例 7-4】 某厂在生产甲产品（主产品）的过程中，附带生产出副产品乙和副产品丙。20××年 5 月，甲、乙、丙产品产量分别为 1 000 千克、400 千克、200 千克；乙、丙产品的销售单价（不含税）分别为每千克 80 元、50 元；乙、丙产品的正常销售利润率为 10%。本月为生产该类产品所发生的耗费参见表 7-11 前三行。

根据以上资料，计算甲、乙、丙三种产品的总成本和单位成本。

甲、乙、丙三种产品的总成本和单位成本的计算见表 7-11。

表 7-11

主产品甲、副产品乙和丙成本计算表　　　　　　　金额单位:元

	项　　目	直接材料	直接人工	制造费用	成本合计
总成本	月初在产品成本	50 000	30 000	20 000	100 000
	本月生产成本	200 000	120 000	80 000	400 000
	生产成本累计	250 000	150 000	100 000	500 000
	成本项目比重(%)	50	30	20	100
乙产品	总成本	14 400②	8 640③	5 760④	28 800①
	单位成本	36.00	21.60	14.40	72.00
丙产品	总成本	4 500⑥	2 700⑦	1 800⑧	9 000⑤
	单位成本	22.50	13.50	9.00	45.00
甲产品	总成本	231 100	138 660	92 440	462 200
	单位成本	231.10	138.66	92.44	462.20

注：乙或丙产品总成本"成本合计"金额＝该产品销售单价(不含税)×该产品产量×(1－10%)
乙或丙产品总成本各成本项目金额＝该产品总成本"成本合计"金额×相应的成本项目比重
甲产品总成本各栏目金额＝生产成本累计各栏目金额－乙产品总成本对应栏目金额－丙产品总成本对应栏目金额
①＝80×400×(1－10%)＝28 800(元)
②＝28 800×50%＝14 400(元)
③＝28 800×30%＝8 640(元)
④＝28 800×20%＝5 760(元)
⑤＝50×200×(1－10%)＝9 000(元)
⑥＝9 000×50%＝4 500(元)
⑦＝9 000×30%＝2 700(元)
⑧＝9 000×20%＝1 800(元)

【例 7-5】 某工业企业在甲产品(主产品)的生产过程中,会附带生产出可以加工成为 A 产品的原料(副产品)。甲产品的生产和 A 产品的加工,都在同一个车间内进行,都不分生产步骤计算成本。A 产品的原料按计划单价每千克 5 元计价,从甲产品的原材料成本中扣减。甲产品、A 产品的在产品均按所耗直接材料的定额成本计价。20××年 11 月份产成品的产量分别为:甲产品 10 000 千克、A 产品 890 千克;在甲产品的生产过程中产出 A 产品的原料 900 千克,全部被当月 A 产品耗用(耗用原料 900 千克生产出产品 890 千克,是由于生产过程中发生了正常损耗 10 千克)。

根据各种耗费分配表、月初和月末在产品的定额直接材料成本,以及产成品交库单等有关资料,分别登记甲产品、A 产品两种产品的"产品成本明细账"见表7-12、表 7-13。

在甲产品成本明细账中,本月生产成本为主产品和副产品分离前共同发生的耗费。其中原材料耗费为直接计入耗费,根据领、退料凭证按照材料类别和用途汇总编制的材

料耗费分配表(本例略)登记;直接人工和制造费用,根据表7-14应付职工薪酬耗费和制造费用分配表登记。应扣减的副产品原料价值4 500元(5×900),应根据副产品成本的结转凭证登记。生产成本累计数减去月末在产品定额成本,即为主产品甲的产成品成本。由于在产品定额成本只计算原材料成本,因而在产品原料成本差异和其他各项耗费均由产成品成本负担。

表7-12

产品成本明细账

产品名称:甲(主产品)　　　　　　　　　　　　　　　　　　　　　金额单位:元

月	日	摘要	产量(千克)	直接材料	直接人工	制造费用	成本合计
10	31	在产品成本(定额成本)		50 000.00			50 000.00
11	30	本月生产成本		200 000.00	84 150.00	44 550.00	328 700.00
		减:副产品(A产品原料)		4 500.00			4 500.00
		生产费用累计		245 500.00	84 150.00	44 550.00	374 200.00
		本月产成品成本	10 000	199 500.00	84 150.00	44 550.00	328 200.00
		产成品单位成本		19.95	8.42	4.46	32.83
		在产品成本(定额成本)		46 000.00			46 000.00

表7-13

产品成本明细账

产品名称:A(副产品)　　　　　　　　　　　　　　　　　　　　　金额单位:元

月	日	摘要	产量(千克)	直接材料	直接人工	制造费用	成本合计
10	31	在产品成本(定额成本)		500			500
11	30	本月生产成本		4 500	850	450	5 800
		生产成本累计		5 000	850	450	6 300
		本月产成品成本	890	4 610	850	450	5 910
		产成品单位成本		5.18	0.96	0.51	6.65
		在产品成本(定额成本)		390.00			390

在A产品成本明细账中,本月生产成本为本月副产品与主产品分离以后为加工A产品所发生的耗费。其中,直接材料成本应根据副产品成本的结转凭证登记;直接人工和制造费用应根据应付职工薪酬耗费和制造费用分配表登记(见表7-14)。生产成本累计数减去按定额原料成本计算的在产品成本,即为副产品分离后加工制成的A产品成本。

甲产品与A产品的应付职工薪酬和制造费用分配表见表7-14。

表 7-14

应付职工薪酬耗费和制造费用分配表

20××年11月30日　　　　　　　　　　　　金额单位：元

项　目	生产工时（小时）	直接人工	制造费用
本月发生额	5 000	85 000	45 000
加工成本分配率		17	9
甲产品（主产品）	4 950	84 150	44 550
A产品（副产品）	50	850	450
合计	5 000	85 000	45 000

在表 7-14 中，生产工时发生额应根据生产工时记录填列；应付职工薪酬耗费和制造费用的发生额，为主、副产品分离前发生的加工成本和对副产品进一步加工发生的加工成本，企业规定在甲、A两种产品之间按照生产工时比例进行分配。两种产品成本明细账中本月各加工成本，就是根据应付职工薪酬耗费和制造费用分配表登记的。

有一些工业企业，在生产过程中会产生一些废气、废液和废料。对于"三废"的综合利用，是随着生产的发展和科学技术的进步而不断发展的。"三废"一经利用也就成了副产品，也应该按照副产品的成本计算方法计算成本。

（4）副产品按计划单位成本计价。工业企业的副产品如果加工处理所需时间不长，耗费不大，为了简化成本计算工作，也可按计划单位成本计价而不计算副产品的实际成本。这样，从主、副产品的生产成本总额中扣除按计划单位成本计算的副产品成本以后的余额，即为主产品的成本。在这种情况下，主、副产品（不论分离前还是分离后）的领退料凭证、工时记录和产品成本明细账，都可以合并填列和设立。

假定[例 7-5]中副产品的加工处理时间不长，加工耗费不大，副产品按计划单位成本计价。其计划单位成本为：直接材料 5 元，直接人工 1 元，制造费用 0.5 元，合计 6.5 元。现列示这种计算方法如下。

主产品（甲产品）的成本明细账见表 7-15。

表 7-15

产品成本明细账

产品名称：甲（主产品）　　　　　　　　　　　　　　　　　　　　　金额单位：元

月	日	摘　要	产量（千克）	直接材料	直接人工	制造费用	成本合计
10	31	在产品成本（定额成本）		50 000			50 000
11	30	本月生产成本		200 000	85 000	45 000	330 000
		主、副产品生产成本累计		250 000	85 000	45 000	380 000

(续表)

月	日	摘要	产量(千克)	直接材料	直接人工	制造费用	成本合计
		减:A副产品计划成本	890	4 450	890	445	5 785
		主产品生产成本累计①		245 550	84 110	44 555	374 215
		本月产成品成本②=①-③	10 000	199 550	84 110	44 555	328 215
		产成品单位成本		19.96	8.41	4.46	32.83
		在产品成本(定额成本)③		46 000			46 000

副产品按计划单位成本计价,其产品成本明细账的特点体现在:

(1) 表 7-15 所列的主产品(甲产品)成本明细账实际上是甲、A 两种产品合并设立的产品成本明细账。其中本月直接人工和制造费用成本,是甲、A 两种产品各该成本之和;本月直接材料成本就是甲产品本月发生的直接材料成本,不应再加上 A 产品的直接材料成本,因为 A 产品的直接材料成本就是从甲产品的直接材料成本中转入的。

(2) 表 7-15 所列的主产品(甲产品)的生产成本累计数,等于甲、A 两种产品生产成本的累计数减去按计划单位成本计算的副产品(A 产品)成本(即 A 产品产量 890 件与各项计划单位成本的乘积)。

(3) 用主产品(甲产品)的生产成本累计数,减去按定额成本计算的甲产品月末在产品成本,即为本月甲产品的产成品成本。

(4) 主产品和副产品的月初、月末在产品通常均只计算直接材料的定额成本。

从本例可以看出,只要副产品的计划单位成本比较准确,按上述计算方法计算出的甲种产品单位成本,与前述副产品分离后计算出的甲产品实际单位成本进行比较,两者差额很小,采用上述简化的计算方法对主产品成本准确性的影响不大。

有一些工业企业,除了生产主要产品以外,有时还为其他企业提供少量加工、修理等作业。如果这些作业成本的比重很小,为了简化成本计算工作,也可以比照副产品的成本计算方法,将作业与主要产品合为一类归集耗费,然后将这些作业按照固定价格或计划单位成本计价,从总的生产成本中扣除,以其余额作为主要产品成本。

同理,工业企业的基本生产车间(如机械厂的机械加工车间),除了生产主要产品以外,如果还为本企业的其他车间和部门提供少量的加工和修理作业,这些作业可以按照计划单位成本计价结算,不必计算和调整成本差异。也就是说,这些作业和主要产品也可以合并设立产品成本明细账,归集生产耗费,然后从中转出按计划单位成本计算的作业成本。这些作业的实际成本与计划成本的差异由基本生产的主要产品成本负担。这样做,不仅可以简化成本计算工作,而且还便于对受益车间的成本进行考核和分析。

三、等级产品的成本计算

等级产品是指使用同种原材料,经过相同加工过程生产出来的品种相同但质量不同的产品。等级产品和废品是两个不同的概念,等级产品是合格品,而废品是不合格品。等级产品产生的原因通常有两种:一是由于工人操作不当、技术水平达不到要求、生产管理不善;二是由于所用材料质量不同,工艺技术要求不同等。对于第一种原因形成的等级产品,不同等级的产品应成本相同,次级产品由于售价较低而减少利润或造成亏损,说明企业生产经营管理上存在缺陷,可以促进企业找出存在的问题,改善管理,从而提高产品质量。对于第二种原因造成的等级产品,如果各等级品售价相差较大,可按单位售价的比例定出系数,按系数比例分配各等级产品应分摊的联合成本。以下所说的等级产品的成本计算,就是针对后一种情况下的等级产品而言的。

【例7-6】 某工业企业由于所用原材料质量不同,生产出一等品、二等品、三等品三种不同等级的某产品,联合成本为200 000元;以售价作为分配标准,以一等品作为标准产品。有关资料及成本计算见表7-16。

表 7-16

等级产品成本计算表　　　　　　　　　　　　　　　金额单位:元

项目 等级	产量(套) ①	单价 ②	系数 ③	标准产量(总系数) ④=①×③	分配率 ⑤=∑⑥÷∑④	总成本 ⑥=⑤×④	单位成本 ⑦=⑥÷①
一等品	5 000	500	1.00	5 000		134 408.60	26.88
二等品	3 000	300	0.60	1 800		48 387.10	16.13
三等品	2 000	160	0.32	640		17 204.30	8.60
合 计	10 000	—	—	7 440	26.881 72	200 000.00	

根据三个等级产品的入库单,编制如下会计分录:

借:库存商品——某产品——一等品　　　　　　　　　134 408.60
　　　　　　　　　　　——二等品　　　　　　　　　 48 387.10
　　　　　　　　　　　——三等品　　　　　　　　　 17 204.30
　　贷:基本生产成本——某产品　　　　　　　　　　 200 000.00

第三节　产品成本计算的定额法

一、定额法概述

在前面所介绍的成本计算方法——品种法、分批法、分步法和分类法下,生产成本的日常核算,都是按照生产成本的实际发生额进行的。产品的实际成本也都是根据实际生产耗费计算的。这样,生产耗费和产品成本脱离定额的差异及其发生的原因,只有在月末时通过实际资料与定额资料的对比、分析,才能得到,而不能在耗费发生时就得到反映。因而不利于加强定额管理,及时对产品成本进行控制,不能更有效地发挥成本核算对于节约生产耗费、降低产品成本的作用。

产品成本计算的定额法,又称定额成本法,就是为了及时地反映和监督生产耗费和产品成本脱离定额的差异,将产品成本的计划、控制、核算和分析结合起来,以实施成本控制、加强成本管理而采用的一种成本计算方法。

定额法针对前述各种方法的缺点,作了种种改进。其特点是:①将事前制定的产品消耗定额、耗费定额和定额成本作为降低成本的目标。②在生产耗费发生的当时,就将符合定额的耗费和发生的差异分别核算,以加强对成本差异的日常核算、分析和控制。③月末,在定额成本的基础上加减各种成本差异,计算产品的实际成本,为成本的定期考核和分析提供数据。因此,定额法不仅是一种产品成本计算的方法,更重要的,还是一种对产品成本进行直接控制、管理的方法。

一、定额法的计算程序

(一) 定额成本的计算

1. 定额成本的概念

采用定额法,必须先制定单位产品的原材料、动力、工时等消耗定额,并根据各项消耗定额和原材料的计划单价、计划直接人工耗费率(即计划每小时直接人工成本)或计件工资单价、制造费用率(即计划每小时制造费用)等资料,计算产品的各项耗费定额和产品的单位定额成本。产品定额成本的制定过程,也是对产品成本进行事前控制的过程。确定产品的消耗定额、耗费定额和定额成本既是对生产耗费进行事中控制的依据,也是月末计算产品实际成本的基础,进行产品成本事后分析和考核的标准。

2. 定额成本与计划成本的异同

产品的定额成本与计划成本既有不同之处,也有相同之处。

两者相同之处是:它们都是以产品生产耗费的消耗定额和计划价格为依据确定的目标成本。其计算公式都是:

原材料耗费定额 = 产品原材料消耗定额 × 原材料计划单价

直接人工耗费定额 = 产品生产工时定额 × 直接人工计划单价

制造费用定额 = 产品生产工时定额 × 计划制造费用率(制造费用计划单价)

直接人工和制造费用,通常按生产工时比例分配计入产品成本,因而其计划单价通常是计划的每小时各项耗费额。上述各项耗费定额的合计数,就是单位产品的定额成本或计划成本。

定额成本和计划成本的制定过程,也是对产品成本进行事前反映和监督,实行事前控制的过程。

两者不同之处是:计算计划成本的消耗定额是计划期(一般为 1 年)内的平均消耗定额,也称计划定额,在计划期内通常不变。而计算定额成本的消耗定额则是现行定额,是企业在当时的生产技术条件下,在各项消耗上应达到的标准,它应随着生产技术的进步和劳动生产率的提高不断修订。计算计划成本的原材料等的计划单价,在计划期内通常也是不变的。计算定额成本的直接人工和制造费用的计划单价,则可能变动。因此,计划成本在计划期内通常是不变的,定额成本在计划期内则是可能变动的。由此可见,制定定额成本,能够使企业的成本控制和考核更加有效,更加符合实际,从而保证成本计划的完成。

3. 产品定额成本的计算

不同的工业企业由于产品的生产工艺过程不同,产品定额成本的计算程序也不尽相同。现以机械工业企业的产品为例,说明定额成本的计算程序。

机械产品由其零件和部件组成。产品的定额成本一般由企业的计划、技术、会计等部门共同制定。如果产品的零、部件不多,一般先计算零件定额成本,然后再汇总计算部件和产成品的定额成本。零、部件定额成本还可以作为在产品和报废零、部件计价的根据。如果产品的零、部件较多,为了简化成本计算工作,也可以不计算零件定额成本,而根据列有零件的原材料消耗定额、工序计划和工时消耗定额的零件定额卡,以及原材料计划单价、计划的直接人工耗费率和制造费用耗费率等,计算部件定额成本,然后汇总计算产成品定额成本;或者根据零、部件的定额卡和原材料计划单价、计划的直接人工耗费率和计划的制造费用耗费率等,直接计算产成品定额成本。在不计算零、部件定额成本的情况下,在产品和报废零、部件的计价,就要根据零、部件定额卡和原材料计划单价、计划的直接人工耗费率和制造费用耗费率等临时计算。

为了便于进行成本分析和考核,定额成本包括的成本项目和采用的成本计算方法,应该与编制计划成本、计算实际成本时所采用的成本项目和成本计算方法一致。

假定某种产品的零、部件较多,直接根据零件定额卡计算部件定额成本,然后汇总计算产成品定额成本。零件定额卡和部件定额成本计算表的格式分别见表7-17、表7-18;产品定额成本计算表见表7-19。

在产品的直接材料耗费定额和工时定额,按每一部件的材料耗费定额和工时定额,分别乘以产品所用部件的数量计算。比如,$131.48\times3=394.44$ 元,$38\times3=114$ 小时等;产品的每小时直接人工和制造费用定额,按产品的工时定额,分别乘以每小时直接人工定额和每小时制造费用定额计算。比如,22.10×179＝3 955.9元。

表 7-17

零 件 定 额 卡

零件编号或名称:8101　　　　　　　　20××年×月

材料编号或名称	计量单位	材料消耗定额
46225	千克	6.7
工序	工时定额(小时)	累计工时定额(小时)
1	1.5	1.5
2	1.0	2.5
3	2.5	5.0
4	2.0	7.0
5	3.0	10.0

注:8102号零件:46306材料消耗定额为1.84千克;累计工时定额为15小时(零件定额卡从略);将零件装配成8100部件的累计工时定额为3小时。

表 7-18

部件定额成本计算表

部件编号或名称:8100　　　　　　　20××年×月　　　　　　　　金额单位:元

所用零件编号或名称	所用零件数量(件)	部件材料耗费定额						金额合计	部件工时定额
		46225			46306				
		消耗定额	计划单价	金额	消耗定额	计划单价	金额		
8101	2	13.4	4.80	64.32				64.32	20
8102	5				9.2	7.30	67.16	67.16	15
装配									3
合计				64.32			67.16	131.48	38
定额成本项目									定额成本合计
直接材料	直接人工			制造费用				
	每小时定额	金额		每小时定额	金额			
131.48	22.10	839.80		8.50	323			1 294.28

注:在表7-18中,部件的材料消耗定额和工时定额,按零件定额卡中所列每一零件的材料消耗定额和工时定额,分别乘以部件所用零件的数量计算。比如,6.7×2＝13.4(千克),13.4×4.80＝64.32(元),10×2＝20(小时)等;部件的直接人工和制造费用定额按部件的工时定额,分别乘以每小时直接人工定额和每小时制造费用定额计算。比如,38×22.10＝839.80元。

表 7-19

产品定额成本计算表

产品编号：8000　　产品名称：E　　20××年×月　　　　　　金额单位：元

所用部件编号或名称	所用部件数量（件）	直接材料耗费定额		工时定额	
		部件	产品	部件	产品
8100	3	131.48	394.44	38	114
8200*	2	286.22	572.44	27	54
装配					11
合计			966.88		179

产品定额成本项目					产品定额成本合计
直接材料	直接人工		制造费用		
	每小时定额	金额	每小时定额	金额	
966.88	22.10	3 955.9	8.50	1 521.5	6 442.28

* 8200 部件定额成本计算表从略，其有关数据的计算方法与 8100 部件相同。

（二）脱离定额差异的核算

脱离定额差异是指在生产过程中各项生产耗费的实际支出脱离现行定额或预算的差异。为了加强对生产耗费的日常控制，必须进行脱离定额差异的日常核算，及时分析差异发生的原因，确定发生差异的责任归属，并且及时地采取措施进行处理；属于实际消耗中存在的浪费和损失等问题，应制止发生或防止以后再次发生；属于定额脱离实际，应按规定调整、修订定额。这样做，就能将生产耗费控制在既先进又切实可行的定额范围之内，节约生产耗费，降低产品成本。因此，及时、正确地核算和分析生产耗费脱离定额的差异，控制生产耗费支出，是定额成本法的重要内容。为此，企业在发生生产耗费时，应该为符合定额的耗费和脱离定额的差异，分别编制定额凭证和差异凭证，并在有关的耗费分配表和生产成本明细账（生产成本计算单）中分别予以登记。为了防止生产耗费的超支，避免浪费和损失，差异凭证填制以后，还必须按照规定办理审批手续。在有条件的企业中，也可以将脱离定额差异的日常核算同车间或班组的经济核算结合起来，依靠广大职工群众管好生产耗费。

1. 直接材料耗费脱离定额差异的核算

在各成本项目中，直接材料耗费（包括自制半成品耗费），一般占较大的比重，而且属于直接计入耗费，因而有必要也有可能在耗费发生的当时就按产品核算定额耗费和脱离定额差异，以不同的凭证予以反映，以加强控制。直接材料脱离定额差异的核算方法，一般有限额法、切割核算法和盘存法三种。

1）限额法

这种方法也叫差异凭证法。为了控制材料领用，在采用定额成本法时，必须实行限额领料(或定额发料)制度,符合定额的原材料应根据限额领料单(或定额发料单)等定额凭证领发。如果由于增加产品产量需要增加用料时,必须办理追加限额手续,然后根据定额凭证领发。由于其他原因需要超额领料或者领用代用材料,应填制专门设置的超额材料领料单、代用材料领料单等差异凭证,经过一定的审批手续后领发。为了减少凭证的种类,这些差异凭证也可用普通领料单代替,但应以不同的颜色或加盖专用的戳记加以区别。在差异凭证中,应该填明差异的数量、金额以及发生差异的原因。差异凭证的签发,必须经过一定的审批手续,其中由于采用代用材料、利用废料和材料质量低劣等原因而引起的脱离定额差异的差异凭证,通常由技术部门审批。对于采用代用材料和废料利用,还应在有关的限额领料单中注明,并且从原定的限额内扣除。

在每批生产任务完成以后,应该根据车间余料编制退料单,处理退料手续;退料单也应视为差异凭证,退料单中所列的原材料数额和限额领料单中的原材料余额,都是原材料脱离定额的节约差异。

限额法对控制领料、促进节约用料有着重要作用。但是上述差异凭证反映的差异往往只是领料差异,不一定是用料差异,不能完全控制用料。

【例 7-7】 某材料限额领料单规定的本月产品数量为 6 000 件,每件产品的原材料消耗定额为 5 千克,则领料限额为 30 000 千克(6 000×5)。假定本月实际领料为 29 000 千克,领料差异为少领 1 000 千克。可能出现以下多种情况:

情况一:本月投产产品数量与限额领料单规定的产品数量一致,也是 6 000 件,而且车间中没有期初和期末余料,或者期初和期末余料数量相等。则少领的 1 000 千克的领料差异就是用料脱离定额的节约差异。

情况二:车间该材料期初余额为 300 千克,期末余额为 500 千克。则

直接材料定额消耗量=6 000×5=30 000(千克)。

直接材料实际消耗量=29 000+300-500=28 800(千克)。

直接材料脱离定额差异=28 800-30 000=-1 200(千克)(节约差异 1 200 千克)。

情况三:本月投产产品数量为 5 800 件,本月实际领料为 29 000 千克,车间该材料期初余额为 500 千克,期末余额为 300 千克。则

直接材料定额消耗量=5 800×5=29 000(千克)。

直接材料实际消耗量=29 000+500-300=29 200(千克)。

直接材料脱离定额差异=29 200-29 000= +200(千克)(超支差异 200 千克)。

还可能有其他一些情况,其分析方法同上。

由以上简例可见,只有在产品投产数量等于规定的产品数量,而且车间期初、期末都没有余料或者期初、期末余料数量相等的情况下,领料差异才是用料脱离定额差异造

成的。因此,要控制用料不超支,不仅要控制领料不超过限额,而且还要控制产品的投产数量不少于计划规定的产品数量;此外,还要注意车间期初、期末有无余料,以及期初、期末余料的数量有无变动。

2) 切割核算法

为了核算用料差异,更好地控制用料,对于经过切割(下料)后才能进一步加工的材料,如板材、棒材等,往往需要填制材料切割核算单,通过材料切割核算单核算用料差异,控制用料。这种核算单应按切割材料的批别开立,单中填明交切割材料的种类、数量、消耗定额和应切割成的毛坯数量;切割完毕,再填写实际切割成的毛坯数量和材料的实际消耗量。根据实际切割成的毛坯数量和消耗定额,即可求得材料定额消耗量,以此与材料实际消耗量相比较,即可确定用料脱离定额的差异。材料定额消耗量和脱离定额的差异,也应填入材料切割核算单中,并应注明发生差异的原因,由主管人员签字。材料切割核算单的格式举例见表7-20。表7-20中,材料实际消耗大于材料定额消耗的差额为超支差异,超支差异用正号(+)表示;反之,为节约差异,节约差异以负号(-)表示。

表7-20

材料切割核算单

材料编号或名称:19849　　　材料计量单位:千克　　　材料计划单价:10.50元

产品名称:甲　　　零件编号或名称:8 812　　　图纸号:111

切割工人姓名:马全　　　机床编号:108

发交切割日期:20××年11月5日

完工日期:20××年11月9日

发料数量	退回余料数量	材料实际消耗量	废料实际回收量
400	9	391(400-9)	18

单件消耗定额	单件回收废料定额	应切割成的毛坯数量	实际切割成的毛坯数量	材料定额消耗量	废料定额回收量
10	0.2	39①	38	380(38×10)	7.6(38×0.2)

材料脱离定额差异		废料脱离定额差异			差异原因	责任者
数量	金额	数量	单价	金额	切割时操作不够认真,增加了边角料,减少了毛坯	马全
+11②	+115.50②	-10.4③	0.50	-5.2		

注:① 材料实际消耗量÷单件消耗定额=391÷10=39.1(件),只能取整数,故应切割成的毛坯数量为39件。

② 材料脱离定额差异数量=材料实际消耗量-材料定额消耗量=391-380= 11(千克)。

材料脱离定额差异金额=材料脱离定额差异数量×材料计划单价=11×10.50=115.50(元)。

③ 废料实际回收量-废料定额回收量=18-7.6=10.4(千克)。需要注意的是:回收废料超过定额的差异可以冲减材料耗费,使得超支差异减少或节约差异增加,故以负数表示(反之,少于定额的差异应填为正数)。

在材料切割核算单中,退回余料是指切割后退回材料仓库的可以按照原来用途使用的材料,其数量应在计算材料实际消耗量时从发料数量中减去。回收的废料是指切割过程中产生的不能按照原来用途使用的边角料,是实际消耗材料的一部分,但退回仓库的废料价值应从材料耗费中扣减。材料定额消耗量和废料定额回收量,应按实际切割成的毛坯数量分别乘以材料消耗定额和单件回收废料定额计算。材料实际消耗量减去材料定额消耗量,即为材料脱离定额的差异(用料差异)数量,将其乘以材料计划单价,即为差异金额。

3) 盘存法

对于不能采用切割核算法的原材料,为了更好地控制用料,除了采用限额法外,还应按期(按工作班、工作日或按周、旬等)通过盘存的方法核算用料差异。即根据完工产品数量和在产品盘存(实地盘存或账面结存)数量算出投产产品数量,用投产产品数乘以原材料消耗定额,计算出原材料定额消耗量;根据限额领料单和超额领料单等领料凭证以及车间余料的盘存数量,计算出原材料实际消耗量;然后将原材料的实际消耗量与定额消耗量相比较,计算出原材料脱离定额差异。

应该注意的是,如果投产产品数量与完工产品数量不同,原材料的定额消耗量不应根据本期完工产品数量乘以原材料消耗定额计算,而应根据本期投产产品数量乘以原材料消耗定额计算。这是因为:

期初在产品数量 + 本期投产产品数量 = 本期完工产品数量 + 期末在产品数量

移项得:

本期投产产品数量 = 本期完工产品数量 + 期末在产品数量 − 期初在产品数量

本期完工产品数量 = 本期投产产品数量 + 期初在产品数量 − 期末在产品数量

从上列公式可以看出,本期完工产品所用的原材料包括期初在产品中的上期用料,但未包括期末在产品中的本期用料,因而不能根据本期完工产品数量计算本期原材料的定额消耗量。而本期投产产品所用的原材料包括期末在产品中的本期用料,但不包括期初在产品中的上期用料,因而应该作为本期原材料定额消耗量的计算依据。即:

直接材料定额消耗量 = 本期投产产品数量 × 直接材料消耗定额

需要注意的是,按照上列公式计算本期投产产品数量,必须具备的条件是原材料在生产开始时一次投入,期初和期末在产品都不再耗用原材料。如果原材料随着生产进度连续投入,在产品还要耗用原材料,那么上列公式中的期初和期末在产品数量应改为按原材料消耗定额计算的期初和期末在产品的约当产量。

限额领料单规定的产品数量一般是1个月的产量。为了及时核算用料脱离定额差异,有效地控制用料,用料差异的核算期越短越好,应尽量按工作班或工作日进行核算。这样,差异核算期内的投产产品数量一般小于按月规定的产品数量。因此,除了经过切割才能使用的材料以外,大部分原材料应采用盘存法核算和控制用料差异。

【例 7-8】 某企业生产甲产品耗用的 A 材料在生产开始时一次性投入。甲产品期初在产品为 200 件,本期完工产品为 3 000 件,期末在产品为 180 件。甲产品的原材料消耗定额为 8 千克/件,原材料计划单价为 12 元/千克。限额领料单中记录的本期已实际领料 23 800 千克,车间期初余料为 80 千克,期末余料为 50 千克。采用盘存法计算直接材料脱离定额差异。

$$本期投产产品数量 = 3\ 000 + 180 - 200 = 2\ 980(件)$$
$$直接材料定额消耗量 = 2\ 980 \times 8 = 23\ 840(千克)$$
$$直接材料实际消耗量 = 23\ 800 + 80 - 50 = 23\ 830(千克)$$
$$直接材料脱离定额差异数量 = 23\ 830 - 23\ 840 = -10(千克)$$
$$直接材料脱离定额差异金额 = -10 \times 12 = -120(元)(节约差异 120 元)$$

不论采用哪一种方法核算原材料定额消耗量和脱离定额差异,都应分批或定期地将这些核算资料按照成本计算对象汇总,编制原材料定额成本和脱离定额差异汇总表。表中应填明该批或该种产品所耗各种原材料的定额消耗量、定额成本和脱离定额的差异,并分析说明发生差异的主要原因。该汇总表,既可用来汇总反映和分析消耗定额的执行情况,又可用来代替原材料耗费分配表登记产品成本明细账,还可以报送有关方面或向职工公布,以便根据差异发生的原因采取措施,进一步挖掘降低原材料消耗的潜力。

现以某工业企业生产的丙产品为例,列示其 11 月份原材料定额成本和脱离定额差异汇总表见表 7-21。

表 7-21

直接材料定额成本和脱离定额差异汇总表

产品名称:丙　　　　　　　　　　20××年 11 月 1～30 日　　　　　　　　金额单位:元

原材料类别	材料编号	计量单位	计划单价	定额成本		计划价格成本		脱离定额差异		差异原因
				数量	金额	数量	金额	数量	金额	
原料	1103	千克	20	5 000	100 000	5 100	102 000	+100	+2 000	(略)
主要材料	2205	千克	10	3 000	30 000	2 880	28 800	-120	-1 200	(略)
辅助材料	3106	千克	5	1 000	5 000	1 060	5 300	+60	+300	(略)
合计					135 000		136 100		+1 100	

在上述定额成本和脱离定额差异汇总表中,原材料的计划价格成本是按原材料的

实际消耗量和计划单价计算的原材料成本,因而表中原材料脱离定额差异的金额,是按原材料计划单价反映的原材料脱离定额的数量差异。表中脱离定额差异的计算公式为：

$$原材料脱离定额差异 = 原材料计划价格成本 - 原材料定额成本$$

以原料成本为例计算如下：

$$原材料脱离定额差异(数量) = 5\,100 - 5\,000 = +100(千克)$$

$$原材料脱离定额差异(金额) = 102\,000 - 100\,000 = +2\,000(元)$$

领用自制半成品相当于领用原材料,因而自制半成品的定额消耗量、定额成本和脱离定额差异的计算方法,与原材料相同。

需要注意的是：从以上所述可以看出,表 7-21 中所列原材料的定额成本、计划价格成本和脱离定额差异,都是按原材料的计划单价计算的,直接材料定额成本和脱离定额差异均没有涉及原材料(或半成品)的实际价格与计划价格差异。

2. 直接人工耗费脱离定额差异的核算

在计件工资形式下,直接人工属于直接计入耗费,其脱离定额差异的计算与原材料脱离定额差异的计算相类似,凡符合定额的直接人工耗费,应该反映在产量记录中；脱离定额的差异通常反映在专门设置的"工资补付单（职工薪酬补付单）"等差异凭证中。直接人工耗费差异凭证也应填明差异产生的原因,并需经过一定的审批手续。在计时工资形式下,直接人工属于间接计入耗费,由于实际人工成本总额需要到月末才能确定,因此直接人工脱离定额的差异不能在平时按照产品直接计算,只有在月末实际直接人工耗费总额确定以后才能计算。

在直接人工耗费属于直接计入耗费的情况下,某种产品的直接人工耗费脱离定额的差异按照下列公式计算：

$$\frac{某种产品直接人工耗费}{脱离定额的差异} = 该产品实际直接人工耗费 - \left(\frac{该产品}{实际产量} \times \frac{该产品直接}{人工耗费定额}\right)$$

在直接人工耗费属于间接计入耗费的情况下,则某种产品的直接人工耗费脱离定额的差异按照下列公式计算：

$$\frac{计划单位小时}{直接工耗费} = \frac{某车间计划产量的定额直接人工耗费总额}{该车间计划产量的定额生产工时总数}$$

$$\frac{实际单位小时}{直接人工耗费} = \frac{该车间实际直接人工耗费总额}{该车间实际生产工时总数}$$

$$\frac{某产品的定额}{直接人工耗费} = 该产品实际产量的定额生产工时 \times \frac{计划单位小时}{直接人工耗费}$$

$$\frac{某产品的实际}{直接人工耗费} = 该产品实际产量的实际生产工时 \times \frac{实际单位小时}{直接人工耗费}$$

$$\text{某产品直接人工耗费脱离定额的差异} = \text{该产品的实际直接人工耗费} - \text{该产品的定额直接人工耗费}$$

上列计算公式表明,在计时工资形式下,要降低单位产品的直接人工耗费,必须降低单位小时的直接人工耗费和单位产品的生产工时。为此,要进行以下三个方面的日常控制:①控制直接人工耗费总额,使之不超过计划额。②控制非生产工时,使之不超过计划额,即在工时总数固定的情况下充分利用工时,使生产工时总数不低于计划(比如,在生产时间尽量减少非生产活动等)。这样,如果其他条件不变,可以控制单位小时的直接人工耗费,使之不超过计划额。③控制单位产品的生产工时,使之不超过工时定额。这样,如果单位小时的直接人工耗费不变,就可以控制单位产品的直接人工不超过定额。因此,在定额成本法下,产品计时工资耗费的日常控制,应通过计算生产工时脱离定额差异的方法,监督生产工时的利用情况和工时消耗定额的执行情况,以便促使企业降低单位产品的直接人工耗费。为此,在日常核算中,要按照产品核算定额工时、实际工时和工时脱离定额的差异,及时分析发生差异的原因。

此外,不论采用哪种工资形式,都应根据上述核算资料,按照成本计算对象汇总编制直接人工定额成本和脱离定额差异汇总表。根据表中汇总反映各种产品的定额工时和职工薪酬、实际发生的工时和职工薪酬、工时和职工薪酬脱离定额的差异,及时分析产生差异的原因,用以考核和分析各种产品生产工时和职工薪酬定额的执行情况。

【例 7-9】 某厂第一生产车间生产甲、乙产品,其 20××年 8 月份直接人工定额成本和脱离定额差异汇总见表 7-22。

表 7-22　　　　　　　　直接人工定额成本和脱离定额差异汇总表

车间:第一生产车间　　　　　　20××年 8 月　　　　　　金额单位:元

产品名称	产量（件）	单位定额工时	定额薪酬			实际薪酬			脱离定额差异	差异原因
			工时定额（小时）	计划小时薪酬	定额薪酬	实际工时	实际小时薪酬	实际薪酬		
甲	800	10	8 000		128 000	7 200		118 800	−9 200	(略)
乙	600	5	3 000		48 000	2 800		46 200	−1 800	(略)
合计			11 000	16	176 000	10 000	16.5	165 000	−11 000	

在表 7-22 中,将应付生产工人薪酬定额合计数 176 000 元,除以工时定额合计 11 000 小时,得到计划(定额)每小时应付生产工人薪酬为 16 元。则:

$$8\ 000 \times 16 = 128\ 000(元)$$
$$3\ 000 \times 16 = 48\ 000(元)$$

实际每小时应付生产工人薪酬为16.5元,其计算方法与以上类似。

同学们可以思考:在表7-22中,脱离定额差异合计数(-11 000元)产生的原因一般有哪些?其中,是否存在导致超支差异产生的因素?如果能进一步进行定量的分析和评价,这种学习精神和思考问题的方法则更值得提倡(提示:哪一个因素产生的差异额与工时定额合计数有关;哪一个因素产生的差异额与实际工时合计数有关)。

3. 制造费用脱离定额差异的计算

制造费用通常与计时工资一样,属于间接计入耗费,在日常核算中不能按照产品直接确定脱离定额的差异,而只能根据月份的耗费计划,按照耗费发生的车间、部门和制造费用的构成项目核算脱离定额的差异,据以对制造费用的发生进行控制和监督。对于其中的材料耗费(机物料消耗),也可以采用前述限额领料单、超额领料单等定额凭证和差异凭证进行控制。对于领用生产工具、办公用品和发生的零星支出,则可采用"领用手册""费用定额卡"等凭证进行控制。在这些凭证中,先要填明领用的计划数,然后登记实际发生数和脱离定额(或计划)的差异数;对于超定额领用,也要经过一定的审批手续。因此,制造费用差异的日常核算,通常是指脱离制造费用计划的差异核算。各种产品所应负担的定额制造费用和脱离定额的差异,只有在月末时才能比照上述计时工资的计算公式确定。其有关计算公式如下:

$$\text{计划每小时制造费用} = \frac{\text{某车间计划制造费用总额}}{\text{该车间计划产量的定额生产工时总数}}$$

$$\text{实际每小时制造费用} = \frac{\text{某车间实际制造费用总额}}{\text{该车间各种产品实际生产工时总数}}$$

$$\text{某产品实际制造费用} = \text{该产品实际生产工时} \times \text{实际每小时制造费用}$$

$$\text{某产品定额制造费用} = \text{该产品实际产量的定额工时} \times \text{计划每小时制造费用}$$

$$\text{某产品制造费用脱离定额差异} = \text{该产品实际制造费用} - \text{该产品定额制造费用}$$

【例7-10】 仍以[7-9]中某厂第一生产车间生产甲、乙产品为例,其20××年8月份定额制造费用和脱离定额差异汇总见表7-23。

由此可见,要使产品的制造费用等间接计入耗费不超过定额,不仅需要按照上述办法控制这些间接耗费的总额并使之不超过计划额;同时也需要与控制生产工人计时工资一样,控制生产工时总额并使之不低于计划额,控制单位产品的工时并使之不超过定额。

表 7-23　　　　　　　　　定额制造费用和脱离定额差异汇总表

车间：第一生产车间　　　　　　　　20××年8月　　　　　　　　金额单位：元

产品名称	产量（件）	单位定额工时（小时）	定额制造费用			实际制造费用			脱离定额差异	差异原因
			工时定额（小时）	计划小时制造费用	定额制造费用	实际工时（小时）	实际小时制造费用	实际制造费用		
甲	800	10	8 000			7 200				（略）
乙	600	5	3 000			2 800				（略）
合计			11 000	10	110 000	10 000	9.5	95 000		

注：计划小时制造费用＝110 000÷11 000＝10（元/小时）

实际小时制造费用＝95 000÷10 000＝9.5（元/小时）

由于产品定额成本中一般不包括废品损失，因而发生的废品损失，通常作为脱离定额差异处理。

在定额成本法下，产品的生产耗费既然是按照定额成本和脱离定额差异分别计算的，因此，产品实际成本的计算公式应为：

$$\text{产品实际成本} = \text{按现行定额计算的产品定额成本} \pm \text{脱离现行定额差异} \pm \text{直接材料或半成品成本差异}$$

（三）直接材料成本差异的分配

采用定额法，为了便于对产品成本的分析和考核，原材料的日常核算都是按计划成本进行计价的。正因如此，原材料的定额成本和脱离定额差异都是按原材料的计划成本计算的。前者是原材料的定额消耗量与其计划单位成本的乘积，后者是原材料消耗数量差异与其计划单位成本的乘积（称为量差）。两者之和，就是原材料的实际消耗数量与其计划单位成本的乘积，即原材料的计划价格耗费。前已述及：直接材料定额成本和脱离定额差异均没有涉及原材料（或半成品）的实际价格与计划价格差异。因此，在月末计算产品的实际直接材料成本时，还需考虑所耗原材料应分摊的成本差异，即所耗原材料的价格差异（称为价差）。其计算公式如下：

$$\text{某产品应分配的直接材料成本差异} = \left(\text{该产品的直接材料定额成本} \pm \text{直接材料脱离定额差异}\right) \times \text{原材料成本差异率}$$

在表 7-21 中，假定材料核算人员提供的原料、主要材料、辅助材料的成本差异率分别为－1％、＋0.5％、＋1％，则：丙产品应分配的原材料成本差异为－823元［102 000×（－1％）＋28 800×0.5％＋5 300×1％］。

材料成本差异分配表略。

在实际工作中,原材料成本差异的分配计算,应该通过材料成本差异分配表等进行(本例略)。在定额法下,各种产品应分配的材料成本差异,一般均由各该产品的完工产品成本负担,月末在产品不再负担。

如果产品的生产是多步骤生产,而且要求逐步结转半成品成本,半成品的日常核算也应按照计划成本或定额成本进行计价。在月末计算产品实际成本时,也应比照原材料成本差异的分配方法,分配计算产品所耗半成品的成本差异。

在定额法下,产品的生产耗费既然是根据定额成本和脱离定额差异计算的,因此,产品实际成本的计算公式应为:

$$\text{产品实际成本} = \text{按现行定额计算的产品定额成本} \pm \text{脱离现行定额差异} \pm \text{直接材料或半成品成本差异}$$

采用定额法计算产品成本时,为了便于考核和分析各生产步骤的产品成本,简化成本计算工作,各生产步骤所耗原材料和半成品的成本差异,应尽量由厂部会计部门集中分配、调整,不计入各生产步骤的产品成本。

(四)定额变动差异的核算

定额变动差异,是指由于生产技术条件的变化、劳动生产率的提高、市场环境等原因,促使企业修订消耗定额或生产耗费的计划价格而产生的新旧定额之间的差额。在消耗定额或计划价格修订以后,定额成本也应随之及时修订。定额成本一般在月初、季初或年初定期进行修订,但在定额变动的月份,月初在产品的定额成本并未修订,它仍然是按照旧的定额计算的。为了将按旧定额计算的月初在产品定额成本和按新定额计算的本月投入产品的定额成本,在新定额的同一基础上相加起来,以便计算产品的实际成本,还应计算月初在产品的定额变动差异,用以调整月初在产品的定额成本。定额变动差异与脱离定额差异是两个不同的概念。定额变动差异是定额本身变动的结果,不是由于生产过程中生产耗费的支出或节约导致的,定额变动差异只需要调整月初在产品的定额成本;而脱离定额差异则反映了生产耗费支出脱离定额的程度。

可以根据定额发生变动的在产品盘存数量或在产品账面结存数量和修订前后的消耗定额,计算月初在产品消耗定额修订前和修订后的定额消耗量,从而确定定额消耗量的差异和差异金额。这种计算要按照零、部件和工序进行,工作量较大。为了简化计算工作,也可以按照单位产品采用下述系数折算的方法计算:

$$\text{定额变动系数} = \frac{\text{按新定额计算的单位产品成本}}{\text{按旧定额计算的单位产品成本}}$$

$$\text{月初在产品定额变动差异} = \text{按旧定额计算的月初在产品成本} \times (1 - \text{定额变动系数})$$

【例 7-11】 某企业甲产品从 7 月 1 日起实施新的材料消耗定额,单位甲产品旧的定额成本为 500 元,单位甲产品新的定额成本为 480 元,该产品上月月末在产品直接材料定额成本为 40 000 元。则

$$定额变动系数 = \frac{480}{500} = 0.96$$

$$甲产品的月初在产品定额变动差异 = 40\,000 \times (1 - 0.96) = 1\,600(元)$$

本例以上计算结果说明:由于定额变动,甲产品的月初在产品定额成本应调减 1 600 元,但是,甲产品的月初在产品实际成本仍然是 40 000 元没有变动,这就意味着甲产品的月初在产品定额变动差异应该相应调增 1 600 元(注意到上月耗用材料的实际成本与计划成本的差异已经全部由完工产成品负担,所以这里不需要考虑材料成本差异的问题)。同样,如果新定额高于旧定额,则一方面应调增月初在产品定额成本,另一方面应等额调减月初在产品定额变动差异。

上述定额变动系数由于不是按产品的零、部件计算,而是按单位产品综合计算,因而能够简化计算工作。也正因此,在零、部件生产不成套或成套性较差的情况下采用上述系数折算法,就会影响计算结果的正确性。例如,某产品只有一部分零、部件的消耗定额作了修改,如果零、部件生产不成套,月初在产品所包括的零、部件又都不是消耗定额发生变动的零、部件。这时,采用上述方法计算,就会对本来不应有定额变动差异的月初在产品定额成本,不正确地作调整。因而这种方法在零、部件成套生产或零、部件生产的成套性较大的情况下采用比较适宜。

上列计算应通过月初在产品定额变动差异计算表进行(见表 7-24),并据以登记甲产品成本明细账。

表 7-24　　　　　　　月初在产品定额变动差异计算表

产品名称:甲　　　　　　　20××年 7 月　　　　　　　金额单位:元

成本项目	单位产品		定额变动系数	月初在产品定额成本	月初在产品定额变动差异
	原消耗定额	新消耗定额			
直接材料	500	480	0.96	40 000	1 600
〰〰〰	〰〰〰	〰〰〰	〰〰〰	〰〰〰	〰〰〰
合计	500	480		40 000	1 600

在修订定额成本的月份,产品的实际成本应改按下列公式计算:

$$产品实际成本 = 按现行定额计算的产品定额成本 \pm 脱离现行定额差异 \pm 直接材料或半成品成本差异 \pm 月初在产品定额变动差异$$

上列产品实际成本计算公式中的产品,包括完工产品和月末在产品。因此,某种产品如果既有完工产品又有月末在产品,也应在完工产品与月末在产品之间分配生产成本。但是,在定额成本法下,成本的日常核算是将定额成本与各种成本差异分别核算的,因而完工产品与月末在产品的生产成本分配,应按定额成本和各种成本差异分别进行:先计算完工产品和月末在产品的定额成本,然后分配计算完工产品和月末在产品应分配的各种成本差异。此外,定额成本法由于有着现成的定额成本资料,各种成本差异应采用定额比例法在完工产品与月末在产品之间分配;或在产品按定额成本计价法分配。前者将成本差异在完工产品与月末在产品之间按定额成本比例分配;后者将成本差异归由完工产品成本负担。分配应按每种成本差异分别进行。差异金额不大,或者差异金额虽大但各月在产品数量变动不大的,可以归由完工产品成本负担;差异金额较大而且各月在产品数量变动也较大的,应在完工产品与月末在产品之间按定额成本比例分配。但对于月初在产品定额变动差异,如果产品生产的周期小于一个月,定额变动的月初在产品在月内全部完工,那么即使差异金额较大而且各月在产品数量变动也较大,也可以将其归由完工产品成本负担。根据完工产品的定额成本,加减应负担的各种成本差异即可计算完工产品的实际成本;根据月末在产品的定额成本,加减应负担的各种成本差异,即为月末在产品的实际成本。

三、定额法应用举例

【例7-12】 某企业甲产品由一个封闭式车间进行生产(该车间还生产其他产品),直接材料在生产开始时一次性投入。不分步计算产品成本。该企业规定:该种产品的定额变动差异和材料成本差异均由完工产品成本负担;脱离定额差异按定额成本比例,在完工产品与月末在产品之间进行分配。

20××年7月份甲产品的有关资料如下:①月初在产品50件,本月投产200件,本月完工225件,月末在产品25件,月初、月末在产品完工程度均为50%。②定额资料:7月份每件甲产品直接材料消耗定额由上月的12.5千克下降为12千克;直接材料每千克计划价格仍为20元;每件甲产品工时定额仍为8小时,计划小时生产人员薪酬率仍为16元,计划小时制造费用率仍为8元。③根据本月各项耗费分配表:本月生产甲产品实际耗用某原材料2 395千克,计划成本47 900元;本月甲产品生产人员职工薪酬耗费27 250元;甲产品分配制造费用13 580元。④本月原材料成本差异率为+0.1%。

定额法下的产品成本核算过程如下:

首先,计算和登记甲产品成本明细账(见表7-25及其有关说明)。

表 7-25　　　　　　　　　　　　　　　产品成本明细账

产品名称：甲　　　　　　　20××年7月　　　　　　　产量 800 件　　金额单位：元

项目	行次	直接材料	直接人工	制造费用	成本合计
一、月初在产品成本					
定额成本	1	12 500 ①	3 200 ②	1 600 ③	17 300
脱离定额差异	2	−600*	30	35.2	−534.8
二、月初在产品定额变动					
定额成本调整	3	−500 ④			−500
定额变动差异	4	+500 ⑤			+500
三、本月生产成本					
定额成本	5	48 000 ⑥	27 200 ⑦	13 600 ⑧	88 800
脱离定额差异	6	−100 ⑨	50 ⑩	−20 ⑪	−70
直接材料成本差异	7	47.9 ⑫			47.9
四、生产成本累计					
定额成本	8	60 000 ⑬	30 400 ⑭	15 200 ⑮	105 600
脱离定额差异	9	−700 ⑯	80 ⑰	15.2 ⑱	−604.8
直接材料成本差异	10	47.9			47.9
定额变动差异	11	+500			+500
五、脱离定额差异分配率（%）（第9行÷第8行×100%）	12	−1.166 67	0.263 16	0.1	—
六、本月完工产品成本					
定额成本	13	54 000 ⑲	28 800 ⑳	14 400 ㉑	97 200
脱离定额差异（第13行×第12行）	14	−630	75.79	14.4	−539.81
直接材料成本差异	15	47.9			47.9
定额变动差异	16	500			500
实际成本（自第13行至第16行合计）	17	53 917.9	28 875.79	14 414.4	97 208.09
七、月末在产品成本					
定额成本	18	6 000 ㉒	1 600 ㉓	800 ㉔	8 400
脱离定额差异（第18行×第12行）	19	−70	4.21	0.8	−64.99

＊正因为该金额比较大，说明由于生产技术条件的变化，现行的直接材料消耗定额需要调减（注意直接材料计划单价没有变化），所以，本例中该企业于7月初对甲产品直接材料消耗定额作了调整。

(一)月初在产品成本

甲产品成本明细账中,月初在产品成本各项目根据上月末在产品成本资料登记。具体数据见表 7-25(由于材料成本差异和定额变动差异均由完工产品成本负担,因而月初在产品成本中不包括这两项差异)。

表 7-25 中①、②、③的数据虽然是来源于甲产品成本明细账上月末在产品成本的相关数据,虽然没有给出这些数据,但是不能随意假设,必须与以下计算结果一致:

①$=50×12.5×20=12\ 500$(元)(应注意到甲产品直接材料在生产开始时一次性投入)

②$=50×50\%×8×16=3\ 200$(元)(应注意到甲产品月末在产品加工成本完工程度为 50%)

③$=50×50\%×8×8=1\ 600$(元)(同上)

表中第 2 行的有关项目,也没有给出上月月末的数据,是可以假设的(但需比较合理、恰当)。

(二)月初在产品定额变动

在表 7-25 中,

④$=50×12×20-12\ 500=-500$(元)

或④$=50×(12-12.5)×20=-500$(元)

⑤$= 12\ 500×\left(1-\dfrac{12×20}{12.5×20}\right)=+500$(元)或

根据(4)直接填列(金额相等,正、负号相反)。

(三)本月生产成本

有关项目分别根据本节前面所述方法编制的"直接材料定额成本和脱离定额差异汇总表""直接人工定额成本和脱离定额差异汇总表""定额制造费用和脱离定额差异汇总表"以及"材料成本差异分配表"等进行登记。以上各汇总表的编制此处从略,以下列出有关数据的计算方法。

在表 7-25 中,

⑥ $200×12×20=48\ 000$(元)(注意到直接材料在生产开始时一次性投入)

⑦ $(200+25×50\%)×8×16=27\ 200$(元)(注)

⑧ $(200+25×50\%)×8×8=13\ 600$(元)(注)

注:在前面介绍某产品的定额直接人工成本和定额制造费用的计算公式时,都涉及"该产品实际产量的定额生产工时"这个指标,本例中,本月甲产品实际产量的定额生产工时在数量上(不一定是具体的实物上)可以理解为由以下两部分组成:①本月新投产的 200 件产品全部完工,其定额生产工时为 1 600 小时(200×8)。②25 件完工程度还差 50%的月初在产品本月完工,其定额生产工时为 100 小时(25×50%×8)。

⑨＝2 395×20－48 000＝－100(元)

⑩＝27 250－27 200＝50(元)

⑪＝13 580－13 600＝－20(元)

⑫＝47 900×0.1％＝47.9(元)

(四) 生产成本累计

⑬＝①＋④＋⑥＝12 500－500＋48 000＝60 000

⑭＝②＋⑦＝3 200＋27 200＝30 400

⑮＝③＋⑧＝1 600＋13 600＝15 200

⑯＝－600＋⑨＝－600－100＝－700

⑰＝30＋⑩＝30＋50＝80

⑱＝35.2＋⑪＝35.2－20＝15.2

(五) 脱离定额差异分配率

由于脱离定额差异需要在本月完工产品和月末在产品之间按定额成本比例进行分配，所以要计算脱离定额差异分配率，据以计算登记本月完工产品和月末在产品应分配（负担）的脱离定额差异（额）。脱离定额差异分配率的计算方法见表7-25中第12行括号内的附注。

(六) 本月完工产品成本

本月完工产品各成本项目定额成本的计算方法见以下的算式；脱离定额差异（分配额）、直接材料成本差异、定额变动差异、实际成本各项目的计算方法分别参见表7-25中第14～17行所示的方法。

在表7-25中，

⑲＝12×20×225＝240×225＝54 000(元)

⑳＝8×16×225＝128×225＝28 800(元)

㉑＝8×8×225＝64×225＝14 400(元)

(七) 月末在产品成本

月末在产品成本各有关数据的计算原理参见以下的算式及表7-25中第19行括号内的附注。如同产品成本计算的其他方法一样，为了消除由于四舍五入近似计算的尾差，可以根据生产成本累计与本月完工产品成本，通过"倒挤"的方法计算月末在产品成本各项数据。

在表7-25中，

㉒＝240×25＝6 000(元)

㉓＝128×25×50％＝1 600(元)

㉔＝64×25×50％＝800(元)

然后,根据表7-24编制有关会计分录如下:

(1) 结转甲产品生产耗用材料的借方成本。

借:基本生产成本——甲产品(定额成本)   48 000
　　　　　　——甲产品(脱离定额差异)   100
　贷:原材料   47 900

(2) 分配本月生产人员的应付职工薪酬耗费。

借:基本生产成本——甲产品(定额成本)   27 200
　　　　　　——甲产品(脱离定额差异)   50
　贷:应付职工薪酬   27 250

(3) 结转制造费用。

借:基本生产成本——甲产品(定额成本)   13 600
　　　　　　——甲产品(脱离定额差异)   20
　贷:制造费用   13 580

(4) 结转材料成本差异。

借:基本生产成本——甲产品(材料成本差异)   47.90
　贷:材料成本差异   47.90

(5) 结转完工产品成本。

借:库存商品——甲产品   97 208.09
　贷:基本生产成本——甲产品(定额成本)   97 200.00
　　　　　　——甲产品(脱离定额差异)   539.81
　　　　　　——甲产品(材料成本差异)   47.90
　　　　　　——甲产品(定额变动差异)   500.00

有人主张还应该编制如下关于月初在产品定额成本调整的会计分录:

借:基本生产成本——甲产品(定额变动差异)   500
　贷:基本生产成本——甲产品(定额成本)   500

事实上,这一笔会计分录是不需要编制的。这是因为:①不编制这一笔会计分录,对登记总账没有影响。②定额法下产品成本明细账中,月初在产品定额成本调整是以"月初在产品定额变动差异计算表"为原始凭证,登记表7-25中的有关数据的。

四、定额法的优缺点、适用范围和应用条件

通过以上各节所述,可以看出,定额法是将产品成本的定额工作、核算工作和分析

工作有机地结合起来,将事前、事中、事后反映和监督融为一体的一种产品成本计算方法和成本管理制度。

(一)定额法的优缺点

定额法的优点是:①通过对生产耗费及其脱离定额和计划的差异的日常核算,能够在各该耗费发生时反映和监督脱离定额(或计划)的差异,从而有利于加强成本控制,可以及时、有效地促进节约生产耗费,降低产品成本。②由于产品实际成本是按照定额成本和各种差异分别反映的,因而便于对各项生产耗费和产品成本进行定期分析,有利于进一步挖掘降低成本的潜力。③通过脱离定额差异和定额变动差异的核算,有利于提高对成本的定额管理和计划管理工作的水平。④由于有现成的定额成本资料,因而能够比较合理和简便地解决完工产品和月末在产品之间分配耗费(即分配各种差异)的问题。

定额法的缺点主要是:由于要制定定额成本,单独计算脱离定额的差异,在定额变动时还要修订定额成本,计算定额变动差异,因而计算的工作量比较大。

(二)定额法的适用范围和应用条件

定额法与生产的类型没有直接联系,不论哪一种类型生产,都可以采用定额成本法核算生产耗费、计算产品成本。但是,为了充分发挥定额成本法的作用,并且简化计算工作,采用定额法必须具备以下两项条件:①企业的定额管理制度比较健全,定额管理工作的基础比较好。②产品的生产已经定型,各项消耗定额都比较准确、稳定。由于大批大量生产比较容易具备这些条件,因而定额法最早应用在大批大量生产的机械制造企业中,后来才逐渐扩散应用到具备上述条件的其他工业企业中。

第四节 各种成本计算方法的实际应用

产品成本计算的品种法、分批法、分步法和分类法、定额法等,都是比较典型的成本核算方法。在实际工作中,常常需要根据企业的生产特点和成本管理要求等情况,将几种成本计算方法同时应用或结合应用。

一、几种成本计算方法的同时应用

实际工作中,在下列情况下,一个企业或车间往往同时采用几种成本计算方法。

(1)一个企业的各个生产车间的生产类型不同,可以采用不同的成本计算方法。例如,企业的基本生产车间和辅助生产车间的生产类型不同,基本生产车间大批量、多步骤生产某种产品,而辅助生产车间大批量、单步骤生产水、电、气等。前者适合采用分步法计算产品成本,后者可以采用品种法计算产品成本。即使同为基本生产车间,如果生产类型不同,也可以采用不同的成本计算方法。例如,第一、第二车间都是两个封闭式的基本生产车间,前者大批量、单步骤生产甲产品,后者小批量、单件生产乙、丙等产品。在这种情况下,第一车间采用品种法计算甲产品成本,第二车间采用分批法计算乙、丙等产品的成本。

(2) 一个企业的各个生产车间的生产类型相同,但管理上的要求不同,可以采用不同的成本计算方法。例如,第一、第二车间分别大批量、多步骤生产甲、乙产品,甲产品的某步骤的半成品经常对外销售,管理上要求分步骤计算甲产品的成本;而乙产品的半成品不对外销售,且企业对乙产品不要求分步骤计算成本。在这种情况下,第一车间应采用分步法计算甲产品成本,而第二车间则可以采用品种法计算乙产品成本。

(3) 一个车间生产多种产品,由于各种产品的生产类型或管理上的要求不同,可以采用不同的成本计算方法。例如,大量大批生产的产品可以采用品种法、分步法和分类法、定额法等多种方法计算产品成本,单件小批生产的产品则应采用分批法计算成本。再如,一个基本生产车间生产甲、乙两种产品,甲产品已经定型,可以大批量进行生产,而乙产品尚处于小批量试制阶段。在这种情况下,甲产品可以采用品种法计算产品成本,乙产品则应采用分批法计算产品成本。

二、几种成本计算方法的结合应用

计算一种产品的成本,在下列情况下,往往结合采用几种成本计算方法。

(1) 一种产品的不同生产步骤,由于生产特点和管理要求不同,可以采用不同的成本计算方法。例如,在单件小批生产的机械制造企业,其产品的生产过程由铸造、机械加工、装配等相互关联的生产步骤完成。就其最终产品来看,产品成本的计算应采用分批法,但从其产品生产的各个步骤来看,铸造车间可以采用品种法计算铸件的成本;加工、装配车间则可以采用分批法计算各批产品的成本;而铸造和加工、装配车间之间,则可以采用逐步结转分步法结转铸件的成本;如果在加工、装配车间之间要求分步骤计算成本,但加工车间所产半成品种类较多,又不对外销售,不需要计算半成品成本,则在加工和装配车间之间可以采用平行结转分步法结转成本。这样,该厂产品成本的计算,就是在分批法的基础上,结合采用了品种法和分步法,在分步法中还结合采用了逐步结转分步法和平行结转分步法。又如,制鞋厂生产的各种鞋子的成本,可以采用分步法和品种法与分类法结合的方法核算成本:先采用分步法、品种法计算各类鞋子(如皮鞋、布鞋等)的成本,再采用分类法计算每类产品内各种规格鞋子的成本。

(2) 在一种产品的不同零部件之间,由于管理上的要求不同,也可以采用不同的成本计算方法。例如,某种产品由若干种零部件组装而成,其中,不对外销售的零部件可以不要求单独计算成本;经常对外销售的零部件,管理上则要求计算其成本,应按照这些零部件的生产类型和管理要求,采用适当的成本计算方法单独计算成本。

(3) 一种产品的不同成本项目,可以采用不同的成本计算方法。例如,在大批量、多步骤生产某种产品,且该产品原材料成本所占比重较大的情况下,则可以采用逐步结转分步法,分步骤计算该产品的原材料成本;由于其他成本项目所占比重较小,则可以采用品种法等适当的成本计算方法,不分步计算该产品其他成本项目的成本。

总而言之,在实际工作中,由于各个企业成本核算的具体情况不同,采用的成本计算方法也是不同的,各个企业应结合自身的生产特点和成本管理要求,并考虑企业的规模和管理水平等实际情况,从实际出发,采用适当的成本计算方法。

【思考题】

1. 为什么要采用分类法计算成本?请归纳分类法的计算程序和使用时应注意的问题。
2. 简述定额法的特点和计算程序以及定额法的优缺点、适用范围和应用条件。
3. 举例说明:在哪些情况下,一个企业或车间可以同时采用几种成本计算方法?
4. 举例说明:在哪些情况下,计算一种产品的成本,可以结合采用几种成本计算方法?

【实务题】

1. 某企业采用分类法计算产品成本,第一类共有甲、乙、丙三种产品,其中乙产品为主要产品,被确定为标准产品。该类产品以定额成本为综合分配标准。甲、乙、丙三种产品的单位定额成本分别为 1.2 元、1.5 元、1.8 元。本月甲、乙、丙三种产品的其他相关资料见下表(类内各种产品成本计算表)。

要求:根据上述资料,分别计算各产品的系数及各项费用分配率,并完成第一类产品成本计算表(见表 7-26)。

表 7-26　　　　　　　　类内各种产品成本计算表

产品名称:第一类产品　　　　　　20××年8月　　　　　　金额单位:元

项目	产量(件)	定额成本	综合系数	标准产品	直接材料	直接人工	制造费用	合计
甲产品	10 000							
乙产品	80 000							
丙产品	30 000							
合计	—				101 680	59 520	24 800	186 000

2. 蜀蓉工厂生产甲、乙两种产品。本月生产成本合计 6 100 000 元(月初、月末均无在产品)。在生产甲产品(主产品)的过程中,同时生产出副产品 A 作为乙产品的

生产原料，副产品A不能直接出售，只能用于加工乙产品。在进一步对副产品A加工的过程中还会发生直接材料成本1 000元，直接人工成本8 000元，分摊制造费用2 000元。本月甲产品实际产量8 000千克，乙产品实际产量1 000千克。乙产品每千克售价400元，每千克应交营业税金及附加44元，同类产品销售利润率10%。

要求：分别计算甲、乙两种产品的单位成本和总成本（提示：先根据乙产品的售价、同类产品销售利润率、应交营业税金及附加，计算乙产品的单位成本、总成本；再计算副产品A的总成本；然后计算甲产品总成本、单位成本）。

3. 某企业采用定额法计算产品成本。20××年6月份甲产品的有关生产情况和定额资料如下：

（1）原材料在生产开始时一次性投入。材料消耗定额由10千克降为9.5千克，材料计划单价为10元/千克，本月材料成本差异率为－2%。

（2）工时定额为5小时，计划小时工资率为12元，根据所在地政府规定，企业按照本月职工工资总额的35%和10%计提社会保险费和住房公积金（假设本月各类人员应付工资与上年月平均工资相等）；按照本月职工工资总额的10%、2%和1.5%，分别计提职工福利、工会经费和职工教育经费。计划小时制造费用13.5元；本月实际耗用原材料1 455千克，实际发生生产人员工资10 450元。

（3）月初在产品20件，本月投产150件，本月完工160件，月末在产品10件，在产品完工率均为50%。

要求：

（1）计算有关数据后登记甲产品成本明细账（提示：请注意题意中的生产人员工资和直接人工成本是密切相联系但又有区别的两个概念）。

（2）编制相关会计分录。

*第八章　商品流通企业的成本核算
（*建议视是否开设了商品流通企业会计课程选择是否学习本章）

第一节　商品流通企业成本费用简述

一、商品流通企业简介

商品流通企业是指从事商品购销的行业，包括商业企业、粮食企业、物资供销企业、外贸企业,供销合作社,图书发行企业等以商品流通活动为主营业务的企业。商品流通企业的主要经营活动是组织商品流转。按在商品流通中所处的地位和作用不同,商品流通企业可分为批发企业和零售企业两种基本类型。一般来说,批发企业是指从生产企业购进商品,然后再将商品转卖给零售企业或其他批发企业的企业;零售企业一般是指从批发企业或直接从生产企业购进商品,然后将商品出售给消费者的企业。不同类型的商品流通企业应根据各自的经营特点采用相应的商品成本核算方法。

二、商品流通企业的成本费用支出

商品流通企业的成本费用支出主要包括成本支出和费用支出。

成本支出主要指商品销售成本的支出。商品流通企业的商品销售成本,指已销商品的采购成本。商品的采购成本包括商品的进价成本(购买成本)和进货费用。商品采购成本的计量,与相关会计课程(如初级会计实务、中级会计实务等,下同)外购存货成本的确定基本相同。

费用支出是指企业在商品经营活动中发生的必不可少的商品流通费。商品流通企业的商品流通费一般包括销售费用、管理费用和财务费用。其中,销售费用是指企业为销售商品所发生的各项费用,主要有:企业直接从事商品经营业务人员的职工薪酬;企业在销售商品过程中发生的包装费、保险费、展览费和广告费、运输费、装卸费,专设销售机构的职工薪酬、业务费、折旧费,相关的固定资产修理费等经营费用;商品经营过程中不属于非常损失的物资消耗,如商品损耗、包装物折损等;商品保管费、检验费等。管理费用和财务费用的内容与相关会计课程讲述的基本相同(针对商品流通企业,《企业会计准则——应用指南》规定,商品流通企业管理费用不多的,可不设置"管理费用"科目,"管理费用"科目核算的内容可并入"销售费用"科目核算)。与销售费用一样,管理费用和财务费用核算的内容与工业企业核算的内容基本相同,不再赘述。

第二节 商品流通企业商品采购成本的核算

《〈企业会计准则第1号——存货〉应用指南》规定:"企业(商品流通)在采购商品过程中发生的运输费、装卸费、保险费以及其他可归属于存货采购成本的费用等进货费用,应当计入存货采购成本,也可以先进行归集,期末根据所购商品的存销情况进行分摊。对于已售商品的进货费用,计入当期损益;对于未售商品的进货费用,计入期末存货成本。企业采购商品的进货费用金额较小的,可以在发生时直接计入当期损益"。

以上关于商品采购过程中发生的进货费用的三种处理方法,第一种是将进货费用直接计入商品采购成本,类似于工业企业购入原材料等存货的会计处理;第三种和《企业会计准则》发布之前商品流通企业发生的进货费用的处理方法相同。即根据会计信息质量要求中的重要性原则,将商品采购过程中发生的进货费用,在发生时直接计入当期销售费用。以下仅对第二种处理方法,即关于进货费用先归集后分摊的核算方法作一简要介绍。

一、确定进货费用的分摊范围

进货费用分摊项目的确定要从会计工作的客观实际出发,既要保证会计信息的质量要求,也要简化会计核算工作。对进货费用的分摊,可以选择一些金额较大的费用项目进行,如运输费、装卸费、保险费、按规定应计入成本的税费(如关税)等。

二、设置"进货费用"(或"库存商品——进货费用")科目

(1) 企业在采购商品时,根据银行转来的销货方托收凭证和附来的销货方开具的增值税专用发票、运费等有关单据,借记"在途物资""进货费用""应交税费——应交增值税(进项税额)"科目,贷记"银行存款"等科目。

(2) 采购的商品验收入库后,根据相关凭证分别以下两种情况进行会计处理:①对于采用进价核算的企业,借记"库存商品——××商品"(按进价金额),贷记"在途物资"等科目。②对于库存商品采用售价核算的企业,按售价借记"库存商品——××实物负责小组"科目(如××柜组),按进价贷记"在途物资"科目;售价与进价之间的差额,贷记(特殊情况下借记)"商品进销差价"科目(关于库存商品采用售价核算的情况,本章第三节将要专门介绍)。

(3) 期末将"进货费用"按存销比例进行分摊。对于已销商品应承担的进货费用,计入主营业务成本,借记"主营业务成本"科目,贷记"进货费用"科目。对于期末库存商品应承担的进货费用,仍保留在"进货费用"账上,体现为借方余额,编制资产负债表时反映在"存货"项目中。

对于"进货费用"按存销比例进行分摊,具体计算一般可采用"进货费用比例"分摊法,先求出分摊率,然后计算本期应摊销的进货费用和期末应保留的进货费用。有关计算公式如下:

$$进货费用分摊率 = \frac{进货费用月初余额 + 本月进货费用增加额}{库存商品月初余额 + 本月库存商品增加额} \times 100\%$$

$$本月已销商品应分摊的进货费用 = 本月主营业务成本发生额 \times 进货费用分摊率$$

$$期末应保留的进货费用 = 进货费用月初余额 + 本月进货费用增加额 - 本月已销商品应分摊的进货费用$$

三、进货费用分摊的账务处理举例

【例 8-1】 某公司为商品批发企业,属于增值税一般纳税人,该公司于 2012 年 3 月 12 日采购一批商品,收到银行转来的销货方托收凭证和附来的销货方开具的增值税专用发票、运杂费等有关单据,增值税专用发票上注明的价款为 10 000 000 元,税额为 1 700 000 元;运输发票上注明的运输费 150 000 元,装卸费等其他进货费用 50 000 元。全部款项已以银行存款支付。3 月 15 日收到全部商品,验收入库。假设该公司本月只进货这一次,并假设该公司本月库存商品月初余额为 6 000 000 元,进货费用月初余额为 90 000 元;本月主营业务成本发生额为 8 400 000 元。相关会计处理如下:

(1) 3 月 12 日,支付采购商品款。

借:在途物资	10 000 000
应交税费——应交增值税(进项税额)(1 700 000+150 000×7%)	1 710 500
进货费用(150 000×93%+50 000)	189 500
贷:银行存款	11 900 000

(2) 3 月 15 日,商品验收入库。

借:库存商品	10 000 000
贷:在途物资	10 000 000

(3) 月末,分摊已销商品应承担的进货费用。

$$进货费用分摊率 = \frac{90\ 000 + 189\ 500}{6\ 000\ 000 + 10\ 000\ 000} = 1.746\ 875\%$$

本月已销商品应分摊的进货费用额 = 8 400 000×1.746 875% = 146 737.5(元)

借:主营业务成本	146 737.50
贷:进货费用	146 737.50

月末,"进货费用"科目借方余额为 132 762.50 元(90 000 + 189 500 − 146 737.50),反映在资产负债表"存货"项目中。

第三节 商品流通企业商品销售成本的核算

商品流通企业可以根据各自的经营特点和管理要求,对商品流通业务的核算,采用各种不同的方法。主要有进价核算和售价核算两种类型,进价核算和售价核算又各分为数量金额核算和金额核算两种具体方法。现将两类四种方法下商品销售成本的计算和结转简要介绍如下。

一、进价核算

进价核算是指以库存商品的购进价格反映和控制商品购进、销售和储存情况的一种核算方法,一般采用数量进价金额核算和进价金额核算两种具体方法。

（一）数量进价金额核算方法下商品销售成本的计算和结转

数量进价金额核算是指库存商品总分类账户和明细分类账户除均按进价金额反映外,明细分类账户还要反映商品实物数量的一种核算方法。采用这种核算方法,根据已销商品的数量按进价结转商品销售成本。这种方法适用于批发企业和部分专业性零售企业。

关于在数量进价金额核算方法下商品销售成本的计算,各企业应根据所销售商品的实物流转方式、企业管理的要求、商品的性质等实际情况,合理地选择先进先出法、全月一次加权平均法、移动加权平均法、毛利率推算法、个别计价法等方法,正确地计算商品销售成本。计算商品销售成本的方法一旦确定,在同一会计年度内不得随意变更。

1. 先进先出法

先进先出法是以先购进先销售这样一种实物流转假设计算商品销售成本的一种方法。采用这种方法,先购入的商品成本在后购入的商品成本之前转出,据此确定商品销售成本和期末库存商品的成本。根据管理的需要,先进先出法下,可以采用顺算成本和逆算成本两种方法结转销售成本。现举例说明如下。

【例8-2】某商品流通企业经销某型号甲商品,20××年12月购、销、存的有关资料如表8-1所示。

表8-1　　　　　　　　　　甲商品购、销、存资料表

甲商品计量单位:只　　　　　　　20××年12月　　　　　　　　金额单位:元

20××年		摘要	收入			发出			结存		
			数量	单价	金额	数量	单价	金额	数量	单价	金额
12	1	月初结存							2 000	150	300 000
	2	购进	3 000	145	435 000				5 000		
	7	销售				3 500			1 500		
	13	购进	3 000	148	444 000				4 500		
	19	销售				2 000			2 500		
	23	购进	2 000	155					4 500		
	31	销售	1 500						3 000		

注:在表8-1中,"单价"指单位成本(或单位进价),下同。

要求:根据以上资料,按先进先出法计算该型号甲商品本月商品销售成本,登记甲商品明细账。

1) 采用顺算成本的方法计算商品销售成本

采用顺算成本的方法计算商品销售成本的具体做法是：先按最早购进商品的进价计算，最早购进的商品销售完了，再按第二批购进商品的进价计算，以此类推。本例的具体计算方法见表 8-2。

表 8-2　　　　　　　　　　　库存商品明细账

类别：(略)　货号：(略)　品名：甲商品　型号：(略)　销售牌价：(略)

20××年		凭证号	摘要	收入			发出			结存		
月	日			数量(只)	单价(元)	金额(元)	数量(只)	单价(元)	金额(元)	数量(只)	单价(元)	金额(元)
12	1		月初结存							2 000	150	300 000
	2		购进	3 000	145	435 000				2 000 3 000	150 145	735 000
	7		销售				2 000 1 500	150 145	517 500①	1 500	145	217 500
	13		购进	3 000	148	444 000				1 500 3 000	145 148	661 500
	19		销售				1 500 500	145 148	291 500②	2 500	148	370 000
	23		购进	2 000	155	310 000				2 500 2 000	148 155	370 000 310 000
	31		销售				1 500	148	222 000③	1 000 2 000	148 155	148 000 310 000
	31		本月合计	8 000		1 189 000	7 000		1 031 000	1 000 2 000	148 155	148 000 310 000

说明：实际工作中，表 8-2"库存商品明细账"中"收入栏"和"发出栏"下还应设置"其他数量"专栏，用于登记商品盘盈和非销售发出商品(指销售以外的商品发出或减少，如发出加工商品、商品盘缺、毁损等)的单价、数量、金额。下同。

① 2 000×150+1 500×145＝300 000+217 500＝517 500(元)
② 1 500×145+500×148＝217 500+74 000＝291 500(元)
③ 1 500×148＝222 000(元)

在按先进先出法顺算成本的方法计算商品销售成本的情况下，如有本期非销售发出商品，其单价可按销售发出商品计算商品销售成本同样的方法确定，并据以计算非销售发出商品的金额。

采用先进先出法计算商品销售成本，期末结存商品金额是根据近期进价成本计算的，在物价持续上涨的情况下，期末结存商品成本接近于市场价格，而商品销售成本偏低，会高估企业当期利润和期末库存商品价值；反之，在物价持续不跌的情况下，会低估企业当期利润和期末库存商品价值。采用先进先出法按顺算成本的方法计算商品销售成本，可以随时结转商品销售成本和结存商品成本，但较繁琐，在商品单位成本不稳定、商品收发业务较多的情况下,工作量较大。采用逆算成本的方法计算商品销售成本,可以简化核算。

2)采用逆算成本的方法计算商品销售成本

所谓逆算成本的方法计算商品销售成本的具体做法是:按照期末结存商品根据最近期购进的成本,先确定期末结存商品的成本,然后"倒挤"本期商品销售成本。根据表8-1的资料,具体计算方法见表8-3"库存商品明细账"。

表 8-3　　　　　　　　　　　　库存商品明细账

类别:(略)　货号:(略)　品名:甲商品　型号:(略)　销售牌价:(略)　数量单位:(件)　金额单位:元

20××年		凭证号	摘要	收入			发出			结存		
月	日			数量	单价	金额	数量	单价	金额	数量	单价	金额
12	1		月初结存							2 000	150	300 000
	2		购进	3 000	145	435 000				5 000		
	7		销售				3 500			1 500		
	13		购进	3 000	148	444 000				4 500		
	19		销售				2 000			2 500		
	23		购进	2 000	155	310 000				4 500		
	30		销售				1 500			3 000		
	31		结转销售成本						1 031 000*	1 000 2 000	148 155	148 000 310 000
	31		本月合计	8 000		1 189 000	7 000		1 031 000	1 000 2 000	148 155	148 000 310 000

*"倒挤"该金额:

本期商品销售成本 = 期初结存商品金额 + 本期购入商品金额 - 本期非销售发出商品金额 - 期末结存商品金额
= 300 000 + 1 189 000 - 0 - (148 000 + 310 000)
= 1 031 000(元)

在先进先出法采用逆算成本的方法计算商品销售成本的情况下,如有本期非销售发出商品,可按期初结存单价确定非销售发出商品的单价,并据以计算非销售发出商品的金额。

逆算成本的方法计算商品销售成本比顺算成本的方法计算商品销售成本要简便一些,但逆算成本的方法平时没有反映销售和结存商品的成本,不利于对存货成本的日常管理和控制。

2. 月末一次加权平均法

月末一次加权平均法是指在一个月内综合计算每种商品的加权平均单价,再乘以

销售数量,计算商品销售成本的一种方法。其计算过程如下:

$$\text{加权平均单价} = \frac{\text{本月可供销售商品金额}^*}{\text{本月可供销售商品数量}} = \frac{\text{月初结存商品金额} + \text{本月收入商品金额} - \text{本月非销售发出商品金额}}{\text{月初结存商品数量} + \text{本月收入商品数量} - \text{本月非销售发出商品数量}}$$

* 指成本(或进价)金额,下同。

$$\text{本月商品销售成本} = \text{本月商品销售数量} \times \text{加权平均单价}$$

由于在实际工作中,计算加权平均单价时常常不能整除,通常采用逆算成本的方法计算本月商品的销售成本,将近似计算产生的尾差计入本月商品销售成本。

$$\text{本月商品销售成本} = \text{月初结存商品金额} + \text{本月收入商品金额} - \text{本月非销售发出商品金额} - \text{月末结存商品金额}$$

上式中,月末结存商品金额=月末结存商品数量×加权平均单价

【例 8-2】 根据表 8-1 的资料,采用月末一次加权平均法计算本月某型号甲商品的销售成本见表 8-4"库存商品明细账"。

表 8-4

库存商品明细账

类别:(略) 货号:(略) 品名:甲商品 型号:(略) 销售牌价:(略)

20××年		凭证号	摘要	收入			发出			结存		
月	日			数量(只)	单价(元)	金额(元)	数量(只)	单价(元)	金额(元)	数量(只)	单价(元)	金额(元)
12	1		月初结存							2 000	150	300 000
	2		购进	3 000	145	435 000				5 000		
	7		销售				3 500			1 500		
	13		购进	3 000	148	444 000				4 500		
	19		销售				2 000			2 500		
	23		购进	2 000	155	310 000				4 500		
	30		销售				1 500			3 000		
	31		结转销售成本									1 045 000③
	31		本月合计	8 000		1 189 000	7 000		1 031 000	3 000	148①	444 000②

注:① $=\dfrac{300\,000 + 1\,189\,000 - 0}{2\,000 + 8\,000 - 0}$

 $=148$(元/只)(加权平均单价)

② $=148 \times 3\,000 = 444\,000$(元)

③ $=300\,000 + 1\,189\,000 - 0 - 444\,000 = 1\,045\,000$(元)

在采用月末一次加权平均法计算商品销售成本的情况下,本期如有非销售发出商品,可按期初结存单价确定非销售发出商品的单价,并据以计算非销售发出商品的金额。

月末一次加权平均法只在月末一次计算加权平均单价,比较简便,有利于简化成本计算工作,但平时无法反映销售和结存商品的单价及金额,不利于对商品成本的日常管理和控制。

3. 移动加权平均法

移动加权平均法是指以每次进货的成本(或进价)加上本次进货前该商品的结存金额的和,除以每次进货的数量加上本次进货前该商品的结存数量的和,计算的加权平均单位成本,作为在下次进货前计算各次销售的商品成本的一种方法。其计算过程如下:

(1) 先计算移动加权平均单价。

$$\text{移动加权平均单价} = \frac{\text{本月可供销售及非销售发出商品金额}}{\text{本月可供销售及非销售发出商品数量}} = \frac{\text{月初结存商品金额} + \text{本月收入商品金额}}{\text{月初结存商品数量} + \text{本月收入商品数量}}$$

(2) 再计算本次销售商品及非销售发出商品的成本。

$$\text{本次销售商品的成本} = \text{本次销售商品及非销售发出商品的数量} \times \text{本次移动加权平均单价}$$

(3) 月末结存商品金额的确定。

月末结存商品金额=月末结存商品数量×加权平均单价,如有由于近似计算产生的尾差,计入本月最后一次销售商品的成本。

【例 8-3】 根据表 8-1 的资料,采用移动加权平均法计算本月某型号甲商品的销售成本见表 8-5"库存商品明细账"。

表 8-5

库存商品明细账

类别:(略) 货号:(略) 品名:甲商品 型号:(略) 销售牌价:(略)

20××年		凭证号	摘要	收入			发出			结存		
月	日			数量(只)	单价(元)	金额(元)	数量(只)	单价(元)	金额(元)	数量(只)	单价(元)	金额(元)
12	1		月初结存							2 000	150	300 000
	2		购进	3 000	145	435 000				5 000	147②	735 000①
	7		销售				3 500	147	514 550	1 500	147	220 500

(续表)

20××年		凭证号	摘要	收入			发出			结存		
月	日			数量（只）	单价（元）	金额（元）	数量（只）	单价（元）	金额（元）	数量（只）	单价（元）	金额（元）
	13		购进	3 000	148	444 000				4 500	147.667④	664 500③
	19		销售				2 000	147.667	295 334	2 500	147.667	369 166⑤
	23		购进	2 000	155	310 000				4 500	150.926⑦	679 166⑥
	30		销售				1 500	150.926	226 389	3 000	150.926	452 777⑧
	31		本月合计	8 000		1 189 000	7 000		1 031 000	3 000		

注：① = 300 000 + 435 000 = 735 000（元）

② = $\dfrac{735\ 000}{2\ 000 + 3\ 000}$

= 147（元/只）（12月2日加权平均单价）

③ = 220 500 + 444 000 = 664 500

④ = $\dfrac{664\ 500}{1\ 500 + 3\ 000}$ = 147.667（元/只）（12月13日加权平均单价，四舍五入近似数）

购进后，先确定结存金额，再计算移动加权平均单价（下同）。这是因为可能出现计算加权平均单价时不能整除，或虽然能够整除但小数点后位数较多而四舍五入，导致购进后加权平均单价与结存数量之乘积不等于购进前结存金额与本次购入金额之和。

⑤ = 664 500 − 295 334 = 369 166（消除近似计算的尾差，否则账户的期初余额、本期发生额与期末余额不平。下同）

⑥ = 369 166 + 310 000 = 679 166（元）

⑦ = $\dfrac{679\ 166}{2\ 500 + 2\ 000}$ = 150.926（元/只）（12月23日加权平均单价）

⑧ = 679 166 − 226 389 = 452 727（元）

在采用移动加权平均法计算商品销售成本的情况下，本期如有非销售发出商品，其单价可按与销售发出商品同样的方法确定，并据以计算非销售发出商品的成本。

移动加权平均法能够帮助企业管理者及时了解商品的结存情况，计算的平均单位成本以及发出（销售和非销售）和结存的商品成本比较客观。但每次收货后都要计算一次平均单价，计算工作量较大，对收货较频繁的企业不太适用。

4. 毛利率推算法

毛利率推算法（简称毛利率法）是指根据本月商品销售额乘以上季度实际毛利率（或本季度计划毛利率，下同），推算出本月商品销售毛利，再求出本月商品销售成本。其计算公式如下：

本期商品销售毛利 = 本期商品销售额 × 上季度实际毛利率

本期商品销售成本 = 本期商品销售额 − 本期商品销售毛利

= 本期商品销售额 × （1 − 上季度实际毛利率）

采用毛利率法，一般不按照商品品名、规格逐一计算商品销售成本，而按照商品类别进行计算，从而大大简化了计算工作。

毛利率法是一种估计成本的计算方法，由于计算中使用的上季度实际毛利率，往往与本季度实际毛利率不一致，使得计算结果不够准确。为了既能减少计算商品销售成本的工作量，又能准确计算商品销售成本，一般将毛利率法与先进先出法或加权平均法结合运用，即在每个季度的前两个月采用毛利率法，第三个月采用先进先出法或加权平均法计算调整商品销售成本，使得结存商品金额和已销商品成本能够比较符合实际。

【例 8-4】 假设某批发企业每季度的前两个月用毛利率法计算商品销售成本，每季度的第三个月采用月末一次加权平均法计算调整商品销售成本。该企业 A 类商品某年 4 月、5 月份销售额分别为 60 000 元、65 000 元，上季度实际毛利率为 16%；按月末一次加权平均法计算的该类商品 6 月末结存金额为 11 000 元，4 月初结存金额为 12 000 元，季内总购进金额为 160 000 元。则该企业 A 类商品 4 月、5 月、6 月份商品销售成本计算如下：

4 月份商品销售成本 = 60 000 × (1 − 16%) = 50 400(元)
5 月份商品销售成本 = 65 000 × (1 − 16%) = 54 600(元)
二季度商品销售成本 = 12 000 + 160 000 − 11 000 = 161 000(元)
6 月份商品销售成本 = 161 000 − 50 400 − 54 600 = 56 000(元)

5. 个别计价法

个别计价法又称个别认定法、具体辨认法、分批实际法，是指认定每一件或每一批商品的实际购进单价，计算该件或该批商品销售成本的一种方法。

个别计价法的成本计算准确，符合实际情况。但在商品收发频繁的情况下，分辨其发出成本的工作量较大。因此，这种方法适用于一般不能替代使用的商品、为特定项目专门购入的商品，如珠宝、名画等贵重商品。

不论采用以上哪一种计算方法，都要根据计算的结果，编制结转商品销售成本的会计分录：

借：主营业务成本
　　贷：库存商品——某类商品

(二) 进价金额核算方法下商品销售成本的计算和结转

进价金额核算是指库存商品总分类账户和明细分类账户均只反映商品的进价金额的一种核算方法。采用这种方法，由于库存商品明细分类账户没有记载实物数量，必须在期末通过对库存商品进行实地盘点，计算出期末结存金额后倒挤出本期商品销售成本。这种方法一般只适用于经营鲜活商品的零售企业。

【例8-5】 某零售商店所属鲜活商品门市部,期初结存鲜鱼(进价)2 088元,本期从农业生产者手中购进总额40 000元(款项以银行存款支付)。期末实地盘点,按盘点数量乘以最后一次购货单位进价计算出鲜鱼的库存金额为1 740元。

(1) 进货的会计分录(为简化,假定为一次性进货)。

借:库存商品——鲜活商品门市部　　　　　　　　　　　　　34 800
　　应交税费——应交增值税(进项税额)(40 000×13%)　　　　5 200
　　贷:银行存款　　　　　　　　　　　　　　　　　　　　　　40 000

(2) 计算并结转本期鲜鱼的销售成本。

本期鲜鱼的销售成本 = 2 088 + 34 800 - 1 740 = 35 148(元)

借:主营业务成本　　　　　　　　　　　　　　　　　　　　　35 148
　　贷:库存商品——鲜活商品门市部　　　　　　　　　　　　　35 148

以上"进价金额核算,盘存计销"的核算方法,其优点是记账手续很简便,工作量小;缺点是由于期末采用盘存计销的方法,将商品销售成本和商品损耗、差错事故损失混在一起,容易产生弊端,不易发现经营管理中存在的问题。而鲜活商品由于质量的渐降性、等级的多级性和变化性、数量损耗的难控性等特点,只宜采用这种核算方法。为了尽量克服进价金额核算方法的缺点,实际工作中有些企业在对鲜活商品实行进价金额核算的同时,对各实物负责人经销的鲜活商品的核算辅以售价控制的核算与管理相结合的方法,对实物负责人的业绩进行考核分析,称为"进价金额核算,售价控制"核算。

二、售价核算

售价核算是指以库存商品的销售价格来反映和控制商品的购进、销售和储存情况的一种核算方法,一般采用售价金额核算和数量售价金额核算两种具体方法。

(一) 售价金额核算方法下商品销售成本的计算和结转

售价金额核算是指库存商品总分类账户和明细分类账户均只反映商品的售价金额的一种核算方法。这种核算方法主要适用于零售企业销售的类型相同但品种繁多的零售商品,这些零售商品一般单位价格不高但销售频繁,管理上一般不核算其销售数量,否则核算工作量太大,不具有现实可行性,这就使得"售价金额核算"具有客观必然性。售价金额核算是建立在实物负责制的基础上,用售价金额来控制库存商品的一种方法,故又称"售价金额核算,实物负责制"。由于其实现了核算方法与管理责任制密切结合,所以成为零售企业的一种重要经营管理制度。采用这种方法,库存商品明细分类账按经营商品的营业柜组或门市部(也称实物负责人)设置。营业柜组或门市部对其经营的商品承担经济责任,财会部门通过商品的售价控制营业柜组或门市部的商品。这种方法的优点是不需要登记大量的实物数量明细账,记账较为简便。缺点是由于明细分类核算不反映和控制商品的数量,平时不易发现商品溢缺,难以分辨溢缺商品的品种和数量,也难以分清溢缺的原因和责任。售价金额核算方法主要适用于经销的商品管理宜简不宜繁的零售企业。以下结合简例说明售价金额核算的基本方法。

【例8-6】 某零售商店5月8日从外地采购针棉织品一批,收到银行转来的销货方托收凭证和附来的销货方开具的增值税专用发票,增值税专用发票上注明的价款为100 000元,税款为17 000元。全部款项已以银行存款支付。5月15日收到全部商品,验收入库。该批商品的含税售价(增值税,下同)为147 000元。相关会计处理如下:

(1) 5月8日,支付款项。

借:在途物资——××供货单位　　　　　　　　　　　　　　　100 000
　　应交税费——应交增值税(进项税额)　　　　　　　　　　　17 000
　　贷:银行存款　　　　　　　　　　　　　　　　　　　　　117 000

(2) 5月15日,商品验收入库。

借:库存商品——针棉柜组　　　　　　　　　　　　　　　　　147 000
　　贷:在途物资——××供货单位　　　　　　　　　　　　　100 000
　　　　商品进销差价——针棉柜组　　　　　　　　　　　　　47 000

由以上会计分录可见,"商品进销差价"账户是资产类账户,它是"库存商品"账户的抵减账户,用以反映库存商品含税售价金额与进价金额(不含税)之间的差额,其期末余额一般在贷方,表示期末库存商品的进销差价。期末"库存商品"账户余额减去"商品进销差价"账户的贷方余额,就是库存商品的进价金额。

售价金额核算的特点是平时每天发生的商品销售收入(会计科目为"主营业务收入")和商品销售成本(会计科目为"主营业务成本")"暂时"用含税售价反映,月末,对本月实现的商品销售收入一次性进行价税分离。该内容不属于本教材学习的范畴,举一个例子说明即可:假设本月账上记录的含税销售收入合计为11 700 000元,10 000 000元(11 700 000÷1.17)就是本月不含税销售收入,1 700 000元就是本月应交增值税销项税额,这就是价税分离。以下介绍售价金额核算方法下的商品销售成本的核算。

【例8-7】 某零售商店财会部门收到门市部各柜组交来当日销货款合计72 000元,其中:百货组35 000元,针棉组31 000元,文化用品组6 000元(货款已由各营业柜组集中送存银行,财会部门收到全部缴款单、转账支票等)。该零售商店销售的商品增值税率均为17%。

(1) 平时每日按含税售价结转商品销售成本。

当日应编制如下按含税售价结转商品销售成本的会计分录：

借：主营业务成本　　　　　　　　　　　　　　　　　　72 000
　　贷：库存商品——百货柜组　　　　　　　　　　　　　　35 000
　　　　　　——针棉柜组　　　　　　　　　　　　　　　　31 000
　　　　　　——文化用品柜组　　　　　　　　　　　　　　 6 000

该会计分录中反映的主营业务成本72 000元显然不是已销商品的成本，它虚增了售价与进价之间的差额（即商品进销差价）。"暂时"这样记账，是为了简化平时的核算工作，月末需要采用适当的方法计算出已销商品应分摊的商品进销差价，对以上会计分录中的主营业务成本的金额进行调整，就可以得出本月的商品销售成本。由此可见，零售企业采用售价金额核算可以大大减轻平时的核算工作。

(2) 月末，已销商品进销差价的计算和结转。

如上所述，零售企业由于平时按商品售价结转商品销售成本，月末为了核算商品销售业务的经营成果，就需要通过计算和结转已销商品的商品进销差价，将商品销售成本由售价调整为进价。正确计算已销商品应分摊的商品进销差价，是正确核算商品销售成本和期末库存商品价值的关键。

零售企业计算已销商品进销差价的方法一般有综合差价率推算法、分柜组差价率推算法和实际进销差价计算法三种。

1. 综合差价率推算法

综合差价率推算法是按照全部商品的存销比例，推算本期销售商品应分摊的商品进销差价的一种方法。其特点和方法体现在以下的计算公式中：

$$\text{综合差价率} = \frac{\text{结转前"商品进销差价"账户余额}}{\text{月末"库存商品"账户余额} + \text{月末"受托代销商品"账户余额} + \text{本月结转前"主营业务成本"账户余额}}$$

本月已销商品进销差价 = 本月结转前"主营业务成本"账户借方发生额 × 综合差价率

【例 8-8】 某零售企业月末结转前"商品进销差价"账户贷方余额为 177 750 元，"库存商品"账户余额为 397 500 元，"主营业务成本"账户借方发生额为 232 500 元。则

$$\text{综合差价率} = \frac{177\ 750}{397\ 500 + 232\ 500} \times 100\% = 28.214\ 29\%$$

本月已销商品进销差价 = 232 500 × 28.214 29% = 65 598.22

根据以上计算，编制结转已销商品（应分摊的）进销差价的会计分录：

借：商品进销差价　　　　　　　　　　　　　　　　　　65 598.22
　　贷：主营业务成本　　　　　　　　　　　　　　　　　　65 598.22

经过以上结转之后,"商品进销差价"账户贷方余额为 112 151.78 元(177 750－65 598.22),表示月末库存商品的进销差价;结转(调整)后的"主营业务成本"账户的余额为 166 901.78 元(232 500－65 598.22),表示本月已销商品的进价(销售成本)。

2. 分柜组差价率推算法

这种方法的计算过程及计算公式与综合差价率推算法基本相同,只是计算过程中的差价率和分摊的差价额均按商品的柜组(或类别,下同)分别计算,所以,采用该方法需要将"库存商品""商品进销差价""主营业务收入""主营业务成本"各账户按同一口径的商品柜组设置明细账,才能提供计算所需的有关资料。

【例 8-8】 某副食品商店分设糖果糕点、果酒饮料、白酒、茶叶四个柜组。月末,根据有关账户余额编制已销商品进销差价分摊计算表,见表 8-6。

表 8-6

已销商品进销差价分摊计算表

20××年×月　　　　　　　　　　　　　　　　　　　金额单位:元

柜 组	商品进销差价月末余额	"库存商品"账户月末余额	"主营业务成本"账户余额	分柜组差价率	已销商品进销差价
	(1)	(2)	(3)	$(4)=\dfrac{(1)}{(2)+(3)}\times 100\%$	$(5)=(3)\times(4)$
糖果糕点	6 000	16 000	14 000	20%	2 800
果酒饮料	12 800	12 000	28 000	32%	8 960
白　　酒	12 000	32 000	18 000	24%	4 320
茶　　叶	4 200	7 000	8 000	28%	2 240
合　　计	35 000	67 000	68 000	—	18 320

根据表 8-6 编制会计分录如下:

借:商品进销差价——糖果糕点　　　　　　　　　　　　　　　　　　2 800
　　　　　　　　——果酒饮料　　　　　　　　　　　　　　　　　　8 960
　　　　　　　　——白酒　　　　　　　　　　　　　　　　　　　　4 320
　　　　　　　　——茶叶　　　　　　　　　　　　　　　　　　　　2 240
　　贷:主营业务成本——糖果糕点　　　　　　　　　　　　　　　　2 800
　　　　　　　　　——果酒饮料　　　　　　　　　　　　　　　　8 960
　　　　　　　　　——白酒　　　　　　　　　　　　　　　　　　4 320
　　　　　　　　　——茶叶　　　　　　　　　　　　　　　　　　2 240

分柜组差价率推算法计算的准确性比综合差价率推算法有了较大提高,但计算工作量较大,而且受柜组中不同差价率商品销售比重的影响,计算结果仍然存在误差。为了能更准确地反映商品销售成本和库存商品价值,年末可采用实际差价计算法。

3. 实际差价计算法

实际差价计算法,是根据期末盘点商品数量,先求得库存商品进价总额及其应保留的进销差价,然后再计算出已销商品进销差价的方法,故又称"盘存商品进销差价计算法"。其计算步骤及计算公式如下:

$$库存商品应保留的进销差价 = 期末库存商品售价总金额 - 期末库存商品进价总金额$$

$$已销售商品实现的进销差价 = 期末"商品进销差价"账户金额 - 库存商品应保留的进销差价$$

【例8-9】 某副食品商店白酒柜组12月月末结转前"商品进销差价"账户余额为60 000元,库存商品盘点表见表8-7。

表8-7   库存商品盘点表

实物负责:白酒柜组　　　　　20××年12月31日　　　　　　金额单位:元

商品名称	单位	盘存数量	零售价(含税)		购进价(不含税)	
			单价	合计金额	单价	合计金额
宜宾五粮液	瓶	100	398	39 800	295	29 500
泸州特曲	瓶	200	268	53 600	190	38 000
郎酒	瓶	120	98	11 760	58	6 960
全兴大曲	瓶	180	85	15 300	52	9 360
合计	—	—		120 460	—	83 820

盘点结果,与账面数相符。根据表8-7,计算如下:

12月末,白酒柜组库存商品应保留的进销差价=120 460－83 820=36 640(元)。

12月份已销商品应结转的进销差价=60 000－36 640=23 360(元)。

编制如下会计分录:

借:商品进销差价——白酒柜组　　　　　　　　　　　　　　23 360
　　贷:主营业务成本——白酒柜组　　　　　　　　　　　　　　23 360

本例中12月份已销商品应结转的进销差价23 360元,实际上包括了该柜组本月已销商品实现的进销差价以及本年度的以前月份采用分柜组差价率推算法分摊进销差价所产生的误差金额两部分内容。

(二) 数量售价金额核算方法下商品销售成本的计算和结转

数量售价金额核算方法是指库存商品总分类账户和明细分类账户均按售价金额反映,同时明细分类账户还必须反映商品实际数量的一种核算方法。采用这种核算方法,必须按每一种商品的品名、规格设置商品明细账,以随时掌握各种商品的结存数量。在一些专业性零售企业,特别是经营贵重、大件商品的零售企业,经营的商品品种比综合性零售企业要少得多,这类零售企业适合采用数量售价金额核算方法。采用这种核算方法在销售商品时,需要填制销售凭证,在核算与管理上,既需要反映和控制商品的销售金额,也需要反映和控制商品的实物数量,具有能够及时发现商品的溢缺,基本上能分清溢缺的环节和事故的责任所在等优点。以下举例说明在这种核算方法下商品销售的核算。

【例8-10】 9月13日,某商场手机类柜组营业结束后,交来商品销售收入缴款单及现金38 985元,当即存入银行,并交来商品销售日报表,见表8-8。

表8-8

商品销售日报表

20××年9月13日　　　　　　　　　　　　　　　　金额单位:元

货号	品名规格	计量单位	数量	单价	金额	备注
(略)	联想A850	部	2	1 099	2 198	发票号码: #00456711 — #00456726
(略)	三星GALAXY	部	1	4 399	4 399	
(略)	诺基亚920	部	3	2 599	7 797	
……	……	部	…	…	…	
合计		—	—	—	38 985	

根据审核无误的"商品销售日报表"等相关凭证,编制如下会计分录,并据以登记总账和明细账。

(1) 借:库存现金　　　　　　　　　　　　　　　　　　　38 985
　　　 贷:主营业务收入　　　　　　　　　　　　　　　　　　　38 985

(2) 借:银行存款　　　　　　　　　　　　　　　　　　　38 985
　　　 贷:库存现金　　　　　　　　　　　　　　　　　　　　38 985

(3) 借:主营业务成本——手机类　　　　　　　　　　　　38 985
　　　 贷:库存商品——手机类　　　　　　　　　　　　　　38 985

采用数量售价金额核算的企业,在月末一般采用实际差价计算法调整商品销售成本。为了简化核算,也可以平时采用分柜组差价率推算法,季末采用实际差价计算法进行调整。

【思考题】

1. 商品流通企业对商品流转的核算一般采用哪些方法?
2. 售价金额核算法怎样计算商品销售成本?对比数量进价金额核算法和售价金额核算法的不同之处,并理解产生不同的原因。
3. 采用售价金额核算的商业零售企业,"商品进销差价"科目包含哪些内容?(提示:教

材未直接讲述这个问题,学生可通过所学内容举例分析,得出答案)

【实务题】
1. 某商业批发企业采用数量进价金额核算方法。商品销售成本的结转采用全月一次加权平均法。该企业2007年11月经销某型号彩电有关资料如下:
    (1) 月初结存数量200台,每台不含税买价1 500元。
    (2) 本月5日购入300台,每台不含税买价1 450元;本月16日购入200台,每台不含税买 价1 500元;本月25日购入100台,每台不含税买价1 550元;本月共销售650台。
    要求:
    (1) 根据以上资料计算本月该型号彩电加权平均单位成本。
    (2) 计算本月该型号彩电销售成本。
2. 某零售企业(增值税一般纳税人)采用售价金额核算方法。该企业原设日用百货和文具用品两个柜组,9月份经批准扩大经营范围,增设食品柜组销售各种零食。9月28日从本市某食品厂购进食品一批,收到的增值税专用发票上注明的不含税进价10 000元,增值税额1 700元,全部款项已以银行存款付讫,食品如数验收入库。该批食品含税零售价总额15 000元。9月29日销售该批商品的20%,款项均已收到存入银行。
    要求:编制如下会计分录:
    (1) 采购食品,支付款项。
    (2) 食品验收入库。
    (3) 食品售出20%,收到货款存入银行。
    (4) 按含税零售价结转销售成本。
    (5) 月末,将已销食品销售收入进行价税分离。
    (6) 月末,结转已销食品应分摊的商品进销差价。

第九章 工业企业成本报表和成本分析

第一节 成本报表概述

一、成本报表的概念

成本报表是按照企业成本管理的需要,根据产品成本和期间费用的核算资料以及其他有关资料定期编制、用来反映企业一定时期产品成本和期间费用水平及其构成情况的报告文件。编制和分析成本报表，是成本会计工作的一项重要内容。

二、成本报表的特点

成本报表是服务于企业内部管理的会计报表，与财务报表相比，成本报表具有以下特点：

（1）不公开性。成本报表所反映的成本信息属于企业的商业秘密，不对外公开发布。

（2）灵活性。成本报表属于企业内部报表，不受企业外部的制约，成本报表的形式、内容、编制时间、报送对象等，由企业（及管理企业的上级机构或母公司）根据企业内部管理的需要决定。母公司或国有企业的主管机构等利益方为了解和评价企业的成本管理绩效，也可以要求企业将其成本报表作为会计报表的附表上报。

（3）时效性。财务报表属于对外报表，一般都是定期编制和报送的。而作为对内报表的成本报表，为了及时满足企业管理中对成本信息资料的需要，既可定期编报，提供完整的日常成本信息，还可以采用日报、周报、旬报的形式，定期或不定期地编报不同内容的成本报表，可以及时提供临时或者偶然的成本、费用管理的信息资料，最大限度地发挥成本信息在企业管理中的重要作用。

三、成本报表的作用

（1）可据以分析考核成本计划的执行情况。企业和主管企业的上级机构（或母公司）利用成本报表，可以分析和考核企业成本、费用计划的执行情况，促使企业降低成本、节约费用，从而提高企业的经济效益，增加国家的财政收入。

（2）帮助企业挖掘降低产品成本、节约费用支出的潜力。通过对成本报表的分析，可以揭示企业在生产、技术、经营和管理方面取得的成绩和存在的问题，进一步提高企业生产、技术、经营和管理的水平，挖掘降低产品成本、节约费用支出的潜力。

（3）为成本预测、生产经营决策提供重要依据

成本报表提供的实际成本、费用资料，还可以作为企业确定产品价格，进行成本、费用和利润的预测的依据，为制定有关的生产经营决策，编制成本、费用和利润等计划提供重要的数据。

四、成本报表的种类

成本报表不是对外报送或公布的会计报表，因此，成本报表的种类、项目、格式和编制方法，由企业自行确定。主管企业的上级机构（或母公司）为了对所属企业的成本管

理工作进行领导或指导，为了给国民经济管理提供所需成本数据，也可以要求企业将其成本报表作为会计报表的附表上报。在这种情况下，企业成本报表的种类、项目、格式和编制方法，也可以由主管企业的上级机构（或母公司）会同企业共同规定。

　　成本报表一般包括商品产品生产成本表、主要产品单位成本表、制造费用明细表、各种期间费用明细表（销售费用明细表、管理费用明细表和财务费用明细表）。此外，有一些企业根据成本管理的需要和责任成本会计的要求，还要编制各种责任成本报告表；为了提高产品质量管理效果，需要编制质量成本报表；为了提高环境保护成本管理效果，需要编制环境成本管理报表等。企业为了加强成本的日常管理，除了编制上列定期编制的报表以外，还可以设计和编制日常的成本报表，如主要产品成本旬报、日报等。

　　本教材着重介绍商品产品生产成本表、主要产品单位成本表和制造费用明细表的编制和分析。有关期间费用的报表，即销售费用、管理费用和财务费用的明细表，各企业所需的详细程度不一，有关编制和分析方法都比较直观易懂，就只作一些简要的介绍。

第二节　成本报表的编制和一般分析方法

一、成本报表的编制

　　各种成本报表，有的反映本期的实际成本、期间费用，有的反映本期累计的实际成本、期间费用。为了分析和考核成本计划的执行情况，这些报表一般还反映有关的计划数和某些补充资料。

　　成本报表中的本期实际成本、费用，应根据有关的产品成本或期间费用明细账的本期实际发生额填列。表中的累计实际成本、期间费用，应根据本期报表中的本期实际成本、期间费用，加上上期报表中的累计实际成本、期间费用计算填列；如果有关的明细账中登记了期末累计实际成本、期间费用，可以直接根据有关的明细账中的相应数据填列。

　　成本报表中的计划数，应根据有关的计划填列；表中的其他资料，应按报表编制的有关规定填列。

　　有关各个具体的成本报表的编制，从本章第三节起将陆续介绍。以下介绍成本报表分析的几种常用分析方法。

二、成本报表的一般分析方法

　　对成本报表进行分析的方法很多，下面着重介绍通常采用的一些分析方法，包括对比分析法、比率分析法、连环替换分析法、差额计算分析法和趋势分析法。

（一）对比分析法

对比分析法也称比较分析法。它是通过实际数与基数的对比来揭示实际数与基数之间的差异，借以了解经营活动的成绩和问题的一种分析方法。工业企业各种成本报表的分析都要采用这种方法。

对比的基数由于分析的目的不同而有所不同，一般有计划数、定额数、前期实际数、以往年度同期实际数以及本企业的历史先进水平和国内外同行业的先进水平等。

将实际数与计划数或定额数对比，可以揭示计划或定额的执行情况。但在分析时还应检查计划或定额本身是否既先进又切实可行。因为实际数与计划数或定额数之间的差异的产生，除了实际工作的原因以外，还可能由于计划或定额太保守或不切实际。将本期实际数与前期实际数或以往年度同期实际数对比，可以考察经济业务的发展变化情况。将本期实际数与本企业的历史先进水平对比，将本企业实际数与国内外同行业的先进水平对比，可以发现与先进水平之间的差距，从而学习先进，赶上和超过先进。

对比分析法只适用于同质指标的数量对比。例如，实际产品成本与计划产品成本对比，实际原材料成本与定额原材料成本对比，本期实际制造费用与前期实际制造费用对比，等等。在采用这种分析方法时，应该注意相比指标的可比性。进行对比的各项指标，在经济内容、计算方法、计算期和影响指标形成的客观条件等方面，应有可比的共同基础。如果相比的指标之间有不可比因素，应先按可比的口径进行调整，然后再进行对比。比如，某企业生产甲产品，计划产量、实际产量分别为 100 件、120 件，假如均只使用同一种材料，材料成本分别为计划成本 10 000 元、实际成本 11 500 元，在材料单位价格不变的情况下，就不能简单地说，因为实际成本高于计划成本，所以管理上存在问题；此外，如果市场材料价格变动，还应该考虑对市场材料价格变动的因数进行分析评价（具体分析评价方法以下将具体介绍）。

（二）比率分析法

比率分析法是通过计算各项指标之间的相对数，即比率，以考察经济业务的相对效益的一种分析方法。

比率分析法主要有相关指标比率分析法、构成比率分析法和动态比率分析法三种。

1. 相关指标比率分析法

相关指标比率分析法是计算两个性质不同但又相关的指标的比率来对实际数与计划数（或前期实际数）进行对比分析的方法。在实际工作中，由于企业规模不同等原因，单纯地对比产值（产值＝当期生产的产品数量×产品不含税销售单价）、销售收入或利润等绝对数的多少，不能说明各个企业经济效益好坏，如果计算成本与产值、销售收入或利润相比的比率,就可以反映各企业经济效益的好与差。

现列示产值成本率、销售收入成本率和成本利润率的计算公式如下:

$$产值成本率 = \frac{成本}{产值} \times 100\%$$

$$销售收入成本率 = \frac{成本}{销售收入} \times 100\%$$

$$成本利润率 = \frac{利润}{成本} \times 100\%$$

(一般来说,财务指标△△▼▼率,▼▼是分子,△△是分母;但也有个别指标例外,如市盈率则相反)。

从上列计算公式可以看出,产值成本率和销售收入成本率高的企业经济效益差;这两种比率低的企业经济效益好。而成本利润率高的企业经济效益好,成本利润率低的企业经济效益差。

2. 构成比率分析法

构成比率分析法是通过计算某项指标的各个组成部分占总体的比重,即部分与全部的比率,进行数量分析的方法。

例如,将构成产品成本的各个成本项目的金额分别与产品成本总额相比,计算产品成本的构成比率。然后将不同时期的成本构成比率相比较,通过观察产品成本构成的变动,掌握经济活动情况,了解企业改进生产技术和经营管理对产品成本的影响,反映产品成本的构成是否合理。

产品成本构成比率一般包括直接材料成本比率、直接人工成本比率、制造费用比率等。

$$直接材料成本比率 = \frac{直接材料成本}{产品成本} \times 100\%$$

$$直接人工成本比率 = \frac{直接人工成本}{产品成本} \times 100\%$$

$$制造费用比率 = \frac{制造费用}{产品成本} \times 100\%$$

又如,将构成管理费用的各项费用分别与管理费用总额相比,计算管理费用的构成比率。这种比率分析法也称比重分析法。通过这种分析,可以反映管理费用的构成是否合理。

不论采用什么比率分析法,进行分析时,还应将比率的实际数与其基数进行对比,揭示其与基数之间的差异。例如,进行相关指标比率的成本利润率分析时,还应将实际的成本利润率与计划的或前期实际的成本利润率进行对比,揭示其与计划、前期实际之间的差异。进行构成比率分析时也是如此。

3. 动态比率分析法

动态比率分析法又称为趋势分析法，是指将不同时期同类指标的数值对比求出比率，进行动态比较，据以分析该项指标的增减速度和变动趋势，从中发现企业在生产经营方面的成绩或问题的分析方法。根据对比的标准不同，动态比率可以分为定基指数和环比指数两种。其计算公式分别如下：

$$定基指数 = \frac{分析期指标数额}{固定期指标数额} \times 100\%$$

$$环比指数 = \frac{分析期指标数额}{前一期指标数额} \times 100\%$$

【例 9-1】 某企业甲产品 20××年 4 月、5 月、6 月份单位成本分别为 220 元、231 元、254 元。

（1）如果以 20××年 3 月份为基期，以 3 月份的单位成本 200 元为基数，则 20××年 4 月、5 月、6 月份各月甲产品单位成本与基期相比的定基指数分别如下：

$$4 月份：\frac{220}{200} \times 100\% = 110\%$$

$$5 月份：\frac{231}{200} \times 100\% = 115.5\%$$

$$6 月份：\frac{254}{200} \times 100\% = 127\%$$

通过以上定基比率的变动可以看出，第二季度的每个月甲产品的单位成本都呈明显上升的趋势，而且上升的幅度越来越大，应及时分析上升的原因，如果是属于管理上的原因，应及时采取措施改进。

（2）如果分别以上月为基期，计算出各月环比指数如下：

$$4 月份比 3 月份：\frac{220}{200} \times 100\% = 110\%$$

$$5 月份比 4 月份：\frac{231}{220} \times 100\% = 105\%$$

$$6 月份比 5 月份：\frac{254}{231} \times 100\% = 110\%$$

（分析略）

（三）连环替代法

连环替代法又称连锁替代法、因数分析法，是将某一综合指标分解为若干个相互联系的因数（相互联系的因数之间必须是相乘或相除的关系），然后顺次用各个因数的实际数替换基数，从而计算各个因素对分析对象影响程度的一种分析方法。

采用对比分析法和比率分析法，虽然可以揭示实际数与基数之间的差异，但不能揭示产生差异的因素和各因素的影响程度（通常指影响金额以及是超支还是节约）。采用连环替代法就可以解决这一问题,从而找出主要矛盾,明确进一步调查研究、解决问题的主要方向。

下面以直接材料成本作为分析对象为例来介绍连环替代法的分析程序。

【例 9-2】 某企业生产甲产品耗用 A 材料。甲商品耗用 A 材料的有关资料见表 9-1。

表 9-1

甲产品耗用 A 材料的有关资料

项　　目	单位	计划数	实际数	差异(实际－计划)
产品产量	件	90	100	＋10
单位产品 A 材料消耗量	千克	50	49	－1
A 材料单价	元	10	11	＋1
材料成本总额	元	45 000	53 900	8 900

连环替代法分析计算程序如下:

(1) 列出材料成本总额(分析对象)与影响因数的关系式。但影响因数必须遵照下列规则排列,从左到右的先后顺序:先数量因数,后质量因数;先实物量因数,后价值量因数;先被除数(分子)因数,后除数(分母)因数(这一排列规则务必注意,否则会影响分析结果的正确性)。此外,如果有几个数量因素或质量因素,还应区分主要因素和次要因素,先计算主要因素变动的影响,后计算次要因素变动的影响。

$$材料成本总额 = 产品产量 \times 单位产品材料消耗量 \times 材料单价$$

(2) 以基数(本例为计划数)为分析计算的基础。

$$材料成本计划总额 = 90 \times 50 \times 10 = 45\,000(元) \cdots\cdots①$$

(3) 将等式右边的因数值按从左到右的顺序一个因数一个因数地替换为实际数,将每一次替换后分析对象的计算结果减去上一次的计算结果,就得到了该因数的影响程度(超支或节约的金额)。应注意:有几项因数就按顺序替换几次。

本例:

$$第一次替换:100 \times 50 \times 10 = 50\,000(元)\cdots\cdots②$$

$$产品产量变动影响金额 = ② － ① = 50\,000 － 45\,000 = 5\,000(元)$$

若该数值大于零,为超支差异额;反之,则为节约差异额。下同。

$$第二次替换:100 \times 49 \times 10 = 49\,000(元)\cdots\cdots③$$

$$单位产品 A 材料消耗量变动影响 = ③ － ② = 49\,000 － 50\,000 = －1\,000(元)$$

从这里可以看出,在计算因数变动影响的算式中,已经替换过的指标和正在替换的指标都用报告期实际数,还没有"轮到"替换的指标仍然用基数(本例是计划数)。这一规则必须注意掌握。

$$第三次替换:100×49×11=53\ 900(元)\cdots\cdots\cdots④$$

$$A材料单价变动影响=④-③=53\ 900-49\ 000=4\ 900(元)$$

(4) 计算出各因数影响程度的代数和,与分析对象指标变动的差异总额核对(应该相符,否则,说明分析过程的某个或某些环节存在错误)。

$$5\ 000+(-1\ 000)+4\ 900=8\ 900(元)$$

与材料成本差异总额相等。

(5) 对连环替代计算的各因数变动影响进行分析。从以上计算结果可以看出,甲产品 A 材料成本超支 8 900 元,主要是由于产品数量的增加(影响程度为 5 000 元)。如果甲产品是适销对路的,由于产品数量增加而引起的材料的超额耗用,是允许的(但甲产品必须是适销对路的,否则将会由于产品积压而形成浪费)。A 材料成本超支的第二个原因是材料单价的提高(影响程度为 4 900 元),这是企业材料供应部门的责任,应该分析具体原因。在单位产品 A 材料消耗量方面则不仅没有超支,而且还是节约了 1 000 元,只要节约了材料的消耗量不会影响产品质量,就说明生产车间在管理上或改进加工技术方面取得了成绩,如果甲产品产量没有增加,A 材料单价没有提高,A 材料成本总额不仅不会超支,而且还会节约。该企业应该在以上计算分析的基础上,进一步查明产品数量增加、材料单价提高以及单位产品材料消耗节约的具体原因,以便采取措施克服缺点,巩固和发扬成绩。

(四) 差额分析法

差额分析法是根据各项因素的实际数与基数的差额来计算各项因素对分析对象影响程度的方法,是连环替代法的一种简化的计算方法。因此,差额分析法同样要遵照上述连环替代法的一些规则。

现以[例 9-2]的资料为例,说明差额分析法的分析计算方法。

(1) 列出材料成本总额与影响因数的关系式。

$$\frac{材料成本}{计划总额}=\frac{产品}{产量}×\frac{单位产品}{材料消耗量}×\frac{材料}{单价}=90×50×10=45\ 000(元)$$

(2) 将以上等式右边的因数值按从左到右的顺序一个因数一个因数地替换为"实际数-基数",本例的基数即计划数:

$$产品产量变动影响=(100-90)×50×10=5\ 000(元)$$

$$单位产品A材料消耗量变动影响=100×(49-50)×10=-1\ 000(元)$$

$$A材料单价变动影响=100×49×(11-10)=4\ 900(元)$$

上列计算结果与连环替代法的计算结果完全相同。

差额分析法由于计算简便，所以应用比较广泛。

（五）趋势分析法

趋势分析法是通过对连续若干期相同指标的对比，来揭示某指标各期之间的增减变化，据以预测经济发展趋势的一种分析方法。

采用趋势分析法，在连续的若干期之间，可以按绝对数进行对比，也可以按相对数（即比率）进行对比；可以以某个时期为基期，其他各期指标均与基数进行对比；也可以在各个时期之间进行环比，即分别以上一时期为基期，下一时期指标与上一时期的基数进行对比。

［例9-1］中采用的实际上也是一种趋势分析法，只不过分析的期数较少一些而已。该企业甲产品20××年4月、5月、6月份单位成本的变动趋势，无论是定基指数还是环比指数，均呈逐月上升的趋势。

以上所述对比分析法、比率分析法、连环替代法、差额分析法和趋势分析法，实质上都是对比分析法。比率分析法是分子指标与分母指标的对比，以及据以算出的相对数指标的实际数与基数的对比；连环替代法和差额分析法则是各项因素替换结果的对比；趋势分析法是作为分析趋势基础的各期指标之间的对比。有比较才有鉴别，一切分析都是从对比中发现差别、发现矛盾开始的。

应该指出的是：不论什么分析方法，都只能为进一步调查研究指明方向，而不能代替调查研究。要确定企业经营管理优劣的具体原因，并据以提出切实有效的建议和措施来改进工作，都必须在采用某些分析方法进行分析的基础上，深入实际进行调查研究。

第三节　商品产品生产成本报表的编制和分析

商品产品生产成本报表是反映工业企业在报告期内生产的全部产成品的总成本的报表。该表一般分为两种：一种按成本项目反映，另一种按产品种类反映。

一、商品产品生产成本表的编制

（一）商品产品生产成本表（按成本项目反映）的编制

商品产品生产成本表是按成本项目汇总反映工业企业在报告期内发生的全部生产成本以及商品产品生产成本合计数的报表。

1. 商品产品生产成本表的结构

商品产品生产成本表由生产成本（此处的"生产成本"指当期发生的生产耗费，本章下同）和在产品、自制半成品期初、期末余额以及商品产品生产成本合计（此处的"商品产品生产成本合计"指完工产品生产成本合计,本章下同)的有关资料组成。表中生产成本部分按照成本项目反映报告期内发生的各项生产成本及其合计数;在生产成本合计数的基础上,加上在产品和自制半成品的期初余额,减去在产品和自制半成品的期末余额,计算出商品产品生产成本的合计数。这些成本,分别按上年实际数、本年计划数、本月实际数和本年累计实际数分栏反映。

【例 9-3】 现列示某工业企业 20××年 12 月份按成本项目反映的"商品产品生产成本表",见表 9-2。

表 9-2

商品产品生产成本表(按成本项目反映)

××工厂　　　　　　　　　　　20××年 12 月　　　　　　　　　　　单位:元

项　　目	上年实际	本年计划	本月实际	本年累计实际
生产成本:				
直接材料	6 356 400	6 323 650	621 600	6 319 050
其中:燃料及动力	450 000	430 000	35 800	423 000
直接人工	3 491 000	3 876 800	321 400	3 648 200
制造费用	4 846 320	4 321 050	404 700	4 419 105
生产成本合计	14 693 720	14 521 500	1 347 700	14 386 355
加:在产品、自制半成品期初余额	738 000	718 800	617 550	*577 470
减:在产品、自制半成品期末余额	*577 470	597 900	753 450	303 450
商品产品生产成本合计	14 854 250	14 642 400	1 211 800	14 660 375

*这两个数据应该相等。

2. 商品产品生产成本表各项目的填列方法

上年实际数应根据上年 12 月份该表的本年累计实际数填列。

本年计划数应根据成本计划有关资料填列。

本年累计实际数应根据本月实际数,加上上月份本表的本年累计实际数计算填列。

本月实际数的填列方法:①表中按成本项目反映的各种生产成本金额,应根据各种产品成本明细账所记本月发生的生产成本合计数,按照成本项目分别汇总填列。②表中的期初、期末在产品、自制半成品的余额,应根据各种产品成本明细账的期初、期末在产品成本和各种自制半成品明细账的期初、期末余额,分别汇总填列。

根据表中的生产成本合计数,加、减在产品、自制半成品期初、期末余额,即可计算出表中的产品生产成本合计数。

3. 商品产品生产成本表的主要作用

(1)可以反映报告期内商品产品生产成本的支出情况和各种成本的构成情况,并据以进行对生产耗费支出的一般评价。

（2）将12月份该表本年累计实际生产成本与本年计划数和上年实际数相比较，可以分析和考核年度生产成本计划的执行结果，以及本年发生的生产成本比上年的升降情况。

（3）将表中各期商品产品生产成本合计数与各该期的产值、销售收入或利润进行对比，计算产值成本率、销售收入成本率或成本利润率，还可以考核和分析各该期的经济效益。

（4）将12月份该表本年累计实际产品生产成本合计与本年计划数和上年实际数相比较，还可以考核和分析年度商品产品生产总成本计划的执行结果，以及本年产品生产总成本比上年的升降情况，并据以分析影响成本升降的各项因素。

（二）商品产品生产成本表（按产品种类反映）的编制

商品产品生产成本表是按产品种类汇总反映工业企业在报告期内生产的全部商品产品的单位成本和总成本的报表。

1. 商品产品生产成本表的结构

商品产品生产成本表分为基本报表和补充资料两部分。基本报表部分应按可比产品和不可比产品分别填列。在成本计划中，对不可比产品只规定本年的计划成本；而对可比产品不仅规定计划成本指标，而且规定成本降低计划指标，即本年度可比产品计划成本比上年度（或以前年度）实际成本的降低额和降低率。补充资料部分反映可比产品成本的降低额和降低率、按现行价格计算的商品产值、产值成本率等资料。

在按产品种类反映的商品产品生产成本表中，对于主要产品，应按产品品种反映实际产量和单位成本，以及本月总成本和本年累计总成本；对于非主要产品，则可按照产品类别，汇总反映本月总成本和本年累计总成本；对于不可比产品，不反映上年成本资料；对于可比产品，还应反映上年成本资料。此外，企业在编制该表的同时，可以根据管理的需要，另行编制"主要产品生产成本及销售成本表"，其项目及填列方法与该表相比，增加了销售数量和销售成本栏。

所谓可比产品，是指企业过去曾经正式生产过、有完整稳定可以比较的成本资料的产品。

所谓不可比产品，是指企业本年度初次生产的新产品，或者虽然不是本年度初次生产的新产品，但以前只是试制而未正式投产、缺乏完整稳定可以比较的成本资料的产品。

现列示上述某工业企业20××年12月份按产品种类反映的产品生产成本表，见表9-3（表9-3中该厂生产的四种产品都是该企业的主要产品，而且适销对路，市场供不应求）。

表 9-3　　　　　　　　　　　商品产品生产成本表（按产品种类反映）

××工厂　　　　　　　　　　　　20××年12月　　　　　　　　　　　　金额单位：元

产品名称	计量单位	实际产量 本月 (1)	实际产量 本年累计 (2)	单位成本 上年实际平均 (3)	单位成本 本年计划 (4)	单位成本 本月实际 (5)=(9)÷(1)	单位成本 本年累计实际平均 (6)=(12)÷(2)	本月总成本 按上年实际平均单位成本计算 (7)=(1)×(3)	本月总成本 按本年计划单位成本计算 (8)=(1)×(4)	本月总成本 本月实际 (9)	本年累计总成本 按上年实际平均单位成本计算 (10)=(2)×(3)	本年累计总成本 按本年计划单位成本计算 (11)=(2)×(4)	本年累计总成本 本年实际 (12)
可比产品合计								858 780	837 200	836 030	10 403 200	10 142 400	10 133 952.00
其中 甲	件	130	1 600	2 446.00	2 400.00	2 395.00	2 395.50	317 980	312 000	311 350	3 913 600	3 840 000	3 832 800.00
乙	件	260	3 120	2 080.00	2 020.00	2 018.00	2 019.60	540 800	525 200	524 680	6 489 600	6 302 400	6 301 152.00
不可比产品合计									375 000	375 770		4 500 000	4 526 423.00
其中 丙	台	30	360		5 000.00	5 010.27	5 029.36		150 000	150 308		1 800 000	1 810 569.20
丁	台	60	720		3 750.00	3 757.70	3 772.02		225 000	225 462		2 700 000	2 715 853.80
全部产品									1 212 200	1 211 800		14 642 400	14 660 375.00

补充资料（本年累计实际数）：

(1) 可比产品成本降低额 269 248 元（见以下该表各项目的填列方法）；本年计划降低额为 238 400 元（分别见表 9-6，表 9-5）。

(2) 可比产品成本降低率为 2.588 13%；本年计划降低率为 2.494 10%（分别见表 9-6，表 9-5）。

(3) 按现行价格计算的商品产值 45 813 800 元（根据有关统计资料填列）；计划产值 40 500 000 元（根据有关计划资料填列）。

(4) 产值成本率为 32 元/百元（14 660 375÷45 813 800×100）；本年计划产值成本率为 36.15 元/百元（14 642 400÷40 500 000×100）。

2. 商品产品生产成本表各项目的填列方法

1) 基本报表部分

在商品产品生产成本表中,各种商品产品的本月实际产量,应根据相应的产品成本明细账填列。本年累计实际产量,应根据本月实际产量,加上上月本表的本年累计实际产量计算填列。上年实际平均单位成本,应根据上年度该表所列全年累计实际平均单位成本填列;本年计划单位成本,应根据本年度成本计划填列;本月实际单位成本,应根据表中本月实际总成本除以本月实际产量计算填列。如果在产品成本明细账或产成品成本汇总表中有现成的本月产品实际的产量、总成本和单位成本,表中这些项目都可以根据产品成本明细账或产成品成本汇总表填列。表中本年累计实际平均单位成本,应根据表中本年累计实际总成本除以本年累计实际产量计算填列。按上年实际平均单位成本计算的本月总成本和本年累计总成本,应根据本月实际产量和本年累计实际产量,乘以上年实际平均单位成本计算填列。按本年计划单位成本计算的本月总成本和本年累计总成本,应根据本月实际产量和本年累计实际产量,乘以本年计划单位成本计算填列。本月实际总成本,应根据产品成本明细账或产成品成本汇总表填列。本年累计实际总成本,应根据产品成本明细账或产成品成本汇总表本年各月产成品成本计算填列。

虽然在表9-3中标注了一些指标的计算公式,实际上,只要顾名思义地理解这些指标的含义,其计算方法就会一目了然,根本无须去记忆这些公式了。学习本章内容,这一学习方法尤其重要,请同学务必充分注意。

2) 补充资料部分

对于可比产品,如果企业或上级机构等规定要反映本年成本比上年成本的降低额或降低率的计划指标,还应根据该表资料计算成本的实际降低额或降低率,作为表的补充资料填列在表的下端。

可比产品成本的降低额和降低率的计算公式如下:

$$\text{可比产品成本降低额} = \text{可比产品按上年实际平均单位成本计算的本年累计总成本} - \text{本年累计实际总成本}$$

在表9-3中,可比产品成本降低额为269 248元(10 403 200－10 133 952)。

$$\text{可比商品成本降低率} = \frac{\text{可比产品成本降低额}}{\text{可比产品按上年实际平均单位成本计算的本年累计总成本}} \times 100\%$$

在表9-3中,可比产品成本降低率为2.588%(269 248÷10 403 200×100%)。

【以上公式的关键知识点】 可比产品成本降低额是指可比产品本年累计实际总成本比按上年实际平均单位成本计算的本年累计总成本的降低额;后者是比较的基数,所以,是计算降低率的分母(公式中用"本年累计"而不是"本年"的提法,是因为报表的编制时间并不都是年末,还有月末、季末、半年末)。在成本分析部分还有其他关于成本降低额和降低率的类似计算公式,为避免混淆,同学们学习中千万不可死记硬背公式。如上所述,只要顾名思义地理解有关指标的含义,就能轻松而且准确地理解和运用相关计算公式了。

按现行价格计算的商品产值,根据有关统计资料填列;

产值成本率是指产品生产成本与商品产值的比率,通常以每百元商品产值总成本表示。其计算公式为:

$$产值成本率 = \frac{产品生产成本}{商品价值} \times 100\%$$

实际工作中,通常使用百元产值成本率指标:

$$百元产值成本率 = \frac{产品生产成本}{商品价值} \times 100$$

其单位是:元/百元,表示每百元产值需要耗费多少元成本。

如果本年可比产品成本不是比上年降低,而是升高,上列成本的降低额和降低率需用负数填列;如果企业可比产品品种不多,其成本降低额和降低率,也可以按产品品种分别计划和计算。

按产品种类反映的商品产品生产成本表中的本月实际总成本的合计数和本年累计实际总成本的合计数,应与按成本项目反映的商品产品生产成本表中本月实际的完工产品生产成本合计数和本年累计实际的完工产品生产成本合计数分别核对相符([例9-3]均分别为 1 211 800 元和 14 660 375 元)。但是,按产品种类反映的产品生产成本表中按上年实际平均单位成本计算的本年累计总成本和按计划单位成本计算的本年累计总成本,不能与按成本项目反映的产品生产成本表中的上年实际产品生产成本合计数和本年计划产品生产成本合计数分别核对相符。这是因为,按产品种类反映的商品产品生产成本表是根据本年产品的实际产量和实际品种比重条件下的产品成本核算资料编制的。而按成本项目反映的商品产品生产成本表中的上年实际产品生产成本合计数,是上年的实际产量、实际品种比重条件下的实际总成本;按成本项目反映的商品生产成本表中的本年计划产品生产成本合计数,是本年的计划产量、计划品种比重条件下的计划总成本,其中产量和品种比重不同。

3. 商品产品生产成本表的主要作用

商品产品生产成本表的作用有:

(1) 可以分析和考核各种类产品和全部商品产品本月和本年累计的成本计划的执行结果,对各种产品成本和全部产品成本的节约或超支情况进行一般的评价。

(2) 可以分析和考核各种可比产品和全部可比产品本月和本年累计的总成本和上

年相比的升降情况。

（3）对于规定有可比产品成本降低计划的产品，可以分析和考核可比产品成本降低计划的执行情况，促使企业采取措施，不断降低产品成本。

（4）可以了解哪些产品成本节约较多，哪些产品成本超支较多，为进一步进行产品单位成本分析指明方向。

二、全部商品产品成本计划完成情况分析

结合［例 9-3］阐述如下。

（一）按成本项目分析全部商品产品成本计划完成情况

按成本项目反映的商品产品生产成本表，一般可以采用对比分析法、构成比率分析法和相关指标比率分析法进行分析。

表 9-2 所列某工厂全部商品产品生产成本表是 20××年 12 月份编制的，因而其本年累计实际数和本年计划数都是整个年度的生产耗费和产品生产成本，可以将产品生产成本合计数、生产耗费合计数及其各项生产耗费进行对比，揭示差异，以便进一步分析、查明发生差异的原因。

例如，表 9-3 中的产品生产成本合计数，其本年累计实际数高于本年计划数 171 975 元(14 660 375－14 642 400)，高出 0.122 76%(171 975÷14 642 400×100%)，成本超支的原因是多方面的，包括合理的原因和不合理的原因，不能就此而简单地得出本年产品的成本管理水平没有达到成本计划要求的结论，反之亦然。要结合实际情况分析，比如，虽然各个产品的实际单位成本都低于计划单位成本，但是由于各个产品的实际产量都大于计划产量，可能使得产品的实际总成本大于计划总成本。显而易见，在这种情况下，本年产品的成本管理水平实际上比成本计划要求的还要好。产品生产成本合计本年累计实际数高于（或低于）本年计划数的原因是多方面的：可能是由于产品的单位成本升高（或降低）引起的，也可能是由于产品产量和各种产品品种比重的变动（增加或减少单位成本高或单位成本低的产品产量）引起的等。应该结合有关明细资料查明影响产品总成本变动的主要因数和因数变动的主要原因，对产品总成本的升高或降低是否合理作出客观的评价。以下将会看到，对全部产品生产成本表（按产品种类反映）的分析，能够提供一些比较详细的信息。

就表 9-2 中的生产成本合计（即本期发生的生产耗费）来看，其本年累计实际数高于本年计划数 135 145 元(14 386 355－14 521 500)，表 9-3 中商品产品生产成本本年累计实际数高于本年计划数 171 975 元(14 660 375－14 488 400)，这是因为还应考虑期初、期末在产品和自制半成品余额变动的因素的影响：计划的期末比期初在产品、自制半成品余额减少的差额 120 900 元(718 800－597 900)小于实际的期末比期初在产

品、自制半成品余额的差额 274 020 元(577 470－303 450)。说明本年实际比计划多耗费了期初在产品、自制半成品 153 120 元(274 020－120 900)。值得注意的是：171 975 元(18 855＋153 120)，与上述完工产品生产成本本年累计实际数高于本年计划数 171 975 元恰好相符。

就表 9-2 中的各项生产成本来看，直接材料成本、直接人工成本和制造费用的本年累计实际数与上年实际数和本年计划数相比，升降的情况和幅度各不相同，分析时不应该仅仅停留在指标数额的对比上，还需要应进一步查明影响指标变动的因数和原因，对于有利的影响应巩固成绩；对于不利的影响应采取解决问题的有效措施。

如果表 9-3 中列有本月计划资料，还可以进行本月实际数与本月计划数的对比分析。

对于各种成本项目的耗费，还可计算构成比率，并在本年累计实际数、本月实际数、本年计划数、上年实际之间进行对比分析。以直接材料为例，对表 9-2 中各项指标计算如下：

(1) 本年计划构成比率。

$$直接材料成本比率 = \frac{6\ 169\ 650}{14\ 367\ 500} \times 100\% = 42.942\%$$

其中，

$$燃料及动力成本比率 = \frac{430\ 000}{14\ 367\ 500} \times 100\% = 2.993\%$$

$$直接人工成本比率 = \frac{3\ 876\ 800}{14\ 367\ 500} \times 100\% = 26.983\%$$

$$制造费用比率 = \frac{4\ 321\ 050}{14\ 367\ 500} \times 100\% = 30.075\%$$

(2) 本月实际构成比率。

$$直接材料成本比率 = \frac{621\ 600}{1\ 347\ 700} \times 100\% = 46.123\%$$

其中，

$$燃料及动力成本比率 = \frac{35\ 800}{1\ 347\ 700} \times 100\% = 2.656\%$$

$$直接人工成本比率 = \frac{321\ 400}{1\ 347\ 700} \times 100\% = 23.848\%$$

$$制造费用比率 = \frac{404\ 700}{1\ 347\ 700} \times 100\% = 30.029\%$$

(3) 本年累计实际构成比率。

$$直接材料成本比率 = \frac{6\ 319\ 050}{14\ 386\ 355} \times 100\% = 43.924\%$$

其中，

$$燃料及动力成本比率 = \frac{423\ 000}{14\ 386\ 355} \times 100\% = 2.940\%$$

$$直接人工成本比率 = \frac{3\ 648\ 200}{14\ 386\ 355} \times 100\% = 25.359\%$$

$$制造费用比率 = \frac{4\ 419\ 105}{14\ 386\ 355} \times 100\% = 30.717\%$$

(4) 上年实际构成比率。

$$直接材料成本比率 = \frac{6\ 356\ 400}{14\ 693\ 720} \times 100\% = 43.259\%$$

其中，
$$燃料及动力成本比率 = \frac{450\ 000}{14\ 693\ 720} \times 100\% = 3.063\%$$

$$直接人工成本比率 = \frac{3\ 491\ 000}{14\ 693\ 720} \times 100\% = 23.758\%$$

$$制造费用比率 = \frac{4\ 846\ 320}{14\ 693\ 720} \times 100\% = 32.983\%$$

根据上列各项构成比率，可以看出，本年累计实际构成与本年计划构成相比，本年直接材料的比重有所提高；本年累计实际构成与上年实际相比与上年实际构成相比，本年直接材料成本的比重也有所提高；本月实际的直接材料成本比率比本年计划、本年累计实际、上年实际都高。而直接人工成本比率本月实际比本年计划、本年累计实际都低。

对于表 9-2 中所列的各期产品生产成本合计数，可以与该期的产值、销售收入或利润相比，计算相关指标的比率，即产值成本率、销售收入成本率或成本利润率，据以比较各期相对的经济效益。

（二）按产品种类分析全部商品产品成本计划完成情况

进行这一方面的成本分析，应该将全部商品产品生产成本表（按产品种类反映）中所列全部商品产品及各种产品（非主要产品为各类产品，下同）的本年累计实际总成本，分别与其本年累计计划总成本进行比较，确定全部产品和各种产品实际成本与计划成本的差异，了解成本计划的执行结果。

将表 9-3 中所列全部产品（完工产品，下同）和各种主要产品的本年累计实际总成本，分别与其本年累计计划总成本进行比较，确定全部产品和各种主要产品实际成本与计划成本的差异，了解成本计划的执行结果。

表 9-3 是该厂 20××年 12 月份按产品种类反映的全部产品生产成本表，包括可比产品和不可比产品在内的全部产品本年累计实际总成本为 14 660 375 元，高于按本年计划单位成本计算的总成本 14 642 400 元（超支 17 975 元）。总的看来，成本计划执行结果是不够好的。但按产品品种来看，各种产品成本计划的执行结果并不相同。两种可比产品甲、乙产品本年累计实际总成本都小于计划总成本（合计节约 8 448 元）。而 12 月份全部产品实际总成本（1 211 800 元）则低于按本年计划单位成本计算的当月

总成本(1 212 200 元)，合计节约 400 元。而且，两种可比产品本月实际总成本和本年累计实际总成本，都低于其本月计划总成本和本年累计计划总成本。这一些都是好的势头，说明该厂具有进一步降低产品成本的潜力。

【例 9-4】 根据表 9-3 的资料编制产品成本计划完成情况分析表，见表 9-4。

表 9-4

本年累计全部商品产品成本计划完成情况分析表

产品名称	计划总成本	实际总成本	实际比计划升降额①	实际比计划升降率②（％）
可比产品	10 142 400	10 133 952.00	−8 448.00	−0.083 29
其中:甲产品	3 840 000	3 832 800.00	−7 200.00	−0.187 50
乙产品	6 302 400	6 301 152.00	−1 248.00	−0.019 80
不可比产品	4 500 000	4 526 423.00	+26 423.00	+0.587 18
其中:丙产品	1 800 000	1 810 569.20	+10 569.20	+0.587 18
丁产品	2 700 000	2 715 853.80	+15 853.80	+0.587 18
合　计	14 642 400	14 660 375.00	+17 975.00	+0.122 76

注：① 实际比计划升降额＝实际总成本−计划总成本；差额大于零（正号）为上升额；差额小于零（负号）为降低额。

② 实际比计划升降率＝$\dfrac{\text{实际比计划升降额}}{\text{计划总成本}}\times 100\%$；升降率大于零（正号）为上升率；小于零（负号）为降低率。

表 9-4 的计算数据表明，本年全部商品产品累计实际总成本超过计划总成本 17 975 元，总成本实际比计划上升了 0.122 76％；超支的原因在于不可比产品超支了 26 432 元。两种可比产品成本实际与计划比较，均节约了。但是，乙产品总成本实际比计划降低率大大小于甲产品，应该查明原因，采取相应的措施改进。对于不可比产品，应该发动相关工人、技术人员、管理人员，从设计、工艺、生产等各个环节，共同寻找降低产品成本的措施。

（三）可比产品成本降低计划完成情况的分析

进行可比产品成本降低计划完成情况的分析，除了需要选取表 9-3 全部产品生产成本表（按产品种类反映）的有关资料之外，还需要从企业的成本计划中取得可比产品成本降低计划指标资料（如表 9-5 所示）。

进行可比产品成本降低计划完成情况的分析，一般可以按以下四步进行。

第一步：编制可比产品成本降低计划表。

可比产品成本降低计划表反映的是企业对计划年度可比产品按计划产量和计划单

表 9-5

可比产品成本降低计划表

20××年 金额单位:元

可比产品	全年计划产量(件)	单位成本		总成本		计划降低指标	
		上年实际平均	本年计划	按上年实际平均单位成本计算	按本年计划单位成本计算	降低额⑥=④－⑤	降低率⑦=⑥/④×100%
	①	②	③	④=①×②	⑤=①×③		
甲	1 520	2 446	2 400	3 717 920	3 648 000	69 920	1.88062%
乙	2 808	2 080	2 020	5 840 640	5 672 160	168 480	2.88462%
合计				9 558 560	9 320 160	238 400	2.49410%

位成本计算的总成本比按计划产量和上年实际平均单位成本计算的总成本的降低额和降低率的要求。所以：

$$\text{全部可比产品成本计划降低额} = \text{按上年实际平均单位成本计算的全部可比产品总成本} - \text{按本年计划单位成本计算的全部可比产品总成本}$$

$$= \sum (\text{某产品上年实际平均单位成本} \times \text{该产品计划产量}) - \sum (\text{该产品本年计划单位成本} \times \text{该产品计划产量})$$

以上公式的被减数是计划年度的各可比产品的计划产量按照上年的实际成本水平计算的总成本，减数是成本计划要求计划年度的各可比产品的计划产量的总成本控制数，前者减去后者的差额大于零的差额为可比产品成本计划降低额，表示成本计划要求比上年的实际成本水平有所改善的程度(绝对数)。也有的教材将上述公式被减数和减数颠倒，则哪种情况是上升额，哪种情况是下降额，同学们自己很容易作出判断，也就是说，不可采取死记硬背的学习方法。

$$\text{全部可比产品成本计划降低率} = \text{全部可比产品成本计划降低额} \bigg/ \sum (\text{某产品上年平均单位成本} \times \text{该产品计划产量}) \times 100\%$$

$$= \left(\sum \text{某产品上年实际平均单位成本} \times \text{该产品计划产量} - \sum \text{该产品本年计划单位成本} \times \text{该产品计划产量} \right) \bigg/ \sum (\text{某产品上年平均单位成本} \times \text{该产品计划产量}) \times 100\%$$

所谓全部可比产品成本计划降低率，是在"原来的成本水平"上的降低幅度(相对数)，这个"原来的成本水平"就是按全年计划产量、上年实际平均单位成本计算的总成本，是判断计划年度成本是否降低及降低额的"基准"。因此，$\sum$ 某产品上年平均单位成本×该产品计划产量，是计算成本计划降低率的分母，死记硬背就有可能搞错。

注:如果企业的成本计划不是在计划年度年初而是在上年第四季度编制,则上年实际平均单位成本采用其预计数(编制成本计划时上年第四季度的实际成本还没有出来,只能预计),故而有的教材将上公式中的"上年平均单位成本"写为"上年预计平均单位成本"。

假定[例 9-3]中该厂本年可比产品成本降低计划见表 9-5。

第二步:编制可比产品成本降低计划完成情况分析表。

表 9-5 是对企业可比产品成本降低任务的计划要求。而今年实际完成情况到底如何,需要通过对可比产品成本降低计划完成情况进行分析。

进行这一方面分析,应该将产品生产成本表中所列全部可比产品和各种可比产品的本年累计实际总成本,与本年各可比产品实际产量分别按上年实际平均单位成本计算的累计总成本进行比较,确定各个总成本的差异,了解成本计划完成的情况。

承表 9-3 的资料,编制可比产品成本降低计划完成情况分析表,见表 9-6。

表 9-6

可比产品成本降低计划完成情况分析表

20××年　　　　　　　　　　　　　金额单位:元

可比产品	总成本		计划完成情况	
	按上年实际平均单位成本计算	本期实际	降低额	降低率
甲	3 913 600	3 832 800	80 800	2.06460%
乙	6 489 600	6 301 152	188 448	2.90385%
合计	10 403 200	10 133 952	269 248	2.58813%

表 9-5 表明:该厂本年成本计划要求本年可比产品成本的降低额和降低率分别是 238 400 元和 2.494 10%;而表 9-6 表明:本年可比产品成本实际的降低额和降低率分别是 269 248 元和 2.588 13%;实际降低额和降低率分别增加了(也就是说比计划要求多降低了)30 848 元(269 248－238 400)和 0.094 03%(2.588 13%－2.494 10%)。

表 9-5 和表 9-6 都使用了"按上年实际平均单位成本计算的总成本"这个指标,作为判断计划年度成本计划完成情况的比较"基准"。初学者需要注意,理解这个指标的含义和作用,对学习以下"第三步:进行影响可比产品成本降低任务完成情况的因数分析"这个既是重点也是难点的内容十分必要,以避免在学习以下的内容时产生混淆甚至困惑。

第三步:进行影响可比产品成本降低任务完成情况的因数分析。

以上计算的计划年度全部商品可比产品成本与上年成本水平相比较,实际降低额和降低率比计划数(计划要求的降低额和降低率)分别增加了(比计划要求多降低了)30 848

元和0.094 03%,这些成绩是哪些因数的变动取得的?各个因数分别作出了多少"贡献"?进行因数分析可以总结经验,巩固成绩,分析可能存在的问题,及时防范;当出现实际降低额和降低率没有达到成本计划要求甚至降低数为负数的情况时(也就是说比上年成本水平有所"退步"),进行因数分析可以找出问题所在,特别是主要问题是哪些原因造成的,进而可以发动群众,深入调查研究,群策群力,采取解决问题的有效措施,加强和改善管理,达到降低成本,提高企业经济效益的目的。

以下的分析方法涉及本章第二节连环替代法(因数分析法)的应用,对于没有学习过《工业企业经济活动分析》的同学来说,以下介绍的思维方式是崭新而且难懂的;对于正在学习或以后将要学习《工业企业经济活动分析》的同学来说,这种思维方式又是需要经常运用的(生产成本分析、销售收入分析、销售利润分析,等等)。所以,需要注重理解,积极思考,透彻掌握。

上述第二步讲到,该厂成本计划要求本年可比产品总成本(与上年成本水平相比)的降低额和降低率分别是238 400元和2.494 10%;而本年可比产品总成本(与上年成本水平相比)实际的降低额和降低率分别是269 248元和2.588 13%;实际降低额和降低率分别增加了(比计划要求多降低了)30 848元和0.094 03%。有哪些因数导致了成本计划的这一执行结果呢?每个因数又各自比计划增加了多大降低幅度(降低额和降低率)呢?下面运用连环替代法来进行计算分析。

影响全部可比商品产品成本降低额和降低率指标的因素有产品产量、产品品种结构和产品单位成本三个(指可比产品品种有两种或两种以上的情况。下同)。按照连环替代法的规则,依照该顺序逐一分析、计算各因数变动影响的成本降低数(即降低额和降低率)。

1. 产品产量因数

影响可比商品产品成本降低的一个因素是"产品产量变动",这里的"产品产量变动"的含义,与日常生活中所说的产量变动的含义有所不同。

在进行影响全部可比产品成本降低额和降低率指标的因素分析中,产品产量变动的含义是单纯的产量因数变动,即"暂且"假定产品品种结构和产品单位成本都是计划数,而只是各种可比产品的产量都成同一比例地变动。在这种情况下,产品产量变动使得产品成本总额和成本降低额都成同一比例地变动,产量增加,总成本和成本降低额同比例上升;产量减少,总成本和成本降低额同比例下降。由于计算成本降低率的分母和分子都成同一比例地变动,分数值不变。所以,单纯的产量因数变动只会引起产品成本降低额的增加或减少,不会引起成本降低率的变动,也就是说,单纯的产量变动,成本降低率仍然为计划降低率。这一点务必透彻理解(实际工作中,各种可比产品产量都成同一比例地变动的情况,一般很少见,产品品种结构和产品单位成本两个因数通常都会变动的,下面紧接着就要依顺序一个因数一个因数地分析计算产品品种结构和产品单位成本变动导致的成本降低数)。

正因为单纯的产量因数变动不会引起成本降低率的变动,所以,成本降低率的变动取决于产品品种结构和单位成本两个因数。既然产量因数变动后的成本降低率仍然为计划降低率2.494 10%,那么,表9-3中,只有产量变动(实际产量)时的成本降低额为259 466.2元(10 403 200×2.494 10%)。

2. 产品品种结构因数

产品品种结构因数主要指产品品种结构的变动,产品品种结构变动是指可比产品中各产品在全部产品成本中的实际比例较计划比例发生了变化。在其他条件不变的情况下,如果成本降低率较大的产品在总成本中的比重下降,则可比产品整体的成本降低额和降低率也都会下降;反之,则可比产品整体的成本降低额和降低率也都会上升。

表9-3中的按本年计划单位成本计算的本年累计总成本10 142 400元,是按实际产量、实际品种结构和计划单位成本计算的总成本,与上述按实际产量、计划品种结构和计划单位成本计算的总成本10 403 200元不相等,减少了260 800元(10 403 200－10 142 400),按照连环替代法的规则,分析产生该差异的原因,显而易见,是由于品种结构这一因数变动引起的。于是:

按实际产量、实际品种结构和计划单位成本计算的成本降低额 = 10 403 200 － 10 142 400 = 260 800(元)

按实际产量、实际品种结构和计划单位成本计算的成本降低率 = 260 800 ÷ 10 403 200 × 100% = 2.506 92%

3. 产品单位成本因数

产品实际单位成本比计划单位成本降低得越多,成本降低额和降低率就越大。反之,亦然。产品单位成本变动影响的成本降低数的计算过程见表9-7。

表9-7
影响可比产品成本降低任务完成情况的因数分析计算表
20××年

指　　标	降低额(元)	降低率
① 按计划产量、计划品种结构和计划单位成本计算的成本降低数	238 400*	2.494 10%*
② 按实际产量、计划品种结构和计划单位成本计算的成本降低数	10 403 200×2.494 10%=259 466.2	2.494 10%
产量变动的影响:②－①	21 066.2	0
③ 按实际产量、实际品种结构和计划单位成本计算的成本降低数	10 403 200－10 142 400=260 800	260 800÷10 403 200×100%=2.506 92%

(续表)

指　标	降低额(元)	降低率
产品品种结构变动的影响：③－②	1 333.8	0.012 82%
④ 按实际产量、实际品种结构和实际单位成本计算的成本降低数	10 403 200－10 133 952＝269 248	269 248÷10 403 200×100%＝2.588 13%
产品单位成本变动的影响：④－③	8 448	0.081 21%
可比产品成本降低计划执行结果（各因数影响的代数和）	30 848	0.094 03%

＊指根据成本计划，比按照上年成本水平计算的成本的降低数（如果为负数，则是上升数）。

表9-7中，三个因数变动的影响数，指比成本计划要求多降低的成本金额和成本降低率（如果为负数，则是少降低的成本金额和成本降低率）。

如前所述，以上三个因数变动导致的成本降低数都是与上年成本水平比较的降低数。

根据以上分析，编制"影响可比产品成本降低任务完成情况的因数分析计算"表，见表9-7。

表9-7最后一行反映的可比产品成本降低计划执行结果的数据与以上第二步最后所得出的结论完全一致。

以上影响可比产品成本降低任务完成情况的降低额和降低率也可以用计算公式直接计算，现将有关计算公式介绍如下，供同学参考（限于篇幅，本教材数学推导部分从略）。

(1) 产品产量变动对降低额的影响 ＝ [∑(实际产量－计划产量)×上年单位成本]×计划成本降低率（该降低额的影响大于零，为实际比计划多降低的金额；反之，为少降低的金额。下同）。

本例中，

产品产量变动对降低额的影响 ＝ [(1 600－1 520)×2 446＋(3 120－2 808)×2 080]×2.494 10%

＝ [195 680＋648 960]×2.494 10% ＝ 21 066.2(元)

产品产量变动对降低率的影响 ＝ 2.494 10% － 2.494 10% ＝ 0

(2) 产品品种结构变动对降低额的影响 ＝ [∑(实际产量×上年实际单位成本)－∑(实际产量×本年计划单位成本)] － [∑(实际产量×上年实际单位成本)×计划成本降低率]

产品品种结构变动对降低率的影响 ＝ 品种结构变动影响的降低额 / [∑(实际产量×上年实际单位成本)] ×100%

本例中,

$$\text{产品品种结构变动对降低额的影响} = 10\,403\,200 - 10\,142\,400 - 10\,403\,200 \times 2.494\,10\%$$

$$= 1\,333.8(元)$$

$$\text{产品品种结构变动对成本降低率的影响} = \frac{1\,333.79}{10\,403\,200} \times 100\% = 0.012\,82\%$$

(3) 单位成本变动对降低额的影响 $= \sum(\text{实际产量} \times \text{计划单位成本}) - \sum(\text{实际产量} \times \text{实际单位成本}) = \sum(\text{计划单位成本} - \text{实际单位成本}) \times \text{实际产量}$

单位成本变动对降低率的影响 $= \text{单位成本变动影响的降低额} / [\sum(\text{实际产量} \times \text{上年实际单位成本})] \times 100\%$

本例中,

$$\text{产品单位成本变动对降低额的影响} = 10\,142\,400 - 10\,133\,952 = 8\,448(元)$$

$$\text{单位成本变动对降低率的影响} = \frac{8\,448}{10\,403\,200} \times 100\% = 0.081\,21\%$$

各因数影响的代数和与表9-7中计算的结果完全一致(列式计算从略)。

第四步:根据分析结果进行评价。

根据以上分析结果,可对企业今年的甲、乙两种可比产品成本降低计划完成情况作出如下总括评价。企业本年可比产品成本降低计划完成情况比较好,实际降低额和降低率分别增加了(也就是比成本计划的要求多降低了)30 848元和0.094 03%,其中,产品产量变动对降低额的影响为21 066元,占30 848元的68.29%。虽然两种可比产品本年的计划单位成本比上年实际平均单位产品都有所降低,但是两种可比产品本年的实际单位成本比计划单位成本还又都有所降低;本年12月份两种可比产品的实际单位成本比全年累计实际平均单位成本又有所减少,企业比较全面地呈现了成本下降的趋势;本年乙产品的成本降低额和降低率都高于甲产品。需要关注两种可比产品尤其是乙产品的销售情况,市场需求变动情况等,防止为了完成成本降低计划而不适当地增加产品产量,出现产品积压,导致产生更大损失的后果。在总括分析评价的基础上,应深入调查研究,总结经验,明确企业在成本管理方面取得的成绩和可能出现的问题,提出今后努力的方向和应该采取的措施。

需要注意的是,进行以上分析时,应注意可比产品与不可比产品的划分是否正确,检查有无将成本超支的可比产品列为不可比产品,或将成本降低较多的不可比产品列为可比产品,以提高可比产品成本下降幅度或掩盖可比产品成本超支的弄虚作假情况。

第四节 主要产品单位成本表的编制和分析

主要产品单位成本表是反映工业企业在报告期内生产的各种主要产品单位成本水平和成本构成情况的成本报表。该表应按主要产品分别编制,是对全部产品生产成本表(按产品种类反映)中各种主要产品成本的进一步反映。

一、主要产品单位成本表的结构

该表可以分为按成本项目反映的单位成本和主要技术经济指标两部分。该表的单位成本部分还可以分别反映历史先进水平、上年实际平均、本年计划、本月实际和本年累计实际平均的单位成本。该表的技术经济指标部分主要反映原料、主要材料、燃料和动力的消耗数量。

【例9-5】 某工厂20××年12月份乙产品单位成本见表9-8。

表9-8

主要产品单位成本表

××工厂　　　　　　　　　　　　20××年12月

产品名称:乙产品　　　产品规格:××　　　计量单位:件　　产品销售单价:元

本月计划产量:234　　　本年累计计划产量:2 808

本月实际产量:260　　　本年累计实际产量:3 120

成本项目	历史先进水平	上年实际平均	本年计划	本月实际	本年累计实际平均
直接材料	868.20	894.40	868.60	868.28	868.62
直接人工	529.10	548.40	545.40	544.32	544.90
制造费用	601.00	637.20	606.00	605.40	606.08
生产成本合计	1 998.30	2 080.00	2 020.00	2 018.00	2 019.60
主要技术经济指标	耗用量	耗用量	耗用量	耗用量	耗用量
A材料	20.10千克	20.40千克	20.20千克	20.15千克	20.18千克
B材料	12.52千克	13.50千克	13.12千克	12.72千克	12.92千克
工时	27.5	29	28	27.8	27.9
……					

注:实际经济工作中,某材料不同时期耗用量的高低与其成本不一定同比例变动,这是因为该材料单价可能变动。

二、主要产品单位成本表的编制方法

(1) 该表的产品销售单价应根据产品定价表填列;本月及本年累计计划产量应根据

本年度生产计划填列；本月实际产量应根据产品成本明细账或产成品成本汇总表填列；本年累计实际产量应根据上月该表的本年累计实际产量，加上本月实际产量计算填列。

（2）表中历史先进水平单位成本应根据历史上该种产品成本最低年度本表的实际平均单位成本填列；上年实际平均单位成本应根据上年度本表实际平均单位成本填列；本年计划单位成本应根据本年度成本计划填列；本月实际单位成本应根据该种产品成本明细账或产成品成本汇总表填列；本年累计实际平均单位成本应根据该种产品成本明细账所记年初起至报告期末止完工入库总成本除以本年累计实际产量计算填列。表中的不可比产品不填列上年实际平均和历史先进的单位成本。

（3）该表上年实际平均、本年计划、本月实际和本年累计实际平均的生产成本（即单位成本合计数），应与表9-3"商品产品生产成本（按产品种类反映）"中该种产品相应的单位成本核对相符。

该表主要技术经济指标部分，应根据企业或上级机构规定的指标名称和填列方法计算填列。

三、主要产品单位成本表的分析

在对企业全部产品及可比产品的成本降低任务进行分析的基础上，还应对企业主要产品的单位成本进行深入分析，以便抓住重点，揭示各种主要产品单位成本及其各个成本项目的变动情况，查明产品单位成本升降的具体原因，寻求降低产品成本的主要途径和方法。

该表的分析应该选择成本超支或节约较多的产品有重点地进行，以便克服缺点，吸取经验，更有效地降低产品的单位成本。分析时，可以先将表中本期实际的生产成本（即本期实际的单位成本合计数）与其他各种生产成本进行对比，对产品单位成本进行一般的分析；然后按其成本项目进行具体的分析。分析的方法主要有对比分析法、趋势分析法和差额计算分析法等。

现以上述的主要产品乙产品为例，说明主要产品单位成本表的分析程序和内容。

根据表9-8乙产品的"主要产品单位成本表"有关数据，编制20××年12月份乙产品单位成本分析表，见表9-9。

表 9-9

产品单位成本分析表

产品名称：乙　　　　　　　　　20××年12月　　　　　　　　　单位：元

成本项目	历史最好水平	上年实际平均	本年计划	本年累计实际平均	本月实际	差异（本月份）			
						比历史最好水平	比上年实际平均	比本年计划	比本年累计实际平均
直接材料	868.20	894.40	868.60	868.62	868.28	+0.08	−26.12	−0.32	−0.34
直接人工	529.10	548.40	545.40	544.90	544.32	+15.22	−4.08	−1.08	−0.58

(续表)

成本项目	历史最好水平	上年实际平均	本年计划	本年累计实际平均	本月实际	差异(本月份)			
						比历史最好水平	比上年实际平均	比本年计划	比本年累计实际平均
制造费用	601.00	637.20	606.00	606.08	605.40	+4.40	−31.80	−0.60	−0.68
生产成本合计	1 998.30	2 080.00	2 020.00	2 019.60	2 018.00	+19.7	−62.00	−2.00	−1.60

(一) 主要产品单位成本变动情况的分析

从表 9-9 可以看出，乙产品本月实际单位成本无论是从各个成本项目来看，还是从各个成本项目合计数来看，都比上年实际平均、本年计划、本年累计实际平均成本有所降低，虽然没有达到历史最好水平，但总的情况还是好的。从成本项目的对比中可以看出，乙产品单位成本与上年实际平均单位成本比，降低额比较多的是制造费用和直接材料，应该从产品的各个成本项目(特别是以降低额比较多的制造费用和直接材料作为重点项目)入手，进一步具体分析其单位成本降低的主要原因。至于没有达到历史最好水平，也不能武断地说完全是由于成本管理水平的原因。比如，历史最好水平是 5 年前，由于近年来市场好，物价上涨幅度过大，以及虽然企业劳动生产率有较大提高，但是由于国家政策的原因，使得企业职工薪酬增长幅度高于劳动生产率增长幅度等客观原因也会导致产品成本的上升，所以，需要根据实际情况进行具体分析。此外，本月实际、本年累计实际与本年计划相比，说明本年计划比较符合企业实际情况，成本计划既具有可行性，也具有先进性；本月实际与本年累计实际平均单位成本相比，反映了本月成本管理水平有了进一步提高，也说明企业尚存在进一步降低产品成本的空间。

(二) 主要产品单位成本的分项目分析

1. 直接材料成本的分析

从表 9-9 中乙产品的各项成本来看，直接材料成本占产品单位成本的比重最大，而且，影响直接材料成本的原因很多，所以，应该把直接材料成本作为重点成本项目进行分析。

$$某种原材料成本 = 单位耗用量 \times 原材料单价$$

这就是说，原材料成本主要受单位产品原材料耗用量和原材料价格两个因数的影响。各个因数变动对原材料成本的影响(额)可用差额分析法计算如下(注意前述差额分析法的计算规则)：

$$某种原材料消耗数量变动的影响 = (实际单位耗用量 - 计划单位耗用量) \times 原材料计划单价$$

$$原材料价格变动的影响 = 实际单位耗用量 \times (原材料实际单价 - 原材料计划单价)$$

假定乙产品本年成本计划规定和本月实际发生的材料消耗量和材料单价见表9-10。

表 9-10

乙产品直接材料成本分析表

20××年12月　　　　　　　　　　　　　　　　　　　金额单位：元

原材料名称	计量单位	耗用量		单价		直接材料成本		差异	
		计划	实际	计划	实际	计划	实际	数量	金额
A	千克	20.20	20.15	25.00	25.26	505.00	508.99	−0.05	+3.99
B		13.12	12.72	30.00	30.29	393.60	385.29	−0.40	−8.31
合计						898.60	894.28		−4.32
减：废品回收价值	元					30.60	26.60		−4.00
合计						868.60	868.28		−0.32

单位乙产品直接材料成本实际比计划降低 4.32 元，其中：

耗用量变动影响的降低额 $= (20.15 - 20.20) \times 25.00 + (12.72 - 13.12) \times 30.00$

$= -1.25 + (-12) = -13.25 (元)$

单价变动影响的降低额 $= 20.15 \times (25.26 - 25.00) + 12.72 \times (30.29 - 30.00)$

$= 5.239 + 3.689 = 8.93 (元)$

两个因数变动影响的代数和 $= -13.25 + 8.93 = -4.32 (元)$

从以上分析可以看到：虽然由于原材料价格上升使单位乙产品直接材料成本增加了 8.93 元，但是由于原材料耗用量的减少使单位乙产品直接材料成本减少了 13.25 元，所以，本月单位乙产品直接材料成本实际比计划降低了 4.32 元。只要原材料单价升高确实是由于市场价格上涨或者国家调升价格等外界客观原因引起的，而且没有因为原材料耗用量的减少而影响产品的质量，那么，就可以作出企业本月在加强成本管理、降低产品直接材料成本方面取得了一定的成绩的评价。

一般来说，影响原材料耗用量变动的原因主要有：产品设计的变化；下料方法和生产工艺的改变；材料利用程度的变化；材料质量的变化；原材料配料或代用材料的变化；废品数量和废品回收利用情况的变化；原材料综合利用情况的变化；生产工人的劳动态度、技术操作水平的高低以及机器设备性能的好坏等。影响材料单价变动的原因主要有：材料买价的变动；运杂费的变化；运输途中合理损耗的变化；材料整理加工成本及检验费的变化等。以下举几个简例。

【例 9-6】 假定企业用 A 材料制造甲产品，单位甲产品净重 40 千克，耗用 A 材料成本 2 000 元。改进产品设计后，产品净重 38 千克，原材料利用率（产品净重量或有效重量与耗用的原材料重量之比）不变。计算该项改进措施使得甲产品单位成本降低的金额。

$\frac{38}{40} \times 100\% = 95\%$，表示产品设计改进后的产品净重是改进前的 95%。

$\left(1 - \frac{38}{40} \times 100\%\right) = 5\%$，表示产品设计改进后，产品的净重减少了 5%；在原材料利用率和原材料单价不变的情况下，单位甲产品耗用的原材料成本（在变动前的基础上）降低了 5%，所以，产品设计改进后单位甲产品直接材料成本降低的金额为：

$$2\,000 \times \left(1 - \frac{38}{40}\right) = 100(元)$$

推而广之，在原材料利用率和原材料单价不变的情况下，产品重量变动对单位产品直接材料成本影响（金额）的计算公式如下：

$$\begin{matrix}产品重量变动对单位产\\品直接材料成本的影响\end{matrix} = \left(1 - \frac{变动后产品重量}{变动前产品重量}\right) \times \begin{matrix}变动前单位产品^{(注)}\\的直接材料成本\end{matrix}$$

注：根据因数分析法的规则，没有分析到的因数用变动前的数据；或者说，应在变动前的基础上计算降低额。

【例 9-7】 假定某企业对乙产品原材料加工方法和加工设备进行了改进，并采取合理的套裁下料措施，减少了毛坯的切削余量和工艺损耗，提高了原材料利用率，节约了原材料消耗。该企业改进原材料加工方法和加工设备前后的有关资料见表 9-11。

表 9-11

乙产品原材料利用率分析表

20××年 12 月　　　　　　　　　　　　　　　　产量：400 件

项　　目	单位	改进前	改进后
原材料消耗总量	千克	20 000	19 200
单位产品原材料消耗量	千克	50	48
原材料平均单价	元/千克	50	50
原材料总成本	元	1 000 000	960 000
加工后产品净重	千克	18 400	18 240
原材料利用率		92%	95%
每件净重	千克	46	45.60
单位产品原材料成本	元	2 500	2 400

由表 9-11 可计算出：乙产品单位直接材料成本降低了 100 元，是由于产品重量减轻和原材料利用率提高两个因数引起的。对于一个已经定型的产品，一般来说，原材料利用率提高和产品重量减轻两个因数中，前者比后者影响更大一些，因此，以下先分析原材料利用率提高对单位产品直接材料成本降低的影响，然后，在此基础上再分析产品重量减轻对单位产品直接材料成本降低的影响。

1) 原材料利用率提高对单位产品直接材料成本的影响

$$\text{原材料利用率变动对单位产品直接材料成本的影响} = \left(1 - \frac{\text{变动前的原材料利用率}}{\text{变动后的原材料利用率}}\right) \times \text{变动前单位产品的直接材料成本}$$

对以上公式的直观理解:设变动前单位产品投入生产的原材料需要量为 1,[例 9-7]中,原材料利用率变动前形成单位产品有效重量的原材料为 0.92,变动后形成单位产品有效重量的原材料为 0.95,也就是说:变动前形成单位产品有效重量的原材料为变动后形成单位产品有效重量的原材料的 $\frac{92}{95}$,因此,可以说,由于原材料利用率的提高,使得耗费的原材料减少了 $\left(1-\frac{92}{95}\right)$,用其乘上变动前单位产品的直接材料成本,就是原材料利用率提高使得单位产品直接材料成本降低的金额(注意因数分析法的规则:先分析数量因数,后分析价格因数,此处还没有分析到价格因数)。

由于原材料利用率提高对单位产品直接材料成本影响的计算公式对于初学者来说不容易理解,甚至有人对此产生异议,所以作为非必读的参考内容将该计算公式推导如下:

按照因数分析法的规则,先分析数量因数,即原材料利用率提高对单位产品直接材料成本降低的影响(应注意,原材料利用率提高,与产品有效重量提高不是一回事;以下的"改进前"和"改进后"中的"改进"是指原材料利用率的改进)。

因为

$$\text{原材料利用率} = \frac{\text{产品有效重量(或净重量)}}{\text{投入生产的原材料重量}} \times 100\%$$

所以

$$\frac{\text{改进前原材料的利用率}}{\text{改进后原材料的利用率}} = \frac{\text{改进前产品的有效重量(净重量)}}{\text{改进前投入生产的原材料重量}} \div \frac{\text{改进前产品的有效重量(净用量)}}{\text{改进后投入生产的原材料重量}}$$

$$= \frac{\text{改进后投入生产的原材料重量}}{\text{改进前投入生产的原材料重量}}$$

由于

$$\frac{\text{改进后投入生产的原材料重量}}{\text{改进前投入生产的原材料重量}} = \frac{\text{改进前原材料的利用率}}{\text{改进后原材料的利用率}}$$

所以

$$\text{改进后投入生产的原材料重量} = \text{改进前投入生产的原材料重量} \times \frac{\text{改进前原材料的利用率}}{\text{改进后原材料的利用率}}$$

原材料利用率变动对单位产品直接材料成本的影响(降低额)

$$= \left(\text{改进前单位产品投入生产的原材料重量} - \text{改进后单位产品投入生产的原材料重量}\right) \times \text{原材料单价}$$

$$= \left(\frac{\text{改进前单位产品投入}}{\text{生产的原材料重量}} - \frac{\text{改进前单位产品投入}}{\text{生产的原材料重量}} \times \frac{\text{改进前原材料的利用率}}{\text{改进后原材料的利用率}}\right) \times \text{原材料单价}$$

$$= \left(1 - \frac{\text{改进前原材料的利用率}}{\text{改进后原材料的利用率}}\right) \times \frac{\text{改进前单位产品投入}}{\text{生产的原材料重量}} \times \text{原材料单价}$$

$$= \left(1 - \frac{\text{改进前原材料的利用率}}{\text{改进后原材料的利用率}}\right) \times \frac{\text{改进前单位产品}}{\text{的直接材料成本}}$$

即

$$\frac{\text{原材料利用率变动对单位}}{\text{产品直接材料成本的影响}} = \left(1 - \frac{\text{变动前的原材料利用率}}{\text{变动后的原材料利用率}}\right) \times \frac{\text{变动前单位产品}}{\text{的直接材料成本}}$$

在[例 9-7]中，

$$\frac{\text{原材料利用率提高对单位}}{\text{产品直接材料成本的影响}} = \left(1 - \frac{92\%}{95\%}\right) \times 2\,500 = 78.95(\text{元}) \cdots\cdots(\text{降低额})$$

2）产品重量减轻对单位产品直接材料成本的影响

$$\frac{\text{产品重量减轻对单位产}}{\text{品直接材料成本的影响}} = (2\,500 - 78.95) \times \left(1 - \frac{45.6}{46}\right) = 21.06(\text{元}) \cdots\cdots(\text{降低额})$$

以上计算式中，$(2\,500 - 78.95)$ 为第一个因数变动后的单位产品原材料成本；$\left(1 - \frac{45.6}{46}\right)$ 如果用百分数表示，则为产品重量减轻使得 $(2\,500 - 78.95)$ 降低的百分比（因数分析法的规则：已经分析过的因数，其相应的数值采用变动后的数值），两者的乘积为产品重量减轻对单位产品直接材料成本的影响金额（降低额）。

以上两个因数对单位产品直接材料成本引起的降低额合计数为：

$$78.95 + 21.06 = 100.01 \approx 100(\text{元})$$

由于四舍五入近似计算导致尾差 0.01 元。

【例 9-8】 假定生产某产品所耗用的各种原材料的单价、消耗总量都不变，只是各种材料的配料比例发生变化。有关资料及其对产品单位成本的影响分析计算见表 9-12。

需要注意的是，配料比例发生变化使得单位产品成本降低，必须以不降低对产品质量的要求为前提，否则，不能说是采取该项措施取得的成绩。

表 9-12

某产品配料比例变动分析表

原材料名称	材料单价	原配方		新配方	
		用量(千克)	金额(元)	用量(千克)	金额(元)
甲	30	50	1 500	100	3 000
乙	60	100	6 000	100	6 000

(续表)

原材料名称	材料单价	原配方		新配方	
		用量(千克)	金额(元)	用量(千克)	金额(元)
丙	80	150	12 000	100	8 000
合计		300	19 500	300	17 000
平均单价			65		(≈)56.667

配料比例变动对单位成本的影响 $= 300 \times (56.667 - 65) = -2\,499.9 \approx -2\,500(元)……(降低额)$

在实际工作中,各种原材料配料比例的变动常常是在原材料单价、原材料消耗总量同时变化的情况下发生的。按照前述因数分析法的规则,三个因数分析的顺序应该按照原材料消耗总量、配料比例、原材料单价的先后顺序,运用差额分析法(因数分析法的简化方法)进行分析。其计算公式如下:

$$\text{原材料消耗总量变动的影响} = \left(\text{实际消耗总量} - \text{计划消耗总量}\right) \times \text{计划配方下的计划平均单价}$$

$$\text{配料比例变动影响} = \text{实际消耗总量} \times \left(\text{实际配方下的计划平均单价} - \text{计划配方下的计划平均单价}\right)$$

$$\text{原材料价格变动的影响} = \text{实际消耗总量} \times \left(\text{实际配方下的实际平均单价} - \text{实际配方下的计划平均单价}\right)$$

2. 直接人工成本的分析

单位产品直接人工成本的变动主要是由于劳动生产率(生产单位产品所耗工时)和生产人员工资水平(小时工资率)的影响。分析产品单位成本中的直接人工成本,必须按照职工薪酬制度、直接人工耗费计入产品成本的方法来进行。在计件工资制度下,只要计件工资单价不变,单位产品成本中的直接人工成本一般也不会变化,除非发生了某些特殊情况。比如,不单独核算废品损失的企业,发生"料废"的废品损失,合格产品的直接人工成本项目中包括不可修复废品的人工成本和可修复废品修复的人工耗费等(废品净损失,导致合格品总成本和包括直接人工成本在内的各成本项目的单位产品成本上升)。在计时工资制度下,如果企业生产多种产品,产品成本中的直接人工耗费一般都是按生产工时比例分配计入的。在这种情况下,各单位产品成本中的直接人工成本,等于生产单位产品的工时消耗与每小时职工薪酬的乘积(如同本模块第三章第一节所述,应付职工薪酬等于应付职工工资与应计提的职工福利费、医疗保险费、养老保险费、失业保险费、工伤保险费、生育保险费、住房公积金、工会经费、职工教育经费等之和)。在计时工资制度下,产品的每小时工资分配额受计时工资总额和生产工时总数的影响。分析单位产品成本中的直接人工成本,应结合生产技术、生产工艺和劳动组织等具体情况，重点调查分析研究单位产品生产工时和每小时工资变动的原因。

【例 9-9】 假定某企业实行计时工资制，根据有关成本计划资料和本月应付职工薪酬耗费分配表，单位甲产品所耗工时数和每小时人工成本的计划数和实际数见表 9-13。

表 9-13

单位甲产品直接人工成本计划与实际对比表

20××年×月

项　目	产品所耗工时	每小时人工成本（元）	直接人工成本（元）
本年计划	19	17	323
本月实际	17	18	306
直接人工成本差异	－2	＋1	－17

从表 9-13 可以看出，甲产品单位成本中的直接人工成本本月实际比本年计划降低 17 元。采用差额计算分析法计算各因素的影响程度如下：

单位产品所耗工时变动的影响 ＝－2×17＝－34（元）……（节约额）

每小时工资费用 ＝ 17×1 ＝＋17……（超支额）

两个因素变动影响程度合计 ＝－34＋17＝－17（元）……（节约额）

以上分析计算表明：单位甲产品直接人工成本节约 17 元，完全是由于工时消耗大幅度降低的结果，而每小时的直接人工成本则是超支的，它抵销了相当部分由于工时消耗降低所产生的直接人工成本的降低额。应该进一步查明单位产品工时消耗降低和每小时直接人工成本超支的原因。

单位产品所耗工时的节约，一般是生产工人提高了劳动的熟练程度，从而提高了劳动生产率的结果；但也不排除是由于劳动态度马虎造成的。应该查明节约工时以后是否影响了产品的质量。通过降低产品质量来节约工时，是不能允许的。

每小时直接人工成本是以生产工资总额除以生产工时总额计算求出的。工资总额控制得好，生产人员薪酬减少，会使每小时直接人工成本节约，但是也应该考虑工人的薪酬应保持在合理的水平，这是以人为本，调动职工积极性，保证企业稳定、可持续发展的需要。对生产人员薪酬总额变动的分析，可以与上述按成本项目反映的产品生产成本表中直接人工成本的分析结合起来进行。

在工时总额固定的情况下，非生产工时控制得好，减少非生产工时，增加生产工时总额会使每小时直接人工成本节约；否则会使每小时直接人工成本超支。因此，要查明每小时人工成本变动的具体原因，还应对生产工时的利用情况进行调查研究。

3. 制造费用的分析

制造费用一般是间接计入费用，产品成本中的制造费用一般是根据生产工时等分配标准分配计入的。因此,单位产品成本中制造费用的分析,通常与计时工资制度下直接人工成本的分析相类似,先要分析单位产品所耗工时变动和每小时制造费用变动两因素对制造费用变动的影响,然后查明这两个因素变动的具体原因。如果在进行直接人工成本分析时,已经查明了单位产品所耗工时变动和生产工时利用好坏的具体原因,只需要联系前述按成本项目反映的产品生产成本表中制造费用总额变动的分析,并结合本章下一节制造费用明细表中制造费用各明细项目具体变动的分析,就可以了解单位产品成本中制造费用变动的种种原因。

4. 主要技术经济指标的分析

主要产品单位成本分析涉及的主要技术经济指标的分析,除了前述材料利用率变动对单位产品成本影响的分析外,一般还有劳动生产率变动、产品质量变动对单位产品成本影响的分析等。这些方面的分析主要是通过本月实际数和本年累计实际平均数与本年计划数、上年实际平均数和历史先进水平分别进行对比,揭示差异,进而查明发生差异的具体原因。以下只将劳动生产率变动和产量变动对产品单位成本的影响(额)的计算公式作简单介绍。

1) 劳动生产率变动对单位产品成本影响(额)的分析

在一般情况下,随着劳动生产率的不断提高,平均工资也应随之增长,但平均工资的增长速度不应超过劳动生产率的增长速度,只有如此,才能使单位产品成本不断降低。劳动生产率有两种表现形式,此处的劳动生产率指一定时期(如每月)生产的产品数量。劳动生产率变动对产品成本的影响(额)可按以下公式计算:

$$\text{劳动生产率变动对单位成本的影响额} = \left(1 - \frac{1+\text{平均工资增长的百分比}}{1+\text{劳动生产率增长的百分比}}\right) \times \text{变动前单位产品成本中的直接人工成本额}$$

对该公式的简单解释:假定变动前每月生产工人工资为1,则变动后每月生产工人工资为(1+平均工资增长的百分比);假定变动前每月生产工人生产的产品产量为1,则变动后每月生产工人生产的产品产量为(1+劳动生产率增长的百分比);根据以上假定,变动前单位产量的工资理所当然也为1,因而$\left(\dfrac{1+\text{平均工资增长的百分比}}{1+\text{劳动生产率增长的百分比}}\right)$为变动后单位产量的生产工人工资(这是一个相对数,是小于1的分数)。

$\left(1-\dfrac{1+\text{平均工资增长的百分比}}{1+\text{劳动生产率增长的百分比}}\right)$为单位产量的生产工人工资变动后比变动前减少了多少(这是一个小于1的分数,即单位产量的生产工人工资变动后比变动前减少了几分之几)。

所以,劳动生产率变动对单位产品成本的影响额(降低额)为:

$$\left(1 - \frac{1+\text{平均工资增长的百分比}}{1+\text{劳动生产率增长的百分比}}\right) \times \text{变动前单位产品成本中的直接人工成本额}$$

2) 产量变动对产品单位成本影响(额)的分析

在生产耗费按其与产品产量的关系划分为固定成本和变动成本的情况下,随着产量在一定范围内的增加,固定成本总额不变,但单位产品成本中分摊的固定成本却随之成比例地减少,反之亦然。而单位产品的变动成本则不发生变化,因此,产量变动对单位产品成本的影响主要与固定成本有关,其影响金额可按下式计算：

$$\text{产量变动对单位产品成本的影响} = \left(1 - \frac{1}{1+\text{产量增长的百分比}}\right) \times \text{单位产品固定成本总额}$$

【例9-10】 假定某企业第一生产车间生产A产品,当月制造费用中的固定成本为80 000元;A产品计划产量为4 000件。根据客户临时要求,当月A产品产量增加了25%。由于该车间有较多的剩余生产能力,A产品产量增加了25%不会增加固定成本。A产品产量变动对产品单位成本影响(额)的分析如下。

假定当月制造费用中的固定成本为1,增加前的产量也为1,则单位产品分摊的固定成本为1。根据客户要求产量增加了25%,即增加到1.25,则单位产品分摊的固定成本为$80\%\left(\frac{1}{1+25\%}\right)$,单位产品分摊的固定成本减少了$20\%\left(1-\frac{1}{1+25\%}\right)$;产量增加前单位产品成本中的固定成本为20元(80 000÷4 000),产量增加后单位产品成本中的固定成本降低额为4元(20×20%)。

验证：产量增加前单位产品成本中的固定成本为20元(80 000÷4 000);产量增加后单位产品成本中的固定成本为16元[80 000÷(4 000×1.25)];产量增加后单位产品成本中的固定成本降低额为4(元)(20-16)。由于产量在一定范围内变动,单位产品成本中的变动成本不变,所以,本例中,产量变动对产品单位成本的影响就是使单位成本降低了4元。

第五节 制造费用和各项期间费用明细表的编制和分析

一、制造费用明细表

制造费用明细表是反映工业企业在报告期内发生的制造费用及其构成情况的报表。由于辅助生产车间的制造费用已通过辅助生产成本的分配转入企业各受益对象有关的成本、费用项目,因而该表的制造费用只反映基本生产车间的制造费用,不包括辅助生产车间的制造费用,以免重复反映。

(一) 制造费用明细表的结构和编制方法

该表一般按照规定的制造费用项目,分别反映整个企业本年计划数、上年同期实际数、本月实际数和本年累计实际数。为了分别反映各车间各期制造费用计划执行情况,制造费用明细表也可以分车间按月编制。

现列示某工业企业制造费用明细表的格式,见表9-14。

表 9-14

制造费用明细表

编制单位：××工厂　　　　　　　20××年×月　　　　　　　　　单位：元

费用项目	本年计划数	上年同期实际数	本月实际数	本年累计实际数
机物料消耗				
职工薪酬				
固定资产折旧				
办公费				
水电费				
机物料消耗				
劳动保护费				
在产品盘亏、毁损				
停工损失				
其他				
合计				

在表 9-14 中，"本年计划数"栏目，根据制造费用的年度计划（预算）数据填列；"上年同期实际数"栏目，根据上年同期本表的本月实际数填列；"本月实际数"栏目，根据制造费用总账所属各基本生产车间制造费用明细账的本月合计数汇总填列；"本年累计实际数"栏目，根据这些制造费用明细账的本月末累计数汇总计算填列。如果需要，也可以根据制造费用的分月计划，在表中加列本月计划数。

（二）制造费用明细表的作用

制造费用明细表的作用有：①可以按费用项目分析制造费用本月实际数比上年同期实际数的增减变化情况；在表中列有本月计划数的情况下，还可以分析本月计划的执行结果。②可以在年度内按照制造费用项目分析制造费用年度计划的执行情况，预测年末时制造费用能否节约，会不会超支，以便采取措施，将制造费用控制在年度计划之内；可以在年末按照制造费用项目分析制造费用年度计划执行的结果，通过调查研究，分析节约或超支的原因。③可以分析本月实际和本年累计实际制造费用的构成情况，并与上年同期实际构成情况和计划构成情况进行比较，分析制造费用构成的发展变化情况和原因。

（三）制造费用明细表的分析

对制造费用明细表进行分析所应采用的方法，主要是对比分析法和构成比率分析法。

采用对比分析法进行分析时，通常先将本月实际数与上年同期实际数进行对比，揭示本月实际与上年同期实际之间的增减变化。在表中列有本月计划数的情况下，则先应进行这两者的对比,以便分析和考核制造费用月份计划的执行结果。在将本年累计实际数与本年计划数进行对比时,如果该表不是月份的报表,这两者的差异只是反映年度内计划执行的情况,可以据以发出信号,提醒人们应该注意的问题。例如,该表是 6 月份的报表,而其本年累计实际数已经达到甚至超过本年计划的半数时,就应注意节约以后各月的制造费用,以免全年的实际数超过计划数。如果该表是 12 月份报表,则本年累计实际数与本年计划数的差异,就是全年制造费用计划执行的结果。为了具体分析制造费用增减变动和计划执行好坏的情况和原因,上述对比分析应该按照制造费用项目进行。由于制造费用的项目很多,分析时应该选择超支或节约数额较大或者制造费用比重较大的项目有重点地进行。

各项制造费用的性质和用途不同,评价各项目费用超支或节约时应该联系费用的性质和用途具体分析,不能简单地将一切超支都看成是不合理的、不利的,也不能简单地将一切节约都看成是合理的、有利的。例如,劳动保护费的节约,可能导致缺少必要的劳动保护措施,影响安全生产。只有在保证安全生产的条件下节约劳动保护费才是合理的、有利的。又如,机物料消耗的超支也可能是由于追加了生产计划,增加了开工班次,相应增加了机物料消耗的结果。这样的超支也是合理的,不是成本管理的责任。

此外,在分项目进行制造费用分析时,不单独核算停工损失的企业,还应注意对计入制造费用的停工损失的分析。计入制造费用的停工损失的发生额一般都是生产管理不良的结果。

在采用构成比率法进行制造费用分析时,可以计算某项费用占制造费用合计数的构成比率,也可将制造费用分为与机器设备使用有关的费用(例如,机器设备的折旧费、机物料消耗等,如果动力费不专门设置成本项目,还应包括动力费)、与机器设备使用无关的费用(例如,车间管理人员薪酬、办公费等),以及非生产性损失等几类,分别计算其占制造费用合计数的构成比率。可以将这些构成比率与企业或车间的生产、技术的特点联系起来,分析其构成是否合理;也可以将本月实际和本年累计实际的构成比率与本年计划的构成比率和上年同期实际的构成比率进行对比,揭示其差异和与上年同期的增减变化,分析其差异和增减变化是否合理。

二、期间费用报表

期间费用报表是反映企业在报告期内发生的销售费用、管理费用和财务费用的报表。利用期间费用报表所提供的资料,可以考核期间费用计划或预算的执行情况,分析各项费用的构成和增减变动情况,既可促进企业压缩开支、杜绝一切铺张浪费、节约各项费用支出,增加盈利,也能推动企业进一步改善经营管理,增强活力。

如前所述,有关期间费用的报表,各企业详细程度不一,编制方法都比较直观易懂,其分析方法与制造费用明细表的分析也大体相同,因此,不作重复性介绍。

为了深入研究制造费用和期间费用变动的原因。寻求降低各种耗费支出的途径和方法,也可按耗费的用途及影响耗费变动的因数,将制造费用和期间费用按以下分类方法归类进行研究。

(1) 生产性耗费。例如,制造费用中的折旧费、机物料消耗等。这些耗费的变动与企业生产规模、生产组织、设备利用程度等有直接联系。这些耗费的特点是:在业务量一定的范围内相对固定,超过这个范围就可能上升。分析时就应该根据这些耗费的特点,联系有关因数的变动,评价其变动的合理性。

(2) 管理性耗费。例如,行政管理部门人员的薪酬、生产车间(部门)和行政管理部门等发生的固定资产修理费、办公费、业务招待费等。管理费用的多少主要取决于企业行政管理系统的设置和运行情况以及各项开支标准的执行情况。分析时,除将明细项目与限额指标相比分析其变动原因外,还应从紧缩开支、提高工作效率的要求出发,检查企业对有关精简机构、减少层次、合并职能、压缩人员等措施的执行情况。

(3) 发展性耗费。例如,职工教育经费、设计制图费、试验检验费、研究开发费等。这些耗费与企业的发展有关,实际上是对企业未来的投资。但是这些耗费应当建立在规划的合理性、经济性、可行性的基础上,应该充分重视,不要盲目地进行研究开发或职工培训,应将耗费的支出与取得的效果联系起来进行分析评价。

(4) 防护性耗费。例如,劳动保护费、保险费等。这些耗费的变动直接与劳动条件的改善、安全生产等相关。显然,对这类耗费的分析就不能认为支出越少越好,而应结合劳动保护工作的开展情况,分析耗费支出的效果。

(5) 非生产性耗费。主要指材料、在产品、产成品的盘亏和毁损。分析这类耗费发生的原因。必须从检查企业生产工作质量、各项管理制度是否健全以及库存材料、在产品、产成品的保管情况入手,并把分析与推行和加强经济责任制结合起来。

第六节 成本效益分析

在企业的生产经营中,要全面评价企业的成本管理工作,不能仅仅局限于对成本费用指标的变动分析,还应该将反映企业投入的成本费用指标与反映企业产出的生产经营成果指标联系起来,才能全面地分析、评价企业劳动耗费的经济效益,即需要进行成本效益分析。

反映企业成本效益的指标很多,以下将介绍最为常用的产值成本率、主营业务收入成本费用率、成本费用利润率指标的分析方法(有些企业还会对一些特殊的成本项目进行分析。例如,进行质量成本效益和环境成本效益分析等)。

一、产值成本率分析

$$产值成本率 = \frac{全部商品产品生产成本}{商品产值} \times 100\%$$

即

$$产值成本率 = \frac{\sum(产品产量 \times 该产品单位成本)}{\sum(产品产量 \times 该产品出厂成本)} \times 100\%$$

$$产值成本率(元/百元) = \frac{全部商品产品生产成本}{商品产值} \times 100$$

式中,商品产值一般按现行价格计算。产值成本率越低,说明生产耗费的经济效益越好;反之,经济效益越差。

分析产值成本率,一般先运用比较分析法,将本期实际数与计划数、上期实际数、上年实际平均数或同类企业实际数对比,检查其计划完成的程度,分析其发展变化趋势及其与同类企业的差距,并在此基础上进一步分析、研究影响产值成本率变动的各个因数,确定其影响程度。

影响产值成本率变动的因素主要有以下三个:①产品品种结构的变动。②产品单位成本的变动。③价格的变动(在商品产值按现行价格计算时)。影响产值成本率指标变动的各因数对分析对象的影响程度可采用连环替代法进行分析与计算。

$$产值成本率 = \frac{\sum(产品产量 \times 该产品单位成本)}{\sum(产品产量 \times 该产品出厂价格)} \times 100\%$$

在根据以上公式采用连环替代法进行的分析中,应注意到:①产品品种结构的变动表现为公式中各产品产量的变动。如果各产品产量均成同一比例地变动,即产品品种结构没有发生变动,在这种特殊情况下,根据以上公式,显而易见,在其他两个因数不变的情况下,产值成本率不变。②采用连环替代法依顺序进行分析与计算时,应先分析被除数(分子)因数,后分析除数(分母)因数(见本章第二节)。

【例 9-11】 某企业 20××年度生产和销售 A,B 两种产品。有关资料见表9-15。

表 9-15

A,B 产品产量、成本、价格等资料表

20××年　　　　　　　　　　　　　　　　金额单位:元

产品	产量(台)		单价		单位成本		产值		总成本		产值成本率(%)	
	计划	实际	计划	实际	计划	实际	计划	实际	计划	实际	计划	实际
A	20	20	6 400	6 450	3 840	3 800	128 000	129 000	76 800	76 000	60.0	58.914 73
B	20	19	8 000	7 900	5 000	4 960	160 000	150 100	100 000	94 240	62.5	62.784 81
合计	—	—	—	—	—	—	288 000	279 100	176 800	170 240	61.388 89	60.996 06

从表 9-15 可见,本年产值成本率实际比计划小 0.392 83%(61.388 89% — 60.996 06%),影响产值成本率指标变动的各因数影响程度见表 9-16。

表 9-16

影响产值成本率任务完成情况的因数分析计算表

20××年

指 标	产值成本率
① 按计划产量、计划单位成本、计划出厂价格计算的产值成本率	$\dfrac{176\ 800}{288\ 000} \times 100\% = 61.388\ 89\%$
② 按实际产量、计划单位成本、计划出厂价格计算的产值成本率	$\dfrac{20 \times 3\ 840 + 19 \times 5\ 000}{20 \times 6\ 400 + 19 \times 8\ 000} = 61.357\ 14\%$
产品品种结构变动的影响②—①	—0.031 75%
③ 按实际产量、实际单位成本、计划出厂价格计算的产值成本率	$\dfrac{20 \times 3\ 800 + 19 \times 4\ 960}{20 \times 6\ 400 + 19 \times 8\ 000} = 60.8\%$
产品单位成本变动的影响③—②	—0.557 14%
④ 按实际产量、实际单位成本、实际出厂价格计算的产值成本率	$\dfrac{170\ 240}{279\ 100} = 60.996\ 06\%$
出厂价格变动的影响④—③	+0.196 06%
产值成本率计划执行结果 (各因数影响的代数和)	—0.392 83% (即:实际产值成本率—计划产值成本率 =—0.392 83%,与表 9-15 相符)

从表 9-16 可以看到,由于产品品种结构变动和产品单位成本变动使得产值成本率实际比计划分别减少了 0.031 75% 和 0.557 14%,但也不能由此得出对产值成本率的影响因数中,产品品种结构变动因数的影响"微乎其微,无足轻重"的结论。因为本例中产品品种结构变动幅度很小,只有 B 产品实际产量比计划 20 台减少了 1 台,而 A 产品产量实际与计划相等,就整体而言,产品品种结构实际与计划的差异十分微小。

二、主营业务收入成本费用率分析

$$主营业务收入成本费用率 = \dfrac{主营业务成本 + 期间费用}{主营业务收入} \times 100\%$$

或

$$主营业务收入成本费用率(元/百元) = \dfrac{主营业务成本 + 期间费用}{主营业务收入} \times 100$$

主营业务收入成本费用率指标反映主营业务收入耗用成本费用的水平,可以较为全面地反映企业生产经营过程中各种劳动耗费的经济效益。该指标越低,说明企业的经济效益越好。

影响主营业务收入成本费用率变动的因数主要有:销售产品的品种构成(品种结构)、产品单位成本、销售单价。其分析方法与产值成本率的因数分析方法相同。(举例从略)

三、成本费用利润率分析

$$成本费用利润率 = \frac{利润总额}{成本费用总额} \times 100\%$$

成本费用利润率指标表明每付出一元成本费用可获得多少利润,体现了企业生产经营耗费与财务成本之间的关系,是一个综合反映企业成本效益优劣的重要指标。该指标越高,说明企业经济效益越好;反之,说明企业经济效益越差。

分析成本费用利润率一般运用比较分析法,将该指标的本年实际数与本年计划数或上年实际数对比,按指标形成的各因数,查明其变动原因及其对指标升降的影响,为加强成本管理,制定控制成本费用的措施提供有用的信息。需要指出的是,由于企业的利润指标有多种层次,如营业利润、利润总额、净利润等,成本费用也可以分为主营业务成本、其他业务成本和各项期间费用等,不同利润值与相应的成本费用指标之间的比率说明不同的问题。因此,成本费用利润率的分析应根据企业的实际情况和成本管理的实际需要来进行。在分析时,必须注意计算这些指标时所采用的有关"利润"与"成本费用"之间的相关性,以采集有用的信息。例如,由于利润总额中包括投资收益、营业外收入和营业外支出,而这些项目与成本费用的内在联系并不直接,对比结果缺乏有用性。因此,分析时应扣除这三个项目,将营业利润与成本费用相对比,计算成本费用利润率指标,其计算公式如下:

$$成本费用营业利润率 = \frac{营业利润额}{成本费用总额} \times 100\%$$

又如,企业的主营业务是企业利润的主要的经常性收入来源,其成本费用投入的经济效益对企业经济效益的好坏有着决定性影响。因此,在进行成本效益分析时,应予以重点关注。为此,可以计算和分析主营业务成本毛利率指标,其计算公式如下:

$$主营业务成本毛利率 = \frac{主营业务收入 - 主营业务成本}{主营业务成本} \times 100\%$$

$$= \frac{主营业务毛利}{主营业务成本} \times 100\%$$

【例9-12】 某企业2×20年度和2×21年度有关资料见表9-17。

表 9-17

某企业有关成本费用利润资料   单位：万元

项　目	2×20 年度	2×21 年度
主营业务成本	300	450
期间费用	60	80
主营业务毛利	66	90
营业利润	75.6	106
利润总额	81	127.2

根据表 9-17 的资料，计算出该企业 2×20 年度和 2×21 年度有关利润率指标，见表 9-18。

表 9-18

某企业有关利润率指标计算表   单位：%

指　标	2×20 年度	2×21 年度
成本费用利润率	$\dfrac{81}{300+60}\times 100\% = 22.5$	$\dfrac{127.2}{450+80}\times 100\% = 24$
主营业务成本毛利率	$\dfrac{66}{300}\times 100\% = 22$	$\dfrac{90}{450}\times 100\% = 20$
成本费用营业利润率	$\dfrac{75.6}{300+60}\times 100\% = 21$	$\dfrac{106}{450+80}\times 100\% = 20$

从表 9-18 看出，尽管该企业 2×21 年度成本费用利润率比 2×20 年度有所提高，但是主营业务成本毛利率和成本费用营业利润率都有所降低，需要深入分析主营业务成本毛利率和成本费用营业利润率都有所降低的原因，及时发现问题，寻找解决问题的措施，以保证企业的发展后劲。

【思考题】

1. 成本报表具有哪些特点？
2. 成本报表的一般分析方法有哪些？简述连环替代法的分析程序。
3. 试归纳在成本报表的编制与成本分析中，"按上年实际平均单位成本计算的本年累计总成本"这个指标的用途。

【实务题】

某工厂 20×× 年度有关的成本报表和成本计划表如表 9-19、表 9-20、表 9-21 所示(说明:为了有助于清晰地理解各表中有关数据的意义,明确各表有关数据之间的勾稽关系,请同学们先计算并将表9-19、表9-20、表9-21及表9-19补充资料中应该填写数据的空白处填上)。

表 9-19

商品产品生产成本表(按产品种类反映)

××工厂　　　　　　　　　　　　20××年　　　　　　　　　　　金额单位:元

产品名称	计量单位	产量		单位成本			按实际产量计算的总成本		
		计划	实际	上年实际平均	本年计划	本年实际	按上年实际平均单位成本计算	按本年计划单位成本计算	本年实际
可比产品合计									
甲	件	2 000	2 100	1 500	1 470	1 450			
乙	件	1 000	1 050	2 000	1 940	1 900			
不可比产品合计							—		
丙	件	200	210	—	950	960			
总计	—	—	—	—	—	—			

补充资料(本年累计实际数):

可比产品成本实际降低额为_____元;实际降低率为_____。

表 9-20

商品产品生产成本表(按成本项目反映)

××工厂　　　　　　　　　　　　20××年　　　　　　　　　　　金额单位:元

成本项目	按实际产量计算的全部商品产品成本		其中:按实际产量计算的可比产品成本		
	按计划单位成本计算	本年实际	按上年实际平均单位成本计算	按计划单位成本计算	本年实际
直接材料 直接人工 制造费用	2 621 000 1 100 000	2 620 800 1 100 736	2 625 000 1 023 750	2 562 000 1 024 800	2 520 000 1 058 400
合计	*1	*2	*3	*4	*5

在表9-20中:

*1、*2、*3、*4、*5根据与表9-19有关数据的关系填列,然后分别"倒挤"本栏上一行的数据。

表 9-21

商品产品成本计划表

××工厂　　　　　　　　　　　　　20××年　　　　　　　　　　　　　金额单位:元

产品名称	全年计划产量（件）	单位成本		计划总成本		计划降低指标	
		上年实际平均	本年计划	按上年实际平均单位成本计算	按本年计划单位成本计算	降低额（元）	降低率（%）
可比产品合计							
甲产品	2 000	1 500	1 470				
乙产品	1 000	2 000	1 940				
不可比产品合计	—	—	—				
丙产品	200	—	950				
商品产品总成本	—	—	—				

要求：

(1) 在计算填写有关数据的基础上，进行商品产品总成本计划完成情况的分析。

(2) 根据产量、产品品种结构、单位成本三个因数相互依存的关系，利用连环替代法测定各因数对成本降低额和降低率的影响，并予以评价。

参 考 文 献

[1] 于富生,黎来芳,张敏. 成本会计学[M]. 北京:中国人民大学出版社,2018.
[2] 陈云. 成本会计学案例分析[M]. 上海:立信会计出版社,2015.
[3] 苗爱红,王晓敏,刘瑞红,孙淑娟. 成本会计实务[M]. 北京:清华大学出版社,2019.
[4] (美)亨格瑞,(美)达塔尔,(美)拉詹. 成本会计:以管理为重点[M]. 王志红,译. 北京:清华大学出版社,2015.
[5] 万寿义,任月君. 成本会计[M]. 大连:东北财经大学出版社,2016.
[6] 董茹. 成本会计实训[M]. 2版. 大连:东北财经大学出版社,2019.
[7] 中华人民共和国财政部. 企业会计准则应用指南(2019年版)[M]. 上海:立信会计出版社,2019.
[8] 企业会计准则编审委员会. 企业会计准则及应用指南实务详解[M]. 北京:人民邮电出版社,2019.